書評の思想

宇波彰

論創社

書評の思想

書評の思想　目次

第二章　無意識の世界

第三章　言語・記号の世界　161

第四章　歴史の時間…………191

第一章　思想の領域

『脱領域の知性』　ジョージ・スタイナー著　由良君美他訳

『トルストイかドストエフスキーか』『言語と沈黙』に続いて、今われわれはジョージ・スタイナーの、強い刺激に満ちた『脱領域の知性』を読むことができる。スタイナーは、ルカーチについて論じた批評の中で、「ある批評家の判断が他の人のものよりも一段と価値があるとすれば、それはその批評が一段と幅広い知識に根ざしているからか、または一段と説得的な明晰さでのべられているからであろう」と書いている。これをそのままスタイナー自身にあてはめて、彼の博識と、材料に対する処理方法のあざやかさだけで、彼の批評を測定するならば、それはスタイナーの批評のほんの一面しか見ないことになるだろう。確かに彼の知識は広く、それに基づいて対象を判断し、選択して行く手つきは確かである。しかし、彼の批評が読む者に対して与える異常なほどの知的な刺激、生き生きとして伝わって来る感覚の中には、材料の豊富さ、方法の確実性だけでは規定し切れないものがある。

『脱領域の知性』は、すでに邦訳のある『言語と沈黙』のあとを受けて、言語の問題を扱っている。その根底にある思考の態度は、現代が言語の危機であるという意識である。過去の時代は、言語に対する信頼、「充分な配慮をめぐらし、伝統的な統語法の論理を遵守して言語を使用するならば、言語は世界や世界の歴史の鏡たりうるであろう」という考え方が支配していた時代であった。この信頼が破壊されたところに、言語の危機が生ずる。他方、人間を言語を持つ動物と規定するスタイナーは、言語の危機が当然、人間の危機であるとするのであって、言語と非人間的なものとのつながりという、『言語と沈黙』におけるひとつの大きなテーマは、本書にもそのまま受け継がれて、「文化」の問題への考察へと拡大されて行こうとする。その意味において、今世紀初頭からの言語の危機が、さまざまなかたちをとって現われたこと、それに対するスタイナーの見解には特に注目すべきものがある。

これは、批評の問題とも直接にかかわり合うものであり、「文学に対するわれわれの理解もまさに本質的に言語学の問題である」という彼の立場も、決して単純な言語理論のレベルで文学を論じようとするものではない。「一九一四年以降において古典人文主義者の価値が崩壊するとともに言語への信頼感」は危機におちいるが、まさにそれと同じ時期に、最初はモスクワで、次いでプラーハに移行して、言語学と批評との協力作用がなされる。「今日流行している構造主義や記号言語学のこのような概念がはじめて述べられ、詩の真随と精密な言語学の要請に応じて説明されたのは、このプラーハにおいてであった」。われわれはここに、プラーハ学派の重要性についてのスタイナーの確かな認識を見ることができる。「言語学の問題に無関心で言語学の方法に不案内な文学研究者は、いずれもはなはだしい時代錯誤者である」というヤコブソンのことばは、われわれの耳にも痛く響くが、ここでいわれている「文学研究」が、スタイナーの場合、どれほど言語についての考察と密着しているものであるか、それはこの『脱領域の知性』と共に、『言語と沈黙』を精読することによって、おのずから理解されてくるはずである。そしてスタイナーが、すべてを言語のレベルに集中させて論じて行く中で、必然的に出て来る文化の問題にどのように接近するかについて、われわれ読者は『青髯の城にて』の訳出を待ち望んでいる。

なお本書には、ナボコフ、ベケット、ボルヘスというういわゆる多国語作家、それにセリーヌについての作家論が含まれているが、その魅力については、スタイナーがルカーチの『歴史文学論』について書いたのと同じことば、「この本を読むに越したことはない」というほかはないだろう。

『ミハイル・バフチン著作集』(全八巻)　ミハイル・バフチン著

一九六六年に発表されたクリステヴァのバフチン論「語・対話・小説」は、一九七〇年に刊行されたバフチンのドストエフスキー論仏訳の巻頭にのせられた彼女の「破滅した詩学」とともに、クリステヴァのバフチン解釈を知る材料である。もとよりそれはバフチンのドストエフスキー論・ラブレー論のみを対象としているという制約を持ってはいるが、西欧の思想領域にどのようなかたちでバフチンが受容されたかを理解する手がかりを与えてくれる。

クリステヴァのバフチン解釈は、テクストの生産という面と、テクストを生産する主体の問題という、たがいに密接に関連する二つの面でなされていると思われる。まずテクストの生産という問題に関しては、『セメイオテチケ』に収められたクリステヴァの「語・対話・小説」のなかの次の記述をまず引用しておかなくてはならない。「すべてのテクストは引用のモザイクとして構成される。すべてのテクストは他のテクストの吸収であり、変形である。相互主体性という考え方のかわりに相互テクスト性という考え方が成立する」。バフチンの理論に基づくクリステヴァのこの記述は、今や引用の理論においてしばしば言及されており、テクストの生産の基本を示すものとされている。そこでたとえばロートレアモンの作品は、「先行する文学とのたえまない対話、先行するエクリチュールに対するたえざる異議申し立て」として理解され、クロード・ブシェのロートレアモン論にも、この相互テクスト性の考え方が用いられている。

こういう相互テクスト性という考え方がバフチンの「対話」という概念から由来するものであることはいうまでもなく、またこの「対話」はバフチンの言語論そのものの帰結であり、さらにそれは言語を語る主体の問題とも結びつくのであって、クリステヴァのバフチン解釈はおおむねこの線に沿ってなされている。そのことはクリステヴァの「破滅した詩学」のなかではっきり見えている。このなかでクリステヴァはバフチンとロシア・フォルマリズムの立場の差異は、言語についての見方の差異であるとしている。バフチンの言う「語」(スロヴォ)は、今日の言い方ならば「言語表現」(ディスクール)のことであるが、相互テクスト性のなかにある言語表現は、「他者の声」を内在させている言語表現、つまり「対話」であり、それを語る主体は分裂した主体である。「バフチンがこの語・言語表現のなかに聞くのは主体の分割である」というクリステヴァのことばは、相互テクスト性のあり方を示すと同時に、西欧の伝統的な思考態度に対する批判でもある。

クリステヴァの一九六〇年代後半の仕事には、ロラン・バルトやデリダがそのころ積極的に進めていた西欧思想の自己批判の作業が色濃く反映しているのであって、そのことは「語・対話・小説」のなかにある、「われわれは叙事詩のモノロジスムのなかに、デリダが明確に示した先験的な意味サレルモノを見出す」というクリステヴァの発言の解釈から読み取れる。「先験的な意味サレルモノ」とは、バルトが「最終的な意味サレルモノ」と名付けるものであって、西欧の伝統的思考を支えて来たもの、ドゥルーズ＝ガタリの用語で言えば「樹木」にあたるものである。クリステヴァはバフチンを援用しつつその破壊作業に加わったのであって、「カーニバルの構造は、反キリスト教的・反合理主義的である」という彼女のことばはそれを裏書きする。

対話・カーニバル、あるいは相互テクスト性といった考え方は、すでに分裂した主体を前提としていると見てよいが、他方クリステヴァは「語・対話・小説」のなかで、モノローグの主体としての閉ざされた自我がフロイトによって破壊され、そこに主体概念のコペルニクス的転回があると注記しているのであって、ここでわれわれはクリステヴァがバフチンをフロイトと結びつけつつ、現代思想のなかに組み入れようとしていることを感知する。

そのことはクリステヴァがバフチンのなかから「夢の論理」ということばを引用していることからも了解されよう。「カーニバルのディスクールは言語の諸法則を破壊する」が、この破壊は「夢の論理」によってなされ、またテクストはこの夢の論理によって成立する。

クリステヴァは、「バフチンの仕事によって、われわれは意味作用の理論に接近するのだが、この意味作用の理論は、主体についてのひとつの理論を必要とするだろう」と述べ、そういう主体の理論が一九二九年には欠けていたと指摘する。クリステヴァはバフチンの著作から、テクストの生産と意味作用、そしてその意味産出の主体という問題を成立させ、それを追求して行くことになる。いわばバフチンはクリステヴァによって西欧思想の問題として捉え直されたといえる。

バフチン著作集の刊行は、バフチンをふたたびわれわれの問題として捉え直す機会を与えるだろう。

『ミハイル・バフチン著作集5 小説の言葉』ミハイル・バフチン著　伊東一郎訳

今日まで、主としてそのラブレー論とドストエフスキー論によって、それもカーニバルについての理論を中心にわが国に紹介されていたバフチンの大きな業績が、このたび新時代社から『バフチン著作集』としてまとめられるようになったのは、非常に有意義なことと言わなくてはならない。最近、タルトゥ学派を中心とするいわゆるソビエト構造主義の成果が徐々にわが国にも紹介されるようになったが、バフチンはロシア・フォルマリズムを克服し、ソビエト構造主義を準備したひととして、十年前とはやや異なった仕方で再評価されつつある。バフチンの著作が最近になってフランスでも新たに何点か翻訳されたこともそういう風潮と無関係ではないであろう。特に最近になってバフチンは、記号学的思考の先駆者として見直されつつある。

さて、邦訳の「バフチン著作集」の第一回配本は、第五巻『小説の言葉』であるが、評者にとって本書はきわめて刺激に富んだ著作であった。本書は、論じている直接の対象はタイトルの通り「小説の言葉」ではあるが、単に小説の言語の考察にとどまるものではなく、一般的な言語論としても、また哲学の著作としても読むことが可能である。

バフチンは本書のなかで、単一言語・モノローグの言語に対して、他者のことばが介入している真の言語を対立させる。バフチンはこのことを「プトレマイオス的言語」と「ガリレオ的言語」という表現で示しているが、前者は抽象的な、文法のなかでのみ存在できる言語であり、後者が現実の生きた言語、特に小説の言語であって、後者において「対話化された言語的多様性」が実現されていると考えられている。この『小説の言葉』は、これまでの言語学・文体論がけっして扱うことのなかった「矛盾をはらんだ多言語世界における言葉の生と様式」に対する念入りな考察である。

バフチンが反復して主張しているのは「言葉の内的対話性」ということであり、この対話性は「他者のことば」から由来する。バフチンはこのことを日常の言語と文学言語という二つのレベルで論じている。つまり、「日常生活で発せられるすべての言葉のほとんど半数が他者の言葉」なのであり、いわばわれわれの日常言語は他者のことばの引用によって成立する。他方バフチンは、「小説とはただひとつの言語の絶対性を拒否したガリレオ的言語意識の表現である」と述べて、近代に成立した小説の言語において、作者・話者・主人公という複数の主体のことばが対話的に存在するようになったことを歴史的に跡づけた。その点で、悪漢小説の言語論的意義を論じたあたりは特に興味深いものがある。

バフチンは小説家が「矛盾し合っている諸言語の背後に開示される社会・イデオロギー的視野」を自分の作品のなかに導入するのだと述べている。それによって作者のことばのなかに分化と矛盾を生じさせることができる。こういう考え方によって不可分で唯一の主体というヨーロッパ合理主義の主体観が破壊されるのであり、思想史的な見地からも興味ある論点である。

他者のことばという本書の中心となる概念はバフチンの文学・言語についての考察の出発点であるが、この『小説の言葉』にははっきりしたかたちでは現われていないものの、私見による限り、そこにはフロイトの思想の影響があると推測されるのであり、その意味で次回配本の『フロイト主義・生活の言葉と詩の言葉』の刊行が待たれるところである。

『象徴交換と死』 ジャン・ボードリヤール著 今村仁司／塚原史訳

ボードリヤールはこの『象徴交換と死』に先行する『生産の鏡』などで、西欧的思考の中心にあった生産至上主義に対する批判の仕事をしてきた。それは同時代のクリステヴァにおける意味の生産も、ドゥルーズ＝ガタリにおける欲望の生産も含んでの批判であったが、それは当然のことながら、マルクスとフロイトへの批判という形態をとることになった。《生産の鏡》という書名の意味は、生産という鏡の破壊のことであった。

それでは、もしも生産という鏡の破壊が可能として——それに代わる考え方は何か。『象徴交換と死』では、《交換》の概念が暴力》の必要を説くが——ボードリヤールはしばしば《理論的な提示され、《フロイトやマルクスの仮説よりもずっと根源的な概念》として、ソシュールのアナグラムの概念とモースの贈与論の再評価がなされる（ただしボードリヤールのソシュール理解に問題があることが丸山圭三郎氏によって指摘されている）。

『物の体系』『消費社会の神話と構造』『生産の鏡』『象徴交換と死』というように邦訳されたボードリヤールの著作をたてに並べるならば、生産から交換へという転換が明白に理解できるだろう。『物の体系』では、物から記号へという転換が、今日の現実の把握に必要なことが説かれていたのだが、物そのものから離脱してそれ自体で運動を始めた記号は、指示対象を持たない記号として定義されるシミュラークル（模擬物）として存在するようになる。生産の時代が終って再生産の時代になったというが、それはシミュレーションの時代にほかならない。

ボードリヤールの著作の特徴のひとつは、アメリカへの極度の関心である。シミュレーションの時代を論ずるばあいも、アメリカのハイパーレアリズムやアンディ・ウォーホルの作品が考察の対象とされる。マリリン・モンローの写真をもとにしたウォーホルの作品にふれてボードリヤールは、記号それ自体が減数分裂してふえて行き、オリジナルなものの価値が消滅してしまっている状況について語っているが、生産の死とそれに代わる交換はアメリカにおいて非常にはっきりと現象化されていると言えるだろう。

また、ボードリヤールは本書の「クール・キラー、または記号による反乱」のなかで、一九七〇年代になってアメリカで広がったグラフィティ（街頭の落書き）に注目する。それはすでに生産の場所ではなくなり、記号の交換の場となった現代の都市にのみ存在するものと言える。《再生産【＝複製】とコードの場所としての都市空間への侵入と反乱、それがグラフィティだ》とボードリヤールは書いている。こういうボードリヤールのシミュレーション理論は、けっして孤立したものではなく、たとえば同時代のイギリスの画家フランシス・ベーコンの作品のなかに、表象的なものをすべて拒否した《フィギュラル》（非表象的の意）なものを見出そうとする最近のジル・ドゥルーズの思想ともどこかでつながっているように感じられる。

本書の表紙の帯にはボードリヤールの次のようなことばが印刷されている。《今日では、すべてのシステムは不確実さのなかで動揺しており、現実なるものはコードとシミュレーションというハイパー現実に吸収されてしまう。……今やイデオロギーなるものはなく、シミュラークルしかない》

記号表現が存在しないものを表現するようになったときに、シミュレーションの時代が始まる。西欧的思考はこういう意味の空白地帯を引き受けたことは今までなかった。ボードリヤールは本書の終章「機知、またはフロイトにおける経済的なものの幻覚」のなかで、こういう思想状況について論じつつ、《主体が消滅し、記号のかわりに、お互いに消去しあう記号表現の衝突》が開始されたのだというクリステヴァの所論を引用している。《相互的取り消し》のなかにある記号表現を最も端的に存在させていたのが、アメリカのグラフィティであったのかもしれない。

ここにはボードリヤールがさらに『シミュラークルとシミュレーション』『誘惑について』のなかで展開するテーマがすでに存在しているが、同時にボードリヤールが不即不離の関係を保ってきた構造主義に内在する問題も見えている。交換を媒介として考えている限り、構造もしくは体系はつねに静的な状態のままであり、せいぜいが記号表現の相互取り消しという、ニヒリズムへと通ずるものしか生み出せないのではないか。『象徴交換と死』には、このようなかたちで現代思想の最先端の問題が集約されている。

『支配の「経済学」』 小倉利丸著

小倉利丸氏は、本書の序論のなかで、「旧態依然たる分析の枠組によって示された理論的な資本主義像が、資本主義の実像と完全にズレてきた」と書いている。現実と理論のズレはあらゆる領域で現象しているように思われるが、経済学の領域でも事態は同様であるらしい。もちろん、あらかじめ与えられた「資本主義の実像」というものがあるわけではないが、現在の経済学が資本主義の現実を捉え切れなくなっているという認識が本書の出発点にある。

「資本主義を単純に商品経済社会として純化しうるという経済学の発想」がまちがっているとすれば、それにかわってどのような方法があるのだろうか。小倉氏はいくつかの視点を提示し、試みる。ひとつは、過去の非正統派マルクス主義の再検討であって、具体的にはグラムシ、コルシュの仕事を洗い直す作業がなされる。そのばあい小倉氏は彼らの思考をカタログ的に並べるのではなく、自分の視点から評価すべきものと批判すべきものを選別している。たとえば、グラムシの考え方を積極的に評価するかたわら、グラムシが労働者を工場のなかでしか把握していない点を批判している。

第二の視点は、労働力を商品としてのみ扱ってきたこれまでの立場を批判して、労働者の意識の問題を視野に入れようとする。ここでも、コルシュの仕事を評価しつつも、「労働のあり方と生活のあり方を問う視座」の欠落を指摘する。つまり、消費の問題を考えようとするときは、工場のなかでの労働者だけを考えているわけにはいかないのであり、それと同時に、中産階級としてのサラリーマンの問題が浮上してくる。小倉氏はここでクラカウアーの『サラリーマン』（法政大学出版局）を援用するが、一九三〇年代に書かれたこの中産階級論の現代的な意義が確認されたのは注目すべきことである。

小倉氏は第三の視点として「消費」の問題を重視する。この消費の問題についても、ヴェブレンの衒示的消費という考え方、ボードリヤールの欲望の概念などに言及しつつ論を進めるのであるが、基本的には、生産と消費とを対立させる二分法的な思考を排除して、消費を再生産のプロセスのなかに含みこんだ上で考察する。消費が資本によって生産されるのだという立場に立つならば、生産と消費を対立項として考えることは不可能になるはずである。

小倉氏の所論が刺激的でかつ説得力に富むのは、こうした問題意識が明白に示されているために、これまでの理論の有効性の限界がはっきりと見えてくるからである。そして、消費が「もうひとつの強制労働」であるという視点を明確に打ち出しているからである。もちろん、この論点をもっと進めるためには、広告を中心とする今日の資本の論理のパフォーマンスについて、具体的に論証して行く必要があるだろう。また本書で問題にされている中産階級の問題は、小倉氏がいく分かは論じている「家族」の問題と不可分である。さらに、消費の問題も単に生産と一体化して論じるだけではなく、消費者の意識、特に対他意識の変化を考慮しながら検討されなければならないだろう。

このように考えてくると、「総体としての社会科学」をめざす小倉氏が、この著作のなかで扱っていることが非常に大きな問題であり、まさに今日的な問題であることが理解されるだろう。小倉氏は「あとがき」のなかで、本書は「経済学的な認識の枠組に拘束されながらも、社会認識を学的分業（経済学、政治学、法学、社会学等々）にとらわれずに展開しようという試みでもある」と書いている。理論を分割し、分業させることによって、われわれは現実をわかりにくくしてきたのではなかっただろうか。こうした「分業」に対立する意味での「総合」の理論が本書で試みられているのである。

『オリエンタリズム』エドワード・W・サイード著　今沢紀子訳

サイードはパレスチナ系のアメリカ人であり、若いときにパレスチナ、エジプトですごした体験が、本書の背景にあると、サイード自身がはっきりと語っている。オリエンタリズムは、これまでしばしば東洋趣味といった意味で用いられてきたが、本書のなかでのオリエンタリズムは、西欧人が自分たちの立場から作り上げた考え方であると規定される。それは西欧人が支配している限りでのオリエントに合致する考え方であり、「権力の言説」にほかならない。簡単に言ってしまえば、それは主としてイギリスとフランスのオリエント支配に対応する考え方である。

パレスチナ出身のサイードが、このような意味でのオリエンタリズムを批判し、否定するのは当然のことである。サイードは、「もしオリエンタリズムを知ることに何らかの意味があるとすれば、それは、知識が誘惑にのって堕落した姿を思いおこさせてくれる点にある」とさえ述べている。

サイードが考える限りでのオリエンタリズムは、西欧人によるオリエント理解であり、西欧人の自民族中心主義から見たオリエント観である。サイードはこの意味でのオリエンタリズムの徹底的な相対化を目ざす。本書を読むと、オリエンタリズムには二つの表現形式があることがわかる。ひとつはアカデミズムにおけるオリエンタリズムであり、もうひとつは芸術、特に文学におけるオリエンタリズムである。

サイードはこうした表現形式の差異にもかかわらず、「オリエントそれ自体が一箇の構成された実体である」ことを、きわめて豊富な例をあげながら、そして非常にきびしい批判的態度を崩すことなく立証して行く。サイードはこのようなオリエンタリズム批判が、けっしてオリエントの側からの西欧批判ではないと述べ、東洋・西洋の区別さえも否定しようとはしているが、読む側から見るときは、イスラム世界とユダヤ・キリスト教世界との対立という図式が強力に感知されてくる。

本書でオリエントというときは、まず第一にイスラム世界であり、オリエンタリストに対する批判は、彼らがイスラム世界をどれほどゆがめてきたかという点にかかわっている。特にバーナード・ルイスやダニエル・パイプスなどに対する批判には非常にきびしいものがある。サイードはコロンビア大学の英文学・比較文学の教授であるという。そのためもあってであろうが、本書では特にイギリスとフランスのオリエンタリズムの文学がしばしば言及されている。シャトーブリアン、フローベール、ユゴー、そしてコンラッド、フォースター、キプリングがいたるところで引用されている。いままで意識せずに接していた彼らの文学のオリエンタリズムは、サイードの手によって完全に相対化されてしまったと言えるだろう。

本書を読んだあとでは、たとえばオーウェルやデュラスの作品のなかで、東洋を舞台にしたものについては、まったく新たな視点から読み直すことが可能になるだろう。さらに、グレゴリー・ベイトソンの『ナヴェン』のような著作さえも、いままでとは違った角度から読まれることができるかもしれない。それは、サイードがオリエンタリズムを「権力の言説」という、ミシェル・フーコーから借りてきた概念によって考えることを教えてくれたからである。

『批評の政治学――マルクス主義とポストモダン』テリー・イーグルトン著
大橋洋一他訳

現代イギリスのマルクス主義批評の旗手として、目ざましい活動をしてきたテリー・イーグルトンの『批評の政治学』は、一九七五年以降の彼の評論を集めたものである。それは具体的な文学作品を対象としたものではなく、同時代の批評・思想についての考察の成果であり、それだけに批判を武器とするイーグルトンの批評の方法が縦横に駆使されていて、挑戦的で刺激的な論集になっている。

この批判的な態度は、特にいわゆるポスト構造主義に対して向けられる。「ポスト構造主義の目にあまる政治的・哲学的無軌道ぶり」をイーグルトンは鋭く告発する。

ただし、イーグルトンがポスト構造主義をどういうものとして理解しているのかはかならずしも明確に示されているわけではない。イーグルトンが理解する限りでのポスト構造主義は「シニフィアンのたわむれ」を主要なテーマにしていて、そのために深層で世界を動かしている政治的なものに眼を向けることのできないアナーキーなものであるらしい。評者はこのようなイーグルトンの考え方をすべて認めることはできないが、その批判的な立場には注目すべきものがある。

たとえばイーグルトンは、ドゥルーズ、ガタリが本質主義に拘泥する真の形而上学者であって、彼らに思いつくことのできる革命は無秩序な混乱にすぎず、「これら二つの用語を同義語として、凡庸きわまりない無政府主義的なレトリックを駆使して用いている」にすぎないと批判する。また、リオタールの思想は、「中年ヒッピー的視点」に支えられたものであり、ウィットゲンシュタインとデリダは、「主体とはシニフィアンの効果」であると主張した点に共通性があって、いずれも形而上学的な知の基礎にゆさぶりをかけたものの、逆に自分たち自身をも否定せざるをえず、結局は「否定的形而上学」の枠を出ることができないと批判する。

そして、ウィトゲンシュタイン、デリダを対象化できる第三の思想家としてバフチンを登場させるが、バフチンのいうカーニバルについても、「所詮それは、権力によって公認された発作的出来事」だという判断を示している。こうしたイーグルトンの所論の核心は次の数行のなかにある。「言説の理論家たちにせよ重役会にせよ、人びとのあいだで目標とされるのは、もはや真理ではなくパフォーマンス性であり、理性ではなく権力なのである」。

このように、イーグルトンが同時代の思想に対してきびしい態度を取るのは、それが何らかの点で権力の支配下にあると考えているからである。そのために時にはイーグルトンは強烈なレトリックを使うことがある。ドゥルーズもガタリも、リオタールもフーコーも、そしてバフチンさえもが批判の対象とされるが、イーグルトンが自分の所論の根拠にするのはベンヤミンである。イーグルトンの批評のキーワードのひとつである「歴史意識」はベンヤミンを経由しているように思われ、その意味ではイーグルトンの『ベンヤミン論』の邦訳が待ち望まれる。このように『批評の政治学』は同時代の思想に批判的ではあるが、それは不毛な否定ではなく、たえず問いかけ、批判しつつ対象を描いて行くものであり、その点にこそ本書の挑発的・刺激的な側面があると言えるだろう。

『巨匠たちの聖痕――フランスにおける反ユダヤ主義の遺産』ジェフリー・メールマン著　内田樹他訳

本書の目標は、ブランショ、ラカン、ジロドゥ、ジッドのテクストのなかにある反ユダヤ的想像力をあばき出すことにある。ここに名前をあげた四人は、二〇世紀のフランス文化を代表する文学者・思想家であると言えるはずであり、メールマン自身が「彼らが反ユダヤ主義と何らかの接点をもっているなどというのは読者の方々には思いもよらぬことであろう」と書いているとおりである。実際、ブランショについてのメールマンの論文がフランスで訳出されたときには、訳者のひとり内田樹氏の「あとがき」によると、「フランスの一部知識人は涜神行為に対する信者の怒りにも似た過激な反応を示した」という。

ヨーロッパの反ユダヤ主義の根は深く、どこにそれが現われてくるのか、われわれにはよくわからない部分の方が多い。その意味でメールマンのこの著作は、さきに名前を記した四人の全集にはおそらく採録される見込みのないテクストをさがし出してきて、そこに彼らの反ユダヤ思想を見出そうとするものであって、きわめて重要な作業であると考えられる。

そして、このような意外性を含んだ内容とともに、彼らの反ユダヤ的想像力の存在をあばいていくメールマンの方法もまたきわめてユニークである点が注目される。メールマンはその方法を「脱構築」と名付けているが、彼自身のことばを借りるならば、それは「周辺的事象の発見とその評価」とを意味する。

つまり、ブランショたちのテクストのなかにある反ユダヤ主義の断片を手がかりにして、それを「彼らの業績の中核に置き直す」。さらに、「各論考の主題をある地点までつきつめていくと、当初はこの主題に隠されていた背景が前面におし出され地と図が入れかわる価値転倒の現象が生じた」とメールマンは書いている。わかりやすく言い直すと、断片として存在している反ユダヤ主義を手がかりに読解をしていくと、テクスト全体が反ユダヤ主義のものであることがわかってくるというのである。本書においてこの方法はきわめて鮮やかに用いられていて、いわばその離れ業に眼を奪われてしまうことがあるかもしれない。

すでに述べたように、ヨーロッパにおける反ユダヤ主義の根は深く、それには長い歴史がある。メールマンのこの著作はそのことにまでは言及していないが、本書を読めば、ここで論じられている四人の文学者・思想家の反ユダヤ主義がけっして唐突に生じたものでないことは理解されるはずである。本書のサブタイトルにある「フランスにおける反ユダヤ主義の遺産」は、この意味ではまさにメールマンのいう「周辺的事象」にほかならず、それを「中心へと移動させる錯綜した過程」を考えることは、読者の側に与えられた仕事であろう。

メールマンはアメリカのフランス文学者であり、彼が考察している対象に対しては、一定の距離を保てる位置にある。そしてメールマンは、本書は告発ではなくて探究であると書いてはいる。しかし、全体の調子はあくまでも告発であり、「巨匠たち」を弁護しようとする同時代のフランス人に対してもきびしい態度を取っているように思われる。本書はフランスの反ユダヤ主義に対する告発の書であるが、その方法は他の類似した問題にも適用可能なはずである。

『顔貌』田原桂一写真集

『顔貌』に収められた写真のほとんどが顔のクローズアップであるが、さらにそのうちのいくつかが顔の部分だけを示している。大胆なフレーミングが行なわれ、顔の何分の一かが画面の外に追いやられている。たとえば、アルベルト・モラビアの顔は左半分しか見ることができない。

右半分もいく分か写ってはいるが、光の効果を徹底的に求める田原桂一のこの作品では、モラビアの顔の右半分は濃い影になっていて、わずかに白い眉毛が光っているだけである。しかし、部分的にすぎないモラビアのこの写真は、ただ光と影のコントラストを巧みに表現したものではない。このモラビアの写真は見るものに何かを語っている。

語っていると書きはしたが、モラビアもボイスもバローズも、そしてこの写真集に登場するほとんどの人物が固く口を閉じている。といっても彼らは沈黙しているわけではない。もとも写真は声を持たないものであり、映画と違って有声の写真は存在しえない。それにもかかわらず、『顔貌』の写真はわれわれに何かを語っている。それは、ここに収められた写真には、ほかの写真にはない「記憶」のようなものが含まれているからである。つまり、写真はここではただ即自的に、それ自体として存在しているのではなく、過去とつながって存在している。

この意味で、田原桂一の写真は、たとえばヴィム・ヴェンダースの写真とはまったく異なっている。ヴェンダースは、アラン・ベルガラとの対話のなかで、映画のイマージュと写真のイマージュの差異について論じている。ヴェンダースによると、映画のイマージュには、次のカットやパンで姿を現わす可能性のある潜在的存在とでもいうべきものがあるが、写真では「フレームの外にあるものはあくまでも除外」されていて、「どんなに境界ぎりぎりの所にあるものでも、画面に存在しないものは決して姿を見せることがない」のである。(「スイッチ」一九八八年八月号)

こうした写真の定義は、たしかにヴェンダース自身の写真には適合するだろう。映画が時間的・クロノロジー的であるのに対して、写真は瞬間的であり、また写真にはヴォワ・オフ（画面外の声）などもありえないからである。

ところが、田原桂一の写真は、ただ写真を写真として提示しているのではない。もしもそうであるならば、モラビアやピーター・ブルックを被写体に選ぶ必要はなく、ただひたすら「人間」の顔を写せばよかったはずである。つまり、われわれは『顔貌』を想像力によって読み取ることができる。たとえば、彫刻家アルマンの写真から、われわれは彼の彫刻作品を想像することができるだろう。

クロソウスキーの写真の背後には、バルチュスの作品に大変似ているエロチックな絵がある。この写真はクロソウスキーとバルチュスとの文字通りのつながりを想起させ、さらにバルチュスの他の作品のことも想像させてくれる。

田原桂一の作品には奇妙なユーモアもある。二人の調香師の写真のうちの一点は、手と鼻しか見ることができない。もうひとりの調香師の顔も、故意に鼻を誇張して示しているように思われる。この調香師の二点の写真は、田原桂一が感覚というものを重視していることを示しているとともに、ユーモアの意識もあることを表わしている。

田原桂一の写真では、光の使い方が特に印象的であり、すぐれた舞台照明に接しているような感じさえ与えてくれる。たとえば、ダ・シルヴァの二点の写真には、電灯の光がきわめて効果的に使われている。そこでは、光そのものが生命のある存在として表現されており、人間の顔と同じ価値を持っている。

田原桂一の写真は、閉じられた写真ではない。その特徴のあるフレーミングは、カットされた部分を想像させ、われわれの記憶と想像力を刺激する。

『デカルトからベイトソンへ』モリス・バーマン著　柴田元幸訳

本書は、近代の科学と思想、そしてその根底にあるデカルトの哲学が、人間の相互のつながりをどれほど破壊してきたかを、さまざまな例をあげて説き、それに対抗する思想としてベイトソンを導入することによって、「世界の再魔術化」を実現しようとするモリス・バーマンの力のこもった著作である。「世界の再魔術化」は、本書の原タイトルでもあるが、本書はそれから想像されるようなオカルト的なもの、まやかしの部分はまったく含んでいない。著者は、人間が相互に接触しなくなっていくヨーロッパの状況を克明に描き、それが現代の危機の原因になっていることを力説する。

たとえばバーマンは、近代社会では母親と子どもとの身体的な接触が失われてしまったことを批判する。バーマンは、グレゴリー・ベイトソンとマーガレット・ミードの調査報告によりながら、バリ島の母親がつねに子どもの身体に触れていることを高く評価する。これに対してヨーロッパでは、すでに中世から子どもに対する管理が始まり、一六世紀になると、子どもを可愛がるよりも監視する方が重視されるようになった。一八世紀のイギリスでは、子どもを笞(むち)で叩くことが日常化したという。さらに一九世紀のアメリカでも、子どもを母親から離し、子どもを愛撫しない教育法が流行した。つまり、親と子どもとの身体的な接触がしだいに消滅していったのである。バーマンは、「分裂病もまた幼年期における触覚刺激の不足が原因であることが少なくない」というモンタギューの意見に賛成している。

これは「魂の殺害」と呼ばれている現象であるが、バーマンはこのような親子の関係の希薄化によって象徴される近代の人間関係の分離が、精神と身体とを厳密に分けてしまったデカルトの二元論にあるとする。デカルトの二元論は、「かつてないほどの反生態学的、自己破壊的な文化と人格類型」を作ったのである。デカルトの二元論から生まれた分裂した世界を修復し、孤立化した個人を相互に結び付けるためには、「世界の再魔術化」をするほかはない。

そのときにバーマンが、デカルトに対抗できる思想家として高く評価するのが、すでに言及したグレゴリー・ベイトソンである。ベイトソンはイギリスで生まれ、アメリカで活躍した文化人類学者であるが、バーマンはベイトソンを「今世紀最大の思想家」であるとする。ベイトソンは、有名な遺伝学者であった父親のウィリアム・ベイトソンの影響を受けて、若いときから生物の世界に興味を持ち、世界を生態学的に捉える思考を身につけていた。その後ベイトソンは、ニューギニアの未開民族やバリ島のひとびとについてのフィールドワークを行なうが、それらの調査から彼はさまざまな要素がたがいに関連し、働きかける「相互作用」という考え方を作り出したのである。バーマンは、ベイトソンの思想のなかから、特にエコロジー的なもの、全体論的なものを取り出して、それを「世界の再魔術化」に役立たせようとする。もちろん、再魔術化といっても、過去に戻るということではなく、デカルト的二元論によって分割された精神と身体、あるいは人間と自然とを、相互に作用するものとして新しく関係付けようとするのである。

このように、バーマンは「デカルトからベイトソンへ」という図式を作ることによって、分裂から統合へ、部分から全体へという転換の可能性を示唆した。もちろんそのばあい、「魔術」につきまといがちなオカルト的なもの、全体論に付着しがちな全体主義的なものへの警告も忘れられていない。ベイトソンの理論についての説明もきわめて正確であり、ベイトソン入門としても役立つだろう。

『ミハイール・バフチーンの世界』 カテリーナ・クラーク／マイケル・ホルクイスト著 川端香男里／鈴木晶訳

ミハイル・バフチンの名は、わが国でもそのドストエフスキー論、ラブレー論などを通して知られている。また、『マルクス主義と言語哲学』のなかで示されている擬似直接話法という考え方は、パゾリーニやロメールの映画の方法にも反映していると言われている。また最近では、アメリカでのバフチン再評価の傾向が急激に強くなり、バフチンについての論集も刊行されている。

バフチンの理論の中心にあるものは、カーニバル、多声言語といった概念である。それらの概念は、ひとつの支配的な価値だけですべてを決定するという考え方を排除し、相互に差異のあるものがぶつかりあうことによって、生き生きとしたものが作られるということを意味している。バフチンはそれをラブレーやドストエフスキーの作品をテーマにして具体的に論証した。ルネッサンスの時代には一体になっていた理性、非理性、狂気が、十七世紀からの古典主義の時代に分離されてしまい、それが現代の危機につながるというミシェル・フーコーの考え方は、バフチンから直接に影響を受けたものではないにせよ、バフチンの理論と多くの点で共通のものを持っている。また、バフチンの思想は現代フランスの哲学者ジル・ドゥルーズにも影響を与えているのであり、ある意味でバフチンは現代思想の源泉のひとつになっているといっても過言ではない。
いままで、バフチンのこうした理論的な側面については論じられる機会が多かったが、その生涯については十分に語られることがなかった。この『ミハイール・バフチーンの世界』は、その欠落を埋めるものである。バフチンは、その若い時代をリトアニアのヴィーリニュスや、オデッサ、ヴィテブスクなどですごした。特にヴィテブスクは、シャガールやマレーヴィチが、活発な文化活動を行なっていた都市であるが、本書ではそれらの都市の知的状況も詳しく描かれている。オデッサもヴィテブスクも、多くのユダヤ人がいた都市であり、多様な要素が相互に作用しあっていた空間であった。バフチンの理論がこうした背景から生まれてきたものであることがはっきりと理解されるだろう。

他方、バフチンの生涯は、同時代の歴史と深くかかわりあっているが、本書は、バフチンが生きた時代と世界を詳しく描き出しており、読者はその時代のドラマと、バフチンのドラマとを重ね合わせて読むことができるだろう。バフチンの活動した時代はスターリンの時代であり、彼は自由にその著作を発表できたのではない。それどころか、反政府的な思想を持っているとして、シベリア南部の辺境の都市クスタナイに流刑になったり、病気のため片足を切断しなくてはならなかったりして、まったくの逆境のなかに置かれていたのである。しかしバフチンは、どのような状況のなかでも研究を続け、若いひとたちの指導を行ない、精力的に行動した。

本書の著者であるカテリーナ・クラーク、マイケル・ホルクイストは、多くの資料にあたってバフチンの思想と生涯を追跡した。バフチンには、ニコライ・バフチンという兄がいた。彼はロシア革命のときに祖国を捨て、やがてイギリスの大学で言語学の教授になり、ウィットゲンシュタインにも影響を与えているが、本書ではいままであまり知られていなかったこのニコライ・バフチンについてもかなり詳しく説明している。また、つねにミハイル・バフチンのかたわらにいて、その仕事を助け、精神的な支柱になっていた夫人のエレーナについても、著者たちは畏敬の念をこめて書いている。本書は二〇世紀のソ連の文化史・思想史と、バフチンというすぐれた思想家とを重ね合わせて描いた興味ある著作であると言えよう。

『精神の生態学』 グレゴリー・ベイトソン著 佐藤良明訳

本書は、二〇世紀の思想の巨人と言われるグレゴリー・ベイトソンの主要な論文を集めたものである。ベイトソンは、一九二〇年代から三〇年代にかけて、ニューギニアとバリ島できわめてユニークな研究調査を行なった。彼がそこで見出したのは、過去にとらわれないで、現在を中心にして生きるひとびとの行動であった。また、有名な遺伝学者であった父親の影響もあって、ベイトソンは若いうちから生物が相互に関係しながら生活する状態を観察しており、生態学という発想はそこから生まれたものとされる。生態学においても重要なのは相互作用という考え方である。そうした思想形成のなかから、ベイトソンはしだいに現在での相互関係を重視する考え方へと傾いていく。

ベイトソンは、幼児のときの体験がおとなになっても無意識のなかに残っていて、精神の病気の原因になるとするフロイトの精神分析の理論を「過去の決定論」であるとして批判し、あらゆることが現在での相互の関係によって決定されてくるのだという考え方を提示した。母親がまったく異なった二つの命令を子どもに示すときに、子どもが身動きできなくなり、時には分裂症の原因にもなることを説いた、有名な「ダブルバインド理論」は、このような状況のなかから生まれたものである。本書には、このダブルバインド理論を説明したいくつかの論文も収められている。ダブルバインド理論は、いまアメリカをはじめとして各国でしだいに拡がりつつある「家族療法」の理論的基盤ともなった考え方であり、今日の家族に関してのさまざまな問題に関心を持つひとにとっても、たいへん重要な理論である。

ベイトソンは、人間の行動や意識が過去によって決定されるという考え方を拒否したから、現在が未来を規定するという考え方にも反対する。そのため、はっきりした目的を立てて行動するという立場も支持しない。本書の序論には次のように書かれている。「これまで自分が何をやってきたのかということが十分明らかに見えてきたのは、一九六九年の終わりになってからのことだった」。つまりベイトソンは自分の研究していることが何を目的にしているのかわからない状態で研究を始めたということなのである。

これは、目的を作ってそのために作業をするという、われわれの常識を破壊してしまうような意見である。実際、ベイトソンのこの著作を読んでいると、いつも「因果関係」を前提として考えたり行動したりしているわれわれにとって、まったく思いもかけない考え方が示されることがある。それは読む者に一種の刺激、あるいは衝撃を与えるに違いない。われわれの意識を意外な方向に誘導してくれるような書物はめったに見つかるものではない。厚くて重い本だが、長い夜に時間をかけて読む価値が充分にある、すばらしい本である。

『文化としての他者』 ガヤトリ・C・スピヴァック著 鈴木聡他訳

本書では、まずコールリッジやイエーツやダンテが論じられているので、読者は最初この著作がアングロサクソン的な批評作品だと思うかもしれない。さらに、スピヴァックが本書で用いている方法が、ジャック・ラカンを中心とする精神分析的な解釈と、デリダによる脱構築の概念と、フェミニズムの立場という三つの思考にもとづくものであることを知って、これがポストモダンの批評の成果のひとつではないかと考える読者もいるにちがいない。たしかに、スピヴァックのこうした批評意識はきわめて今日的なものであり、彼女も自らを「フェミニズム的・マルクス主義的な脱構築主義者」と規定している。そしてすでに確立されているかに見える思想の権威に対しても、臆することなく批判を加えている。たとえば、ハーバーマスはその徹底的なヨーロッパ中心の思想が鋭く批判されている。

しかし、スピヴァックの批評は単にこうした欧米的なコンテクストのなかだけではけっして理解できないものを含んでいる。スピヴァックは、長いあいだのイギリスによる植民地支配の影響をいまでも残しているインドの出身であり、その後アメリカでアカデミズムと批評の世界に入っていったひとである。このことは彼女の著作を理解するためには必要な前提と見るべきであろう。つまり、スピヴァックの思想はきわめて多様なものによって形成されているのであり、この多重性こそが彼女の仕事の中核をなすものである。スピヴァックは、アメリカではまずデリダの英訳者として知られ始めたように思われる。彼女が自分のことを「脱構築主義者」と呼んでいるのは、自らがデリダの影響化下にあることを認めている証拠であろう。

しかし彼女はデリダやアメリカの思想界のなかにうずもれてしまうのではなく、常に自分の思想を相手と対決させるという方法を用いてきたように感じられる。それがスピヴァックの批判的で、ときには戦闘的とも思われる批評の態度として表われてくる。こうした態度を支えているものが、彼女の内部にあるインド的なものであると考えられる。

実際、評者にとって本書において最も印象的な部分は、インドの女性作家マハスウェータ・デヴィの二つの作品の翻訳と、それについての著者の批評である。マハスウェータの作品自体が、「マハーバーラタ」とつながるきわめて強いインパクトを与えるものであるだけではなく、スピヴァックによるその批評もまた非常に興味のあるものである。それはダンテやデリダについてのスピヴァックの発言よりもはるかに説得力をもつ部分であるといえよう。

本書は現代思想の成果を基礎にしてかかれているので、けっして読みやすい本ではないが、そこにある批判の精神に読者は必ず打たれるであろう。

『浪費の政治学——商品としてのスタイル』スチュアート・ユーウェン著　平野秀秋／中江桂子訳

本書のサブタイトルは「商品としてのスタイル」であるが、ユーウェンが本書のなかで用いている「スタイル」ということばは、通常われわれが理解しているものよりもはるかに広い意味を含んでいる。またユーウェンは、スタイルという概念に政治的なものを導入して使っているのであって、それこそが本書のスタイル論の最も注目すべき特徴である。ユーウェンは本書の最初のところで、「スタイルはそれを生み出した時代の表現である」と書いているが、それはスタイルというものが一見すると表面的でありながら、実はひとつの時代の精神そのものを表現するきわめて重要な役割を演じていることを言っているのである。またユーウェンは、本書の終わりに近い部分では、「スタイルが社会史の代弁者になる」とも書いている。スタイルの歴史をたどれば、それが社会史そのものになると言う認識が示されているのである。したがって、ここではスタイルという概念がきわめて重要なものとして意識されていると言える。

ユーウェンは、時代精神としてのスタイルという概念を駆使することによって、現代においてスタイルがどのような意味を持つようになっているかを論じていく。スタイルという考え方は、元来は機能という概念と対立するものであった。そのため、いままでもしばしば機能主義と装飾主義との対立ということが、特に建築・デザインの領域で論じられてきた。ユーウェンもその問題を避けてはいない。スタイルと装飾とは完全に一致するものではないが、重なる部分が多いからである。そしてあらかじめ推測できるように、ユーウェンは機能主義に対する批判的な立場を徐々にはっきりさせていく。たとえばル・コルビュジェの建築はこれまでも機能主義の代表的なものとされ、それが兵舎や工場を連想させるものだという批判があったが、ユーウェンは現代の大都市の郊外に作られつつある住宅が、やはりル・コルビュジェ的な発想に基づくものだとして批判する。それは画一性を特徴とするものであり、ユーウェンはそうした現代住宅に対する批判をするに当たって、ミシェル・フーコーの考え方を援用している。言うまでもなくそれはフーコーが言及したためににわかに知られるようになったベンサムのパノプティコン（「一望監視装置」

と訳されている）と今日の住宅のあり方とを結びつけていっているのである。「訳者後書」でも指摘されているように、ユーウェンの思想には、フーコーとロラン・バルトの影響を認めることができる。特に、フーコーにある政治的なものへの視線をユーウェンにおいても認めることは困難ではない。

そしてユーウェンは、二〇世紀初頭からの合理主義的モダニズムが、機械的なもの、つまり機能を優先させるものを追いかけていった結果、物質的な価値と精神的価値との区別がつかなくなってしまったと批判する。これはボードリヤールが、最近邦訳が出版された『透きとおった悪』（塚原史訳、紀伊國屋書店）のなかで、現代人はあまりにも機械に取り囲まれて生活しているために、自分が機械であるかそれとも人間なのかと自問しなくてはならないと書いていることと対応しているように見える。われわれはいまコンピュータを中心とする機械にとりかこまれて生活しており、しかも機械そのものとではなく、機械のインターフェイスと呼ばれる部分とだけ接触しているのである。人間と機械のインターフェイスが接近することによって、このインターフェイス、つまりスタイルというものの重要性はさらに大きくなったというべきであろう。

こうした状況の中では、機能か装飾かという二者択一はほとんど意味を失ってしまう。装飾がそのまま機能になるからである。もちろんユーウェンは機能という概念を使ってはいないが、彼があ る会社の年次報告書について書いていることは、機能と装飾の不可分性を示す例にほかならない。つまりその年次報告書は、書体や装飾の部分に「スタイル」を導入することによって、その会社の経営そのものに効果があるようになっているからである。

ユーウェンはこのような現象が政治の世界にも現れていることに注目して、それを「政治のスタイル化」であるとする。ユーウェンは「政治はますますイメージ化する」と書いているが、彼が言う「イメージ」は「スタイル」とほとんどおなじ意味である。われわれは実体を欠いた「スタイル―イメージ」の世界のなかに生き、浪費を呼びかける「スタイル」のいいなりになっているのである。

ユーウェンはこのような現代社会の「スタイル」化を豊富な材料を駆使して解明した。消費社会を「政治学的」に読み取ろうとするユーウェンのこの著作はきわめて刺激的である。

『ベンヤミン―ショーレム往復書簡』 ゲルショム・ショーレム編 山本尤訳

ナチスの政権獲得と共に、ベンヤミンがフランスに移ったのは一九三三年、そしてスペインとの国境の町で自殺したのは一九四〇年のことである。本書『ベンヤミン―ショーレム往復書簡』は、ベンヤミンの生活にとっては危機の時代でありながら、その精神的活動にとっては最も豊かな時代であったその八年間に、ショーレムと断続的に交わされた手紙の翻訳である。

現実よりも映像表現を重視する現代人の思考のあり方をいち早く感知し、その意味を解明したベンヤミンの「複製技術時代の芸術作品」が発表されたのは一九三六年のことであり、また未完のライフワーク『パサージュ論』が準備されつつあったのもこのころのことであった。この書簡集は、今日のわれわれにとって重要な意味をあらわにし始めたベンヤミンの思索がどのような状況のなかでなされていたかをきわめて具体的に教えてくれる貴重な書物である。

ベンヤミンの手紙の相手ショーレムは、『ユダヤ神秘主義』『カバラとその象徴表現』(いずれも法政大学出版局刊)などの邦訳によってわが国にも知られるユダヤ思想の研究者である。ショーレムはユダイズムの伝統のなかにいるひとで、またこの手紙を書いていたころすでにパレスチナに住んでいたため、その思想は、常にユダヤ的なものを中軸に置いている。一方ベンヤミンは、ショーレムからの影響は受けつつも、けっしてユダヤ的なものの内側に閉じこもることはなく、その眼はユダヤ的なものを出発点とはしながらも、それをはるかに越えて、世界的なものへと向けられている。訳者の山本氏は「訳者あとがき」のなかでベンヤミンとショーレムの対立を「マルクス主義とシオニズム」の対立であるとしている。二人の手紙を読むと、この対立が深い意味を持つものであることがわかってくる。

たとえばそれはカフカについての二人の評価の差異となって現われてくる。ショーレムがカフカをあくまでもユダヤ的な枠のなかで読もうとするのに対し、ベンヤミンはいわば世界史的な読み方を提示する。ベンヤミンの批評は、いつも細部を重視するが、それはその細部を通して、もっと大きな世界を見るためにほかならない。つまりベンヤミンの思考のなかには、ミクロコスモスからマクロコスモスを読み解こうとする態度を見いだすことができるのである。

『女の時間』　ジュリア・クリステヴァ著　棚沢直子／天野千穂子編訳

本書の著者ジュリア・クリステヴァは、ブルガリアに生まれフランスで活躍しているひとで『中国の女たち』『初めに愛があった』など多くの著作が邦訳されている。本書は、一九七四年から一九八四年までのクリステヴァの論文・講演・インタビューなどを年代順に編んだものである。

クリステヴァは外国からフランスに来た人として、フランス思想に対しても一定の距離を保ち続けているように思われる。それによって彼女は、西欧思想の根底にある男性的な原理の根本的な欠点を見通すことができるようになったのではないだろうか。男性的といってもその本質は、父親を中心とする原理である。西欧の思想の根底にある父親的なものが追求してきたのは、クリステヴァの言葉を借りるならば「金と戦争」に過ぎなかった。

クリステヴァがこうした伝統的な思考に対して提示しているものは、もちろん女性的な原理であるが、そのばあい彼女は一部のフェミニズムの前衛たちが「母性の否定もしくは放棄」をしてしまったことを批判し、「母なるもの」を積極的に評価しようとする。そして「母なるもの」の原型を聖母マリアの中に発見しようとするのである。

ブルガリアというギリシア正教の世界に育ったクリステヴァには、聖母マリアに対する潜在的なつながりがあるように感じられるが、本書に収められた「愛という異端の倫理」では、そのことがはっきりと現れている。そこでは、たとえば多くの作曲家がテーマにした「スタバト・マーテル」(悲しみの聖母は立ち給えり)が「死に敢然と立ち向かうマリアの姿」の表現として評価される。西欧的な現代思想の先端にいると見られているクリステヴァが聖母マリアについて語るのは、異様なように見えるかもしれない。しかしクリステヴァはなにも聖母マリアを信仰するようにといっているのではない。彼女が求めているのは、新しい女性原理であり、その原型が「母」的なものにあることを主張しようとしているのである。

クリステヴァはいままでの西欧の男性中心の原理の背景にあるものが、デカルトの「我思う、故に我在り」であることを見抜いているように思われる。「思考する我」の原理はすべてを分割し分離させるものであった。これに対してクリステヴァは、あらゆるものをつないでいく「愛の原理」を導入しようとしている。「愛の原理」の原型が「太古の母」であり、「聖母マリア」である。

本書にはクリステヴァが日本に来た時のインタビューも収められており、日本文化についての彼女の見解を知ることができる。また、訳者のひとりである棚沢直子氏は、「クリステヴァの女性思想」という長文の解説を書いている。それは「母が自ら語り始めるとき」というサブタイトルのもので、クリステヴァの思想の本質をよく理解して書かれたものというべきであろう。

『ベルリンからエルサレムへ　青春の思い出』ゲルショム・ショーレム著　岡部仁訳

本書の著者ゲルショム・ショーレムは、その著作『ユダヤ神秘主義』『カバラとその象徴的表現』などの邦訳によってわが国でもよく知られている、ドイツ生まれのイスラエルのユダヤ学者である。ショーレムはベルリンで青年時代を過ごしたが、本書は、ドイツに住んでいたユダヤ人が二十世紀初頭にどのように自分の精神を形成していったかを知ることのできるきわめて興味ある回想録であり、数多くの事実と共に語られるショーレムの青年時代についての記述は一種の教養小説の雰囲気を持っている。

ここにはショーレム自身の内面の成長過程と共に、彼とかかわりあった多くの人たちの姿が描かれている。多彩な人物たちが、意外なところに登場する。

たとえば、カフカのいいなずけであったフェリーツェ・バウアーや、『ゴーレム』などをかいた作家のグスタフ・マイリンク、著名な哲学者ヘルマン・コーヘンなどの姿が、いきいきとしかも時にはユーモアをもって描かれている。たとえば、マイリンクは、『ゴーレム』のなかでカバラに関することを書いていながら、自分にはその意味が分からず、ショーレムに尋ねているし、コーヘンは背が高くなかったために、その講演を聞きにいっても彼の額しか見えなかったという。ショーレムは、いたるところでユダヤ学の文献の収集に努力し、多くのひとたちと会うが、それがつねにユダヤ的世界の内側での行動であって、外側とのつながりが少ないことが注意されよう。ショーレムの名は、わが国ではヴァルター・ベンヤミンの友人としても知られている。翻訳されている二人の往復書簡を読むとわかることであるが、同じユダヤ人でありながら、また親しい友人とはいいながら、この二人の考え方には大きな差異がある。

ベンヤミンは、一九三三年のナチス政権成立の年にフランスに移るが、けっしてヨーロッパを離れようとはしなかった。これに対してショーレムは、あくまでもユダヤ的世界の内側で仕事をしようとする。この差異は決定的であり、カフカの作品の評価をめぐっての両者の意見の対立は、カフカをユダヤ的なもののなかだけで見ようとするショーレムにベンヤミンがついていけなかったところにあった。

このことについて訳者の岡部仁氏は、「訳者あとがき」のなかで「ベンヤミンは、ショーレムの再三にわたるイスラエルへの亡命の誘いにもかかわらず、ヨーロッパでしか自分の真の活動はありえないと考えていたのが本音だったのではあるまいか」と書かれているが、評者もこの意見に同意する。その意味で本書はほとんど純粋なユダヤ的世界のなかでユダヤ学の研鑽に努めた典型的なユダヤ人の自画像として見ることができるだろう。

『ホモ・モルタリス』 丸山圭三郎著

主体と世界との関係のあり方について、著者が早くから「言分け構造」の概念を提示してきたことはよく知られている。世界は主体が言語によってそれを分けていくことによって成立するというこの考え方が、本書では著者の個人的な体験とともに語られている。誰にも「原風景」というものがあるが、著者にとっての原風景は、「コトバの群、コトバの渦巻から成っていた」のである。そして、それらのコトバの群のなかから異様な姿を現してきたものが「黒というコトバ」として具体化された「死」にほかならなかった。

しかし、この著作を「死」をテーマとする考察の記録と考えるのは誤りである。著者にとって、死もまた言語との関連で見えてくるものである。本書は人間を単にホモ・ロクエンス（語るヒト）としてだけではなく、それと同時にホモ・モルタリス（死すべきヒト）としても把握しようとする思想の展開のプロセスがはっきりと見えてくる著作なのだ。そしてここでは、死を生と完全に分離してしまう考えはない。つまり、西欧の伝統的な、デカルト的な二元論で問題を考えようとする方法はとられてはいない。

たとえば、著者はベルクソンの『物質と記憶』に言及しているが、そこで示されている「表象された記憶」を「言分け構造」と、「演じられる記憶」を「身分け構造」と、それぞれ結びつけて解釈していて、これは自分の思想を中心にして対象世界を切り分けて行く著者の鋭い手つきを感知させるところである。しかしこの二つの記憶もしくは構造を完全に分離してしまうのではない。身分け構造、言分け構造に関連させられているベルクソンの二つの記憶も、著者にとっては境界があいまいなものである。丸山氏は次のように書いている。「右の二種の記憶は、決して截然と分けられるものではない。身分けられつつ言分けられ、言分けられつつ身分けられる私たちの知覚が記憶にひたされている一方、記憶もまた知覚によってよみがえる相互浸透現象が起きていることを忘れてはなるまい。」

評者は、ここで用いられている「相互浸透」という概念こそ、著者の思考の中心にあるものだと考える。つまり、二つの記憶が相互に浸透しているだけではなく、生と死もまた相互に浸透しているのである。丸山氏が書いているように、いままで、「生と死は、時間的にも空間的にも分割され、相異なる次元として実体視されてきた」のである。著者は、このような二元論的な見方を否定し、生と死とを、連続し相互に浸透したものとして把握しようとする。これはけっして著者の独断ではない。インドにも、そしてヘブライズム、ヘレニズム以前のヨーロッパにもあった輪廻思想は、生と死の相互浸透の思想である。ただ、著者はそれを抽象的な議論としてではなく、自分の経験と、それを基礎にする徹底的な思考の結果として提示しているのである。そのプロセスを示しているのが、本書の第二章「死の心性史」である。

生を一度限りのものと限定せずに、前世体験や臨死体験と重ね合わせて考えるならば、生と死との相互浸透という考え方が成立するはずである。それによって、たとえば「記憶の遺伝」さえも可能になり、「古代の意識が呼び戻される」ための「秘儀参入」を修練によって可能にしようとしたシュタイナーに、なぜ著者が関心を持つのかもわかってくるであろう。だからと言って、この著作はけっして神秘主義の書物などではない。

つまり、ここで述べられているのは、単に生と死とのあいだの相互浸透の問題に限定されるものではない。著者は、相互浸透の概念をさらに拡大し、「意識（コスモス）と意識以前の不可知物（カオス）とのあいだを知（ソフィア）が往復運動する」という思想に到達する。カオスとは、著者によれば「欲動」のことである。それは、「〈身分け構造〉が破綻した間隙から溢れでるエネルギーが〈言分け構造〉（コスモス）と共起するカオスとしての欲動」であり、「すなわちコトバとともにカオスモスなる過剰物が登場する」のである。生と死の円環運動を説いてきた著者の思想が、著者の以前の著作『カオスモスの運動』とつながってくるのが見えてくるであろう。

「死に至る生」ではなく、「死を包みこんだ生」の存在を説いてきた著者は、ここでついに、生と死の円環運動をも包み込む「コスモスとカオスとの間の大きな円環運動」という思想に到達する。言語についての考察と、死を包みこんだ生という概念とを基礎にして形成されてきた著者の思想は、いまやカオスとコスモスとを相互に浸透させたものとしてのカオスモスの思想として、ここで見事に結晶化しているのであり、評者はこの『ホモ・モルタリス』において著者の哲学思想のクライマックスを見る思いがしてならない。

『生への闘争』 ウォルター・J・オング著 高柳俊一／橋爪由美子訳

本書の著者ウォルター・J・オングは、イエズス会の司祭で、またセント・ルイス大学の教授でもあったという特異な経歴の学者である。数多いその著作のなかで、一九七四年に書かれた『声の文化と文字の文化』（藤原書店）がすでに邦訳されているが、そこでオングは、古典文学についての深い知識を前提にして、つねに常套句を反復することによって思考し創造していく「声の文化」と、記録されることによって別のかたちでのあり方を持つ「文字の文化」との違いと関係をあざやかに記述した。

この考え方は、一九八一年に発表された『生への闘争』にも受け継がれているが、「闘争本能・性・意識」というサブタイトルを持つ本書では、人間の文化・社会・生活の根底にある闘争・対立についてのユニークでしかもきわめて興味ある見解が示されている。オングによると、「闘争は、およそ人間の営みの見られるすべての場所で、その生活の一部となっている」のであり、「人間の存在を構成する一要素」である。ここでオングが闘争といっているのは、非常に広い意味においてであって、特に文化・教育の面での「闘争」が重点的に考察されている。

「闘争」とは、「他者と自分とをはっきりさせること」であり、それによって人間の意識というものが成立する。そこで、ばあいによっては「闘争」が方法的に用いられることもあり、かつては教育の場でしばしば教師と学生との間での闘争が存在した。おそらくそれは、オングのいう「声の文化」と関係することであり、以前には教育は口頭でのやりとりが中心になっていて、学生は教師との「声」による闘争を通して自らを形成していったのである。今日ではその伝統は急速に失われ、それに代わって学生のあいだで新たな「闘争」のかたちとして現れてきたものがスポーツだというイロニーに満ちた指摘もある。

しかしオングは過去の「声の文化」の時代に盛んであった「闘争」の消滅を嘆いているのではない。オングはフランスのカルヴァン派の学者であるラムスの研究者として出発したひとであり、また古典文学にも深い造詣のあることは『声の文化と文字の文化』を読めばわかるが、しかしそれと同時に現代の意識の変化についてもきわめて鋭敏な感覚を持って対応することができるひとである。現代における闘争は、「声」によって外側に対して向けられることが少なくなり、それに代わって内面へとその場所を移したのであり、訳者が解説のなかで指摘しているように「文明の女性化」が、新しい時代の傾向であることが示唆されているのである。

『差異と反復』 ジル・ドゥルーズ著 財津理訳

通常われわれは表象―再現前化（ルプレザンタシオン）の世界、つまり、与えられたものがあってそれを思案に再現したり反映したりする世界に生きている。ドゥルーズによると、このような表象―再現前化の世界を決定的に準備したのはプラトンであり、プラトンは「ルプレザンタシオンの理論家」であるとされるが、ドゥルーズの言うように、「表象―再現前化の世界は、類比の網のなかに閉じ込められていて、この類比の網が、差異と反復とを、単純な反省の概念に仕立てあげる」のである。

差異と反復――日常の思想と行動のあらゆる場面に存在しているように見えるこの二つの概念が、この著作を読むと、ドゥルーズの手によってまったく異なったものとして提示されていることがわかる。そして読者は、このプロセス、いやプロセスといったなまやさしいものではない、思想の一種の激しい運動に立ち会うことになる。通常のロジックがここではまったく役に立たないことをあらかじめ覚悟して読まぬ限り、『差異と反復』は読者を寄せつけないだろう。

たとえばわれわれは「反復」とはもとにある何かを繰り返すことだと考えている。教科書の暗記、台本の上演はそのような意味での反復もしくは表象―再現前化の例である。ところがわれわれはドゥルーズによって、「反復されることになる最初の項などはありはしないのだ」と、いきなり宣告される。「最初の項」を反復するのは、ドゥルーズの言う意味での反復ではない。「反復は同一性それ自身を粉砕する」のであり、したがって反復されるものはけっして最初に与えられてはいない。「反復のなかでこそ反復されるものが形成され、しかも隠される」のである。反復されるものは、反復によって生産されるのだが、しかしそのように生産され、反復されるものは、それと同時に隠されてしまっている。反復が反復を生産し、そして生産したものを隠蔽するこの反復の構造こそ、反復の本当の存在を示すものである。ここで示されている反復は、「それ自身へ向かう反復」であり、「反復が反復する」といわなくてはならない。「反復が反復する」のであるから、反復には反復する力がなくてはならない。ここに見られるのは、「反復」に新しい力を与えていくドゥルーズの作業である。ここで展開される「反復」の概念は、ドゥルーズが『ニーチェと哲学』においても論じていたニーチェ解釈、特に永遠回帰についての解釈と深くかかわっている。ドゥルーズによるならば、永遠回帰は「未来の反復」であり、けっして同一的なものの回帰を意味しない。

このように、反復という概念は本書のなかでドゥルーズによって新しい力を与えられた。そして概念にまったく新しい力を与える哲学の作業は、「差異」に関してもなされている。ドゥルーズが差異について論じ始める章のタイトルが「それ自身における差異」であることに注意すべきだろう。つまり、ドゥルーズが示そうとする差異は、AとBとが異なっているという意味での差異ではありえず、それ自体で自立して存在し、作用を及ぼすことができる差異だからだ。ドゥルーズは、ここで論じているかぎりでの差異と、言語学的な概念としての対立とはまったく異なるものであることを繰り返して語っており、両者を混同したトルベツコイはきびしく批判されることになる。ドゥルーズが論じる差異とは、意味を成立させる要因、言語学的な意味でのいわゆる弁別的差異ではなく、差異を生産する差異であり、「差異の差異」なのだ。

このような意味での差異は、「怪物」であり、「呪われたもの、過誤、罪」でさえある。アルトーの言う「残酷」ともかかわる概念である。それは、言語学的な意味での差異とは異なり、ほかのものとの対立関係のなかで存在するものではない。差異は、「それ自身」で差異として存在し、作用する。ドゥルーズが差異を雷光にたとえて語る部分は、本書のなかでも特に印象に残る。ドゥルーズは、次のように書いている。「稲妻は暗黒の天空から際立つが、しかしその天空をおのれとともに引きずってゆかざるをえない」。つまり、稲妻は差異として天空に存在するが、それは稲妻が、その背景である天空と異なっているからではなく、「それ自身における稲妻」として存在しているからだ。つまり、差異はそれ自体で差異として存在し、作用するのであって、けっして単なる対立関係にある二つの項のうちの一方なのではない。やがてガダリも展開することになるカオスモスの世界、カオスとコスモスの相互浸透の世界も、すでにここでは差異の世界として示されている。「差異の差異が存在して、それが異なるものを寄せ集める」のであり、差異の力はそこで累乗されていくのだが、これこそがまさにカオスモスの世界のあり方にほかならない。

カオスモスは二元論を拒否する世界であり、カオスとコスモスが混在することにより、さらに新たなカオスとコスモスとを内部に導入できる世界なのである。あるいはそれは、ゴンブローヴィチの作品に関連してドゥルーズが言うように、「カオスとコスモスという同一性」の世界であって、「カオスをコスモスに対立させようとするプラトン主義的努力」をこなごなに打ち砕くものである。われわれはここにもドゥルーズの反二元論をみることができる。

ドゥルーズは『差異と反復』のなかで差異と反復とを分離して考えているのではない。「反復は差異の、そして異化―分化の力」であり、ドゥルーズの言い方を借りれば、「差異が反復に住みついている」のだ。「永遠回帰における反復は、差異の固有の力として現われる」のであって、ここでは反復は「差異の力」として規定されているが、極言すれば、差異と反復とは不可分であるばかりか同一なのである。差異も反復も強力な力であり、その根底にあるのは、もはや単純なロゴスではない。ドゥルーズは、差異と反復とを「問題的なもの」のなかに見いだしていこうとするが、それは、問題にはすでに「何か発狂したものが存在する」からである。この「発狂したもの」、ロゴスとはまったく別の次元のもの、『プルーストとシーニュ』のなかでは「アンチロゴス」とさえ呼ばれているものこそ、差異と反復を動かす原動力なのだ。ドゥルーズはまた、愚劣（ベティーズ）さえも「思考の最高の力能の源泉」であるとしている。われわれはすでに、ドゥルーズがいたるところでデカルトを拒否してきたことを知っているが、ドゥルーズはここでもデカルトのいうコギトが「完成され完全に構築された実体的主体に帰せられ得るもの」であるとして排除し、思考がけっして実体的主体の理性の働きから生まれるものではないと断言する。思考は理性の理論的な働きによって始動するのではない、発狂とともに始まるのだ。「反復の哲学はパトロジーである」とドゥルーズは書いているが、それは精神のパトロジーであるに違いない。

ドゥルーズは、「創造するということ、それはつねに異化―分化の数々の線と、数々の形態を生産することである」と書いている。ここでドゥルーズが「線」ということばを使っていることが注目されよう。また、「異化―分化」といっているものが、同一性の否定であり、すでに言及した「表象―再現前化」に対立するものであるということは言うまでもないであろう。ドゥルーズは何よりも表象―再現前化、換言すれば、同一のものの反復を拒否する。同一のものの反復は、けっして創造にはならないからだ。表象―再現前化の場としての劇場ではなく、生産のための工場こそが、ドゥルーズの哲学の舞台なのだ。「アポロン（表象―再現前化）の血管に、ディオニュソス（差異）の血が少しばかり流れるようにする」ことを求めるドゥルーズは、哲学に酩酊とめまいが必要だと述べる。そしてそのような要求に応じられる哲学者であったライプニッツが、「ディオニュソスの岸辺」に近づいたことを高く評価する。ついでながら、ドゥルーズがライプニッツの概念のなかで重視する「プリ」（襞）が、すでにこの著作のなかで言及されていることにも触れておくべきであろう。ドゥルーズは『差異と反復』の二十数年後に、『プリ』というタイトルでライプニッツとバロックについて書くことになるからだ。

思考は論理に従って構造化されていくものではなく、跳躍によって、飛び立つことによって作られていくものである。「思考において何が第一のものかというなら、それは飛翔である」とドゥルーズは書いている。「差異を思考せざるをえない」という宿命を担った思考は、飛翔によって差異を思考するのだ。

このように、思考も差異も、通常の理解とはまったく異なった作用を与えられている。ドゥルーズは、「飛躍、間隔、強度的なもの、あるいは瞬間の力としてのダイモーンたち」を並列させているが、それらがすべて思考の原動力であることを視野に入れるならば、ドゥルーズの思想のなかでも最もわかりにくいといわれている「強度」の概念が少しずつ理解されるであろう。ドゥルーズは、この『差異と反復』のなかで「強度」を次のように定義している。「強度は感覚不可能なものでありながら、同時に感覚されることしか可能でないもの」、つまり、強度はロゴス的な精神の働きによってはもちろん把握できないものであり、感覚によっても把握できないが、しかしそれにもかかわらず、感覚で把握する以外には知ることのできぬものなのだ。おそらくそれは、ドゥルーズが『映画』のなかで論じている「パトス的なもの」を準備していると考えられる。

「強度は即自的に不等なものを含む」――これが強度の第一の特性である。ここで語られている「不等なもの」とは、ドゥルーズの思想のなかで用いられるきわめて重要な概念のひとつで、『意味の論理学』のなかでも論じられる「特異性」の概念と深くつながっている。実際にここでは「特異性の反復」あるいは、「原因における不等性ならびに非対称性の反復」が論じられている。それによってわれわれは、「特異性」と差異との深いつながりを推測することができる。ドゥルーズはここからただちに強度の第二の特性、すなわち「強度は差異を肯定する」という特性を導いてくる。それは、差異を反復することによって成立する「永遠回帰」の世界であり、永遠回帰が実は強度の世界、差異の世界において存在することが明らかにされる。ドゥルーズの魅力を最高に示した本書は、差異と反復とを中心にして、カオスモス、強度といった重要な概念がそれ自体を展開させていく現場をわれわれに見せてくれるばかりではなく、ドゥルーズの他の著作を解読するための鍵を内蔵しているとも言えるだろう。

『他の岬』 ジャック・デリダ著 高橋哲哉／鵜飼哲訳

本書は、フランスの哲学者ジャック・デリダによる現代ヨーロッパの危機についての考察である。ヨーロッパの危機については、すでにフッサールがヨーロッパの学問の危機について警告をし、ハイデッガーも「ヨーロッパ的西洋の地位罷免」について論じた。デリダは、これまでのヨーロッパ危機論のなかで、特にヴァレリーの思想をふまえ、多様な問題をはらんだ現在のヨーロッパを考えようとしている。ヴァレリーはすでに一九三〇年代に、ヨーロッパを「岬」（キャップ）と見る立場を示していた。「このヨーロッパとはいったい何か。それは旧大陸の一種のキャップ（先端・頭・岬）であり、アジアの西方の突起・付属物である。」ヴァレリーはこのように書くことによって、ヨーロッパが世界の中心でありうると同時に、世界の単なる突起物にすぎないものでもありうるという危機を告知したのであるが、デリダはこの「岬」（キャップ）というヴァレリーの概念を手がかりにして、自分の思想を展開する。

キャップとは「首都」（キャピタル）でもあり、デリダは、今日のヨーロッパがけっして首都を持ってはならないと主張する。「中央集権的覇権（首都）が再構成されないように警戒しなければならない」のは、ナチズムの支配というようなかたちでのヨーロッパの統一があってはならないからである。しかしそれと同時にデリダは、「ヨーロッパの文化的同一性はおのれを四散させてはならない」とも主張する。「少数派の諸差異、翻訳不可能な諸方言、民族―国民の対立、固有言語の排外主義を、それ自体として養わないようにしなければならない」のである。つまり、首都を作るというかたちでの中央集権的な権力の集中は排除されなければならないが、しかしそれと同時に、ヨーロッパの同一性が拡散してはならないという見解が示されているのである。

またデリダはこの『他の岬』のなかで、「文化の固有性とは、自己自身と同一でないことである」という考え方を提示する。

デリダの見解では、自己自身との差異をたえず作ってきたのがヨーロッパであり、「われわれはヨーロッパの理念の護り手に、ヨーロッパの差異の護り手にならねばならない」のである。ここには差異の思想を追求し、実践しようとするデリダの姿勢がある。しかしデリダは、「わたしはすみからすみまでヨーロッパ人であることを望まないし、すみからすみまでヨーロッパ人であってはならない」と述べているのであって、ヨーロッパが他の世界に対して開かれたものであることを求めている。この『他の岬』は、EC統合の近づいたヨーロッパについての哲学者による考察として注目に値する。

『のちに生まれる者へ——ポストモダニズム批判への途1971—1986』フレドリック・ジェイムソン著　鈴木聡他訳

本書は、アメリカにおけるマルクス主義批評の代表者のひとりとされてきたフレドリック・ジェイムソンの一九七一年から一九八六年までの論集である。社会主義の政治体制が崩壊した今日、その政治的イデオロギーであったマルクス主義が「思想」として、あるいは批評の理論的根拠として、どのように有効でありえたかを知る意味でも、本書は興味あるものである。またそれと同時に、たとえば建築といった具体的な表現のなかに批判の力を持ったものを感知しようとしているジェイムソンの思想の動きを知ることができる。

ジェイムソンは、モダニズム対ポストモダニズムという二項対立だけではなく、その前に存在したリアリズムも視野に入れて現代の問題を考えようとする。そこにマルクス主義批評の立場が反映されているといえる。しかし、リアリズムの表象概念が破産したところにモダニズムが登場するという考え方は、すでに一般的に認められているものであり、問題はジェイムソンがポストモダニズムをどのように理解しているかということになるであろう。そのとき、ジェイムソンがポストモダンの思想家として最も高く評価するのは「内容の放棄」、「深層の消滅」を特徴とする現代の状況を適切に解読したロラン・バルトである。ジェイムソンは、バルトのプルースト論が、プルーストをポストモダンの作家として位置付けようとした試みであったと評価し、さらに「バルト自身のテクストを、ポストモダンの宣言として位置付ける試み」さえしようとする。これは、ポストモダニズムのなかに含まれている批評性を評価しようとするものであると考えることができるが、それと同時に、「内容」「深層」を捨てることができないマルクス主義批評の限界が、おのずから見えているということもできるであろう。

また、「内容」よりも「関係」を重視する構造主義の評価といった論点や、ラカンについての考察は今日の視点から見るときにはすでに過去のものになったという印象を捨てることはできない。しかし、ジェイムソンのこの著作の魅力は、論理的な首尾一貫性という面よりも、むしろいたるところに展開されている独特な考察である。たとえば、バルトはもちろんポストモダンの理論家として考えられてはいるが、しかしそれよりもむしろ「直感と独自性を兼ね備えたあまたの批評方法の実践者」として評価されている。

また、ジェイムソンは「建築とイデオロギー批判」の章の最初のところで、「空間はいかにしてイデオロギー的となりうるか」という問いを提示している。建築を媒介にして現代的なものの意味を探ろうとするジェイムソンの方法はきわめて示唆的である。たとえばコルビュジェやミース・ファン・デル・ローエなどによるモダニズム建築の「根本的に新しい記号」が「旧来の記号体系を批判する」ものであったとするジェイムソンは、ポストモダニズムの建築がそれ以前の記号体系を批判するものとして存在すると考えているはずである。ジェイムソンは、ポストモダニズムの中心にあるものが建築だと考えているが、それは現代の建築において「モダニズムの死」をはっきりと見ることができるからである。またジェイムソンは、「この時代にあっては、商品こそ時代独自のイデオロギーである」と書いていて、抽象的な世界からもっと具体的な「もの」の領域へと思考を広げていこうとする姿勢を示している。

このようにして、ポストモダンの状況はジェイムソンによって明確にその輪郭を描かれたのであり、本書によってわれわれは、現代が抱えている中心的な問題の状況を認識することができる。この状況を批判してそれに代わる役割を演じるものは何かということが、「ポストモダニズム以後」を考えようとする読者に課せられた問題であろう。

『非宗教的啓示――ヴァルター・ベンヤミンとシュルレアリスト革命のパリ』
マーガレット・コーヘン著

ヴァルター・ベンヤミンの仕事が、最近になって再評価されつつある。ベンヤミンが長年にわたって構想していた『パサージュ論』は完成されなかったが、その材料になるはずであった数多くの断片・引用の翻訳が、今村仁司氏たちの精力的な作業によって、岩波書店から刊行されつつある。フランスでは、『パサージュ論』はすでに翻訳されており、ベンヤミン論もつぎつぎに刊行されている。アメリカでもスーザン・バックモースのベンヤミン論『見ることとの弁証法』（The dialectic of seeing）が一九八九年に刊行された。

ここで取り上げるマーガレット・コーヘンの『非宗教的啓示』は、バックモースに続く、女性によるベンヤミン研究である。「非宗教的啓示」とは、ベンヤミンの「シュルレアリスム」に出てくる考え方で、シュルレアリスムが、現実をまったく新しいものとして「啓示」のように示すことを意味している。したがって、このベンヤミン論は、ベンヤミンとシュルレアリスム、とくにアンドレ・ブルトンとの関係を中心に考察したものである。コーヘンは、ヴィクトル・ユゴーの見たパリとブルトンの見たパリとが本質的に異なるものであり、ユゴーはパリを鳥瞰的に見たのに対して、『ナジャ』におけるブルトンの見たパリは、あくまでも断片的であると書いている。これは重要な指摘である。というのは、『パサージュ論』それ自体が断片・引用の集積であり、ベンヤミンの思考そのものが、断片的であることがシュルレアリスムとの関連のなかで示唆されているからである。

コーヘンは、マルクス主義を精神分析的な考え方によって捉え直そうとしたのがベンヤミンの仕事であったと説く。そのためにアルチュセールの理論が援用され、それをベンヤミンに遡及させて解釈するという方法も取られている。そのような理論的な考察も説得力をもっているが、さらに本書では、ベンヤミンの肖像写真の撮影者で、邦訳もある『写真と社会』の著者でもあるジゼル・フロイントがパリで開いた写真展に、ベンヤミンとブルトンが出席していたといったディテールも読者の関心を引くであろう。

本書によってわれわれは、シュルレアリスムとベンヤミンとの関係を知ることができるばかりではない。現代では、読むという体験がしだいに少なくなり、その代わりに映画・写真・広告といった映像表現が優位になりつつある。ベンヤミンは、「宇宙と主体との新しい構成が生まれる時の痙攣」の意味を早くから見抜いていたが、コーヘンはそのようなベンヤミンの仕事の意味を多面的に解明しようとしたのである。

『スピノザ　実践の哲学』　ジル・ドゥルーズ著　鈴木雅大訳

本書は、現代フランスの代表的な哲学者であるジル・ドゥルーズによるスピノザ論である。スピノザは、一七世紀に活躍したオランダの哲学者であるが、本書を読むとドゥルーズが、スピノザからきわめて大きな影響を受けていたことがわかる。もちろん本書は、スピノザの思想の一種の入門書ではあるが、それと同時に、ドゥルーズ自身の思想がいたるところに示されている。

ドゥルーズにとって、「スピノザは、きわめて精巧で体系的な、学識の深さをうかがわせる並外れた概念装置を備えた哲学者であると同時に、それでいて、哲学を知らない者でも、あるいはまったく教養を持たない者でも、これ以上ないほど直接に、予備知識なしに会うことができる突然の啓示、閃光を受け取ることのできるまれな存在」なのである。読む者をスピノザの方へと誘惑するドゥルーズによって、われわれはスピノザの思想のなかに連れ込まれてしまう。本書の第六章は、「スピノザと私たち」というタイトルになっていて、ドゥルーズはそれが「スピノザのただなかの私たち」という意味だと書いている。つまり、われわれはいつのまにかスピノザの世界のなかに入り込んでいるのであり、そこでドゥルーズはわれわれに対して、「具体的に個々の身体や思考を、ひとつひとつの触発し触発される力として規定して見たまえ」と勧告する。

ここでドゥルーズが「触発し触発される力」といっているものこそ、このスピノザ論の中心にある考え方である。それは、スピノザのもうひとつの概念を使うならば、「能動と受動」ということである。われわれの精神と身体は、外側からの能動的な触発に対して受動的に反応するが、それはけっして一方的な関係ではなく、相互的な関係である。「触発し、触発される力の研究」こそが、スピノザの思考の中心にあるものである。

ドゥルーズは、哲学が概念を作る仕事であるということをくり返し書いている。そうすると、スピノザについても、その概念を理解することがスピノザの思想の理解になるはずである。おそらくそのような考え方に基づいて、本書の第四章は、スピノザの主著である『エチカ』の主な概念の解説に当てられていて、意識・自然・原因・観念・自由といったスピノザの哲学の主な考え方が詳しく説明されている。またそれと同時に、この章を読むと、たとえば「開展・包含」という、ドゥルーズが『プルーストとシーニュ』で示した重要な概念の起源もスピノザにあることがわかる。

このように、本書はドゥルーズがスピノザの思想について論じながら、自らの思想を語った注目すべき著作である。

『純然たる幸福』 ジョルジュ・バタイユ著　酒井健訳

バタイユは、一九六二年に死んだフランスの思想家で、『エロティシズム』『ラスコーの壁画』などの著者としてよく知られている。最近、美術批評の領域などでも、バタイユの仕事が再評価されつつあり、バタイユの未訳の論文を集めた本書が刊行されたことは、きわめて有意義である。バタイユは、巻頭に収められた「スペインの文化」で、スペインの闘牛をスペイン民衆文化の象徴として捉え、「私は、他のいかなる民衆文化も、今日、スペイン民衆文化のような深さを持っていない、スペインの民衆文化のようには不可能なものへの憧憬を表現していないと思う」と書いている。ここに本書の中心的な思想がある。つまり、バタイユの思考は、つねに何らかの境界を超えていくことを求める。

このところ思想の領域で話題になっている「侵犯」の概念も、ここで示されている「不可能なものへの憧憬」と深い関連がある。つまり、人間の行動を「禁止」する境界もしくは掟があり、それを超えていくことが「侵犯」であるが、それがそのまま思考の運動になるというのがバタイユの考え方である。人間は「禁止という名で知られている制約を自らに課した」のであり、この禁止もしくは限界を超えていくことが求められるのだ。

したがって、禁止と侵犯はつねに対になっている。バタイユが侵犯のあるところにおいてのみエロティシズムを認めるのはそのためである。「人間の宗教的な生の諸相を、エロティシズムのなかに見てとる」というバタイユの考え方は、宗教とエロティシズムを侵犯という概念を媒介にして結びつけるものである。禁止を侵犯していくのが、動物の行動とは異なった、人間の基本的な行動であり、それが文化にほかならない。この立場はバタイユの次のような意見にも示されている。「文化は、権力から根源的に離脱しない限り、権力の問題（したがって自由の問題、つまり権力に対する抵抗の問題）を考察することができない」

つまり、権力を禁止として捉え、それに対抗するところに文化の存在の意義を認める。バタイユが、ナチズムとつながりがあったドイツの実存哲学（不安の哲学）に対して距離を置いたのはこの考え方に基づいてのことである。バタイユは、今日では人間の可能性を求める人たちがいるとしても、「不安の哲学者たちが再び教鞭をとることになる大学はこの人々をただ落胆させるだけであろう」と書いている。

バタイユは、「人間の目的は価値観の転倒によってしか与えられない」と書いているが、本書の読者は、いたるところにバタイユの批判の精神が活動しているのを感じ取るに違いない。

『ハイデッガー＝ヤスパース往復書簡』 W・ビーメル／H・ザーナー編 渡邊二郎訳

ヤスパースとハイデッガーは、実存主義を確立した今世紀ドイツの代表的な哲学者である。本書は一九二〇年から一九六三年まで、二人のあいだでかわされた手紙を集めたものである。しかしそれは単なる「往復書簡」ではない。長いあいだの中断をはさむ、四〇年にわたる両者の手紙のやりとりには、ナチズムと手を結んだハイデッガーに対するヤスパースの根源的な批判、同時代の政治との深いかかわりなど、思想の世界が避けては通ることのできない問題が、重なりあって存在している。

最初は、お互いの思想に対する深い畏敬の念から始まった二人の関係は、一九三三年のナチスによる政権の獲得、ハイデッガーのフライブルク大学学長就任以後、急速に変化していく。ヤスパースは、夫人がユダヤ人だったために教授の職を追われ、ハイデッガーはヤスパースを訪問しなくなる。両者の文通は長いあいだ途絶えるが、やがて戦後のヤスパースは、「哲学と政治とは、プラトン以来、切り離すことができない」という考え方をはっきりと表明し、表面上はハイデッガーに対する深い敬意を示しながらも、ハイデッガーが、「現実から隔絶」することによって、「全体主義的なものの勝利を準備」したことを、率直に、そして厳しく批判する。この部分が本書のクライマックスであり、ハイデッガーは、この批判に対してまともに答えることができない。

しかし、この往復書簡集では、単に思想の次元のことだけが語られているのではない。たとえばクルチウスは、「劣悪な読書力しか持っていない学者」として徹底的に批判されており、パノフスキーの仕事に対してもハイデッガーは否定的である。また、狭い見方しかできないドイツの大学教授たちに対する二人のいら立ちは、いたるところに見ることができる。「計画的に凡庸な人物たちを招聘しようとする人々」が大学の要職を占めているのだ。

このような俗的な世界の描写と、思想が格闘する世界とが、相互に絡み合って存在している。ここに描かれている俗的な世界が、政治の世界とつながっているのであって、この部分を切り離して読んではならない。

この往復書簡集は、ヤスパースの死に際してのハイデッガーの弔電と、それに対するヤスパース夫人の返電で終わっているが、読み終わったとき、読者は、高度の緊張を強いるひとつの劇を見たような気分になるに違いない。それは、二人の哲学者の精神の格闘の劇だったのである。

『ベンヤミンの〈問い〉』今村仁司著

いまヴァルター・ベンヤミンの仕事に対する再評価の動きが世界的に高まっているが、わが国でも最近になって彼の主要な論文を集めた二冊の岩波文庫が刊行され、また未完のライフワークとされる『パサージュ論』も、岩波書店から刊行されつつある。この『パサージュ論』の翻訳にもかかわっている今村仁司氏による本書は、こうしたベンヤミン再評価の動きのなかでも特に注目に値するベンヤミン論である。

著者は、ベンヤミンが十九世紀という近代を「本来的な倦怠経験の時代」として捉えていたと考える。そしてそれと対抗するかたちで、「気晴らしの世紀」としても把握していたことを重視する。つまり、倦怠と気晴らしという二つの要素が相互に作用し合っていた時代であると見る。この視点から見直すとき、『パサージュ論』が、単なる十九世紀都市論ではないことがわかってくる。つまり、ベンヤミンが分析するパサージュは十九世紀の都市のひとつの様相などではなく、倦怠に対抗する気晴らしのための街路である。

そこで著者は『パサージュ論』を、「単なる十九世紀都市パリの歴史的再現を目指すのではなく、近代の確立期の経験を素材にして、近代的人間の存在、ひいては近代という時代の根源をあばきだすのを目的にした哲学的研究」であると規定する。これはきわめて重要な見解であると見なければならない。

また著者は、「微小な個別的契機の分析を通じてできごとの全体の結晶を見いだす」というベンヤミン自身のことばを引用して、ミクロなものからマクロなものを発見するベンヤミンの思考の方法そのものに迫るが、それが、レヴィ＝ストロースが『神話論理』で展開した思考の方法と通じていることを指摘してもいる。

ベンヤミンの歴史哲学の意味を、これほど鋭く考えた論考は、いままでなかったのであり、これからのベンヤミン論は、本書を新たな出発点としなければならないであろう。

『斜めから見る』　スラヴォイ・ジジェク著　鈴木晶訳

ジジェクは、本書の「はじめに」において、この著作を「ラカン理論の教義体系への入門書」であると規定しているが、それと同時に、「本書はラカン理論を、大衆文化をひたすら楽しむための格好の口実として使う」と書いている。ここで「大衆文化」として考えられているのは、フィルム・ノワール、ＳＦ、推理小説、ヒッチコックの映画などであって、ジジェクはそれらを材料として、ラカンの理論を説明していく。ジジェクはその方法を、ベンヤミンから学んだとして、次のように書いている。「かつてヴァルター・ベンヤミンは、生産的でしかも価値転倒的な作業として、ある文化が生んだ最も高次元な精神的所産を、その同じ文化が生んだ平凡で散文的な産物といっしょに読むことを推奨した。ベンヤミンが特に念頭に置いていたのは、モーツアルトの『魔笛』に表現されている、愛し合う男女についての崇高な理想を、モーツアルトの同時代人であるイマヌエル・カントの著作に見いだされる結婚の定義といっしょに読むということであった。」

「理論」はけっして抽象的な次元においてのみ作られるのではなく、つねに現実についての考察によって裏打ちされていなければならない。また逆に、現実にたいして適用できないような理論は価値がない。ラカンの理論と大衆文化を結びつけて考えるジジェクの方法は、一見するとアクロバティックであるが、「理論的モチーフを実際に舞台に乗せて上演してみると、他の見方によっては気づかないような側面が見えてくる」のも事実である。

本書で評者にとって興味があったのは、「対象を見ている眼は主体の側にあるが、視線は対象の側にある」というラカンの考え方を、「サイコ」のなかのノーマンの母が住んでいるらしい家にライラが近づいていくシーンに関連して説明している部分である。ジジェクは、そのシーンについて「ある意味でライラを見つめているのはすでに家そのものである」と書いている。視線が対象の側にあるということ、あるいは、「主体の欲望は他者の欲望である」というラカンの「教義」はそれ自体では難解というほかはないが、ヒッチコックの映画に即して考えることによって、見えなかった「側面」が現れてくるのであり、これがラカンの理論を「斜めから見る」ということにほかならない。

さらにジジェクは、フロイトは「非合理な欲動の犠牲者という人間像」を提唱したのではないというラカンの考え方を展開させ、自立した主体が「自分自身のいちばん中心に異物を発見する」のであり、この「私の真ん中にある異物」が、人間の行動を支配しているとする。この「異物」の存在によって、「ある点までくると、隣人愛は必然的に破壊的な憎悪に変わる」のであり、「私はあなたを愛する」が、「あなたの中にはなにかあなた以上のものがある」ので、「だからこそ私はあなたの手足をばらばらに切断する」のである。

ルース・レンデルやパトリシア・ハイスミスの推理小説、ヒッチコックの映画には、通常の感覚では理解できない、このような人間の行動が描かれている。ジジェクは、そうした「異様な」行動をラカンの理論と重ねて考えることが、どれほど興味のある結果をもたらすかを、この『斜めから見る』で実践して見せた。したがって本書は、ラカンの入門書である以上に、それ自体で価値を持つ著作といえるであろう。

『エクリール　政治的なるものに耐えて』　クロード・ルフォール著　宇京頼三訳

本書は、フランスの思想家クロード・ルフォールの論集である。オーウェル、ラシュディ、トックヴィル、マキァヴェリなど多くの作家、思想家が考察の対象とされている。また、「人類の観念と世界平和の企て」「現在に関する考察」など、時事的なエッセーも含まれている。論点が多岐にわたっているため、著者の思想の中心がどこにあるのか見分けにくいが、基本的には、国家のレベルでの政治的なものと、個人のレベルでの精神的なものとの不可分の関係が論じられている。ギリシアの都市国家、ローマの共和国は、「個人を形成する場所」として理論的に考えられていて、現代の教育では、政治的なものが個人の教育の場になっていないことが暗に批判されている。「ある理想、教育の人文主義的理想とでも言えるものが、今日、消えつつあることは事実である」が、それは、政治的なものと個人の精神的なものとが分離してしまったからにほかならない。

この二つがまだ分離していなかったひとつの例が、十五世紀のフィレンツェである。マキャヴェリはローマの歴史を書いたが、それは同時代のフィレンツェにとって共和制のローマが、模倣すべきひとつの典型であったからにほかならない。本書に収められている「共和主義の淵源」を読むと、西欧人がつねにギリシア、ローマを行動や判断の基準として考えてきたことがわかる。ルフォールは、ギリシア、ローマのひとたちが「我々のような人間」だったのに、「我々」が彼らとはまったく違った人間になってしまったというルソーの見解に賛同している。それが、教育の危機としても現れてきているのである。

ルフォールはマキァヴェリに深い関心をもっているように見えるが、現状維持を目的としていたスパルタやアテネのような都市と、発展を目標に持っていたフィレンツェやローマとを対立させて考え、ローマを「紛争を歓迎し、出来事や騒乱に耐える」国家であるとしたマキャヴェリの見解を評価している。このようなルフォールの立場は、動的なもの、ノイズといった概念を導入するものであり、静的な構造という概念で政治的・社会的な問題を考えようとしていた同世代の支配的な見方に対する批判であると受け取ることもできるであろう。いずれにしても、西欧人がいつもギリシア、ローマや十五世紀のフィレンツェに遡って問題を考えようとすることが、このルフォールの著作からも推測できる。それがルフォールの思考の限界であるとも言える。

ルフォールは、哲学を現実から離れたものとしては考えないのであり、それは「政治の徳は哲学の徳より低いにもかかわらず、これと無縁のものではない」というレオ・ストラウスの見解と一致する。

本書においては、政治は、哲学と、そして教育と不可分であるというルフォールの見解が、反復され、強く主張されているのである。

『ヘーゲルを読む』 長谷川宏著

最近になって、ヘーゲルに対する関心がにわかに高まりつつある。岩波書店のヘーゲル全集が意外なほど売れたり、ヘーゲルについての研究書が続いて出版されたりしている。これは『ソフィーの世界』の異常なほどの売れ行きに象徴されるような、哲学への一般的な関心の高まりと対応した現象かもしれない。このような傾向のなかで、長谷川宏の『ヘーゲルを読む』が特に注目に値するのは、それがありきたりのヘーゲル入門書ではなく、月並みな言い方になるが、長年にわたる著者のヘーゲルとの格闘の成果だからである。大学のアカデミズムに属していない著者は、長いあいだヘーゲルを原書で読む研究会を指導してきたが、それとともに、ヘーゲルの『哲学史講義』『歴史哲学講義』『美学講義』の翻訳を刊行した。それらの翻訳は、これまでのものとはまったく違って、わかりやすい日本語でなされているのであって、この翻訳の仕事だけでも、日本のヘーゲル受容の歴史のなかで画期的なことといわなければならない。著者は、このようなヘーゲルとの長い関係を通して、独自のヘーゲル理解を展開してきた。

本書のなかで評者にとって特に印象に残るのは、『精神現象学』を論じた部分である。意識があらかじめ存在していて世界を作るのではなく、ひとつの世界のなかに意識が存在していることにあとから気づき、その世界を基盤として新しい世界を主体的に作るというのが、『精神現象学』の基本的な構図であるとする著者は、次のように書いている。「歴史の過渡期にあっては、没落する意識にとってつぎなる時代や世界とのあいだに決定的な断絶があるだけでなく、つぎの時代や世界を生きる意識にとっても、前の時代や世界とのあいだにずれが生ずることは避けられず、ずれを思想的に克服するには、『われわれにとって』の視点が、つまり、哲学的な知が、要請されざるをえないのである。」著者はこのことを「いささか現代風に」言い直して、次のように述べている。「体験や経験は日常的な意識にかかわる事柄だ、しかし体験や経験の総括と継承は、普遍的な知や思想にかかわることだと、ヘーゲルは言うのである。」これは単にヘーゲルの思想に限られることではなく、哲学そのものの役割を語ったきわめて重要な指摘である。

長谷川宏のこの本がすぐれているのは、ヘーゲルを遠い対象として眺めるのではなく、つねに現実との関係のなかで思考した哲学者として見ようとする視点が確立されているからである。ヘーゲルを生半可に読んできた評者は、本書を読んでまさに「目からうろこが落ちる」ような思いを何度もさせられたが、ヘーゲルを読んだことのないひとにとっても、哲学が何かを教えてくれる書物になるであろう。

『闘走機械』フェリックス・ガタリ著　杉村昌昭監訳

本書は、一九八〇年から、一九八五年までの、フェリックス・ガタリの論文・講演・インタビューなどを集めて編まれたものであり、もとのタイトルは『冬の時代』である。おおざっぱに分けると、本書は、当時のフランス・イタリアを中心とする政治的な問題についてのガタリの見解が示されている部分と、『アンチ・オイディプス』『千のプラトー』などにおいて、ジル・ドゥルーズとともに作り上げてきた理論的な領域での考察に関連する見解という二つの部分から成る。

一般的にいって、ガタリの思想はオプティミスティックであり、またそれであればこそ読む者に一種の活気を与えるものであった。しかし他方、本書では、ミッテランの指導するフランス社会党の政治的現実とガタリの思考の違いがしだいに明確になっていくことも感じられる。八〇年代のガタリは、たとえばドイツにおける緑の党、ポーランドの連帯などの行動に深い関心を抱き、それを評価もしていた。一九八四年に書かれた「ヨーロッパにおける自由」を読むと、そこにはまだガタリの希望的なメッセージを認めることができるであろう。それと同時に、フランス社会党に対しては、批判的な立場を取ったのであり、次のように書いている。「フランス社会党の党員たちが、民衆というものを忘却してしまったということを確認しなければならない」。ガタリはすでに「分子革命」の重要性を説き、革命が上から与えられて成立するものではなく、小さな集団を単位としてなされるミクロな革命を横断的につないでいくことが真の革命であると考えていた。フランス社会党への失望の裏側にあるのは、少数派への期待であり、それは直接に「分子革命」の思想とつながっている。その考え方と現実との距離がガタリをいら立たせていたことは、この論集のいたるところで感じられる。

また、理論的な領域での見解のなかでは、精神医学に関連する部分に注目すべきものがあるように思われる。それは、『アンチ・オイディプス』『千のプラトー』で示されている見解と重なるものであり、われわれはこの『闘走機械』によって、ガタリとドゥルーズという二人の名前で発表された著作のなかで、どれほどガタリの意見が重要な役割を占めているかを実感することができる。たとえば、本書においては、無意識についてのフロイトの理論が批判されているが、それは直接に『アンチ・オイディプス』で展開されているものである。ガタリは、本書において、無意識がフロイトのばあいのように、オイディプスとその親たちという「古代ギリシアの悲劇的主人公たちの家庭紛争」に基づくものではなく、それを「きわめて多様な社会的システムや物質的な流れを作動させる」働きを持つものとして規定しているが、これは『アンチ・オイディプス』で示されている反家族主義の見解にほかならない。リゾーム的、アジャンスマン的な考え方を導入することによって、「精神分析はその方法と理論的基準を根本的に改めなければならない」というガタリの基本的な立場が本書において明確に示されているのである。

『大衆の装飾』ジークフリート・クラカウアー著　船戸満之／野村美紀子訳

ジークフリート・クラカウアーの名は、わが国では『カリガリからヒトラーへ』（平井正訳、せりか書房）、『サラリーマン』（神崎巖訳、法政大学出版局）の著者として知られている。この二冊は、ワイマール共和国時代のドイツの中間階級の意識分析を基礎にして書かれたものであり、今回訳出された『大衆の装飾』と深く関係している。

クラカウアーは、アドルノ、ベンヤミンとつながりのある批評家であり、本書でも、彼らとの精神的な関連を感じることができる。ユダヤ人であったクラカウアーは、ナチスが政権を獲得した一九三三年にフランスに亡命し、その後アメリカに渡る。ベンヤミンもまた一九三三年にフランスに活動の場所を移したことが想起される。

この『大衆の装飾』は、クラカウアーが、一九二〇年から一九三一年にかけて「フランクフルター・ツァイトゥング」に発表したエッセーを集めたものである。それはクラカウアーが「ヒトラーの前夜」ともいうべき同時代の大衆の意識を見つめつつ書きつづったものにほかならない。彼は、旅行・写真・ダンス・映画といった日常的な世界に見いだされる、ドイツの中間階層の人びとの意識を鋭く分析した。したがってクラカウアーが本書で考察しているのは、ドイツの大衆を支配しようとしている権力者の意識と行動ではない。クラカウアーの考察の対象は、ワイマール共和国時代に形成されていった、「リベラリズムの中で育った個人主義的な小市民」の意識である。クラカウアーの著書である。『サラリーマン』のなかでも指摘されているように、それらの「小市民」は労働者階級と自分たちが異なった階級に属しているということをことさらに意識しようとしていた。そのために彼らは「プロレタリアへの移行」を拒否し、その結果として「理念に置ける寄る辺なしの状態」に置かれることになる。クラカウアーは、「この寄る辺なしの状態は、中間層が、経済恐慌によって震撼されたリベラリズム体制のもとに、もはや宿を借りるわけには行かないと思っており、そうかといってマルクス主義のもとに立ち寄ることもしたくないために生ずるものである」と分析する。このような不安定な状況に自らを置くことになり、行く先を見失ってしまったドイツの大衆が、やがてファシズムへの道を歩むようになることを、クラカウアーははっきりと感じていたように思われる。

クラカウアーの分析の対象は、二度の世界大戦にはさまれた時代のドイツの大衆の意識である。しかし本書を読むと、そこで論じられているドイツの中産階級の問題が、現代の問題と直結していると思わざるをえない。クラカウアーのいう「寄る辺なしの状態」には、いまのわれわれの精神状態と似たものがあるからである。

『正も否も縦横に――科学と神話の相互批判』 アンリ・アトラン著 寺田光徳訳

フランスとイスラエルの両国で活躍している本書の著者アンリ・アトランは、著名な分子生物学者で、またユダヤ神秘主義にも深い関心と知識を持っている学者である。本書の基本的なテーマは、科学と神秘主義の関係の問題であるが、アトランはそのテーマを論ずるのに最もふさわしい学者であるといえよう。本書には「科学と神話の相互作用」というサブタイトルがつけられている。しかし基本的にはアトランの立場は神秘主義の方に傾いているように見える。というのは、アトランがめざしているのは、「神秘主義の合理性」の確認であるからである。換言するとそれは、「存在と同一性の哲学から、生成と変化の哲学への移行」であり、アトランはここできわめて現代的な問題設定をしていると見ることができる。

デカルトから始まったとされる近代の哲学・科学は、いまはげしい批判にさらされている。アトランも、近代の科学による説明が部分的なものにすぎなくなっていることを批判し、伝統的な因果論が否定されていることを、さまざまな論拠から詳しく述べている。たとえば「ある状況が成立しているとき、因果関係に頼るのは迷信にすぎない」というヴィットゲンシュタインのことばが引用される。因果関係を否定し、「われわれの直接的な内的体験」を重視して、科学と神秘主義とのあいだの境界をなくそうとするアトランの試みは、最近しだいに話題になりつつある「複雑系」の概念ときわめて近い。

アトランは、きわめて多様な領域の問題を扱っていて、それぞれが興味ある論点を提示しているが、評者にとって特に印象的だったのは、遊びについて論じた部分である。遊びについてはロジェ・カイヨワの『遊びと人間』やホイジンガの『ホモ・ルーデンス』などが古典的な著作とされているが、アトランはこの二者には言及せず、フィンク、ウィニコット、ヴィトゲンシュタインなどに依拠しつつ、遊びについての考察を進めている。特に遊びを「非現実的なもの」として捉え、「合理的な秩序かあるいは遊戯か」というかたちで遊びの問題を考えたフィンクの理論の検討には多くのページを割いている。アトランは、現実の存在と関係を持たないものとしての遊びには、合理主義の科学の枠のなかではとらえ切れないものがあると考え、あそびが科学と神秘主義との中間にあって、両者をつなぐものとしている。

またアトランは「同一性と無矛盾性原則の支配する覚醒世界」と「夢・神話・呪術師・悪魔からなる世界」とを対立させ、後者を理性的なものが抑圧してきたとして、それらの解放を求め、それによって神秘主義的なものの力を回復させようとしている。それは簡単にいえば想像力の回復の試みである。そのためには、ばあいによっては「幻覚誘発植物」の役割さえも認められることになる。

「科学と神秘主義」というテーマ自体はけっして新しいものではないが、科学から哲学におよぶあらゆる領域の最新の理論の成果を折り込んでそれが論じられている本書を読めば、この問題がきわめて現代的な意味を持つものであり、しかもアトランがそれをどれほど徹底的に考えようとしたかが理解されるだろう。

『幻滅への戦略――グローバル情報支配と警察化する戦争』ポール・ヴィリリオ著　河村一郎訳

ポール・ヴィリリオは現代の戦争に大きな関心を抱いている思想家である。彼の最初の著作は、戦争中にドイツ軍がノルマンディー海岸に構築したトーチカ（映画『プライヴェイト・ライアン』に描かれている）について考察した『トーチカの考古学』であり、また湾岸戦争の時には、その戦争の新しい様相について分析した『砂漠のスクリーン』を発表した。さらに、戦争よりも映画を重視したとしか考えられないようなヒトラーの行動も描いた『戦争と映画』は、最近になって平凡社ライブラリーの一冊として復刊されている。英米でも、ヴィリリオについての関心が高まっている様子で、すでにヴィリリオの主な論文を集めた『ヴィリリオ・リーダー』が刊行され、また今年になってヴィリリオについての論文を集めた『ポール・ヴィリリオ　モダニズムからハイパーモダニズムを超えて』(John Armitage ed., Paul Virilio, *from modernism to hypermodernism and beyond*, SAGE Publications, 2000) も刊行された。その序論によると、当時七歳だったヴィリリオは、戦争中ノルマンディーでドイツ空軍の爆撃を体験し、それがトラウマとして残っているという。さらに彼はアルジェリア戦争にも参加したのであり、戦争は彼にとっての直接的な体験として存在しているのである。

ここに訳出された『幻滅への戦略』は、一九九九年のコソヴォ紛争をリアルタイムで考察したものである。そしてヴィリリオはNATO軍とユーゴとの戦争が、いままでとはまったく異なった戦争であることを見抜く。それは、人工衛星を武器とするNATOの空軍と、ユーゴの地上の住民との「奇妙な戦争」であった。戦争はもはや領土の争奪や地上部隊の衝突といった「古典的な」戦争ではなくなった。この現代的戦争において重要なのは、「もはや一つの構造を爆破することではなく、緊密に連動する諸活動の突然の全面的停止によって敵陣営内外に、機能停止とパニックを引き起こし、敵の下部構造を無力化することなのである」。このように完全に変質した戦争は、「旧来のクラウゼヴィッツ流の戦争理論を根本的に破綻」させたのであり、彼はそれに代わる新しい戦争論を示した。しかし、ヴィリリオは単に戦争の分析に終始するのではない。彼は戦争という病理的なものを通して、グローバル化しつつある現代という時代の本質に迫ろうとしているのである。

『危険な純粋さ』　ベルナール＝アンリ・レヴィ著　立花英裕訳

本書の著者ベルナール＝アンリ・レヴィは、一九七〇年代にフランスのヌーヴォー・フィロゾーフ（新しい哲学者）のひとりとして登場したが、今日では同時代の現実にかかわるさまざまな領域で活躍している。この『危険な純粋さ』は、一九八九年のベルリンの壁の崩壊以後の世界の情勢の分析と、そこに現われている「危険な純粋さ」の批判である。著者がここで「危険な純粋さ」と呼んでいるものは、自分の属している共同体とは異なったものを徹底的に排除する考え方である。自分の共同体を「よき共同体」と考え、それ以外のものを不純なもの、汚れたものとする考え方が具体化されたのが、コミュニズム、ファシズム、イスラム原理主義であり、ほかにも多くの「危険な純粋さ」がある。

たとえば著者は、セルビア人による「民族の浄化」を「危険な純粋さ」の典型であると考える。ボスニアの文化は、さまざまな要素が混在し、混同されることによって活力を持ってきた。ところがセルビア人は、「民族浄化」のためにほかの民族を殺しただけではなく、過去に存在した文化の「不純な要素」も消してしまおうとした。「国会議事堂地下に一世紀半来所蔵されてきた数百万部の古い新聞もまた根本的に混合的な記憶を証するものだったが、その新聞を灰に帰することが不可欠であった」とレヴィは批判している。

フランスではルペンが率いる国民戦線が「危険な純粋さ」を追求している。レヴィは、ルペンがアルジェリアの急進的イスラム復興運動であるイスラム救国戦線（FIS）を支持していることに注目し、ルペンを「原理主義のフランス版」であると規定する。ヨーロッパとアメリカを憎み、「強迫観念的な反ユダヤ感情」を持っているロシアのジリノフスキーもまた「危険な純粋さ」の例として論じられている。聖なるロシアが「西欧的ペスト」によって汚染されないようにしたいというのが彼の主張だからである。

このような例を挙げて見るならば、レヴィが「危険な純粋さ」ということばで意味しているものが理解されよう。しかしそれはヨーロッパに限定される問題ではない。「本書で論じられている問題の多くが日本の国内問題と密接に関わってくる」という訳者の立花英裕氏のことばに評者は同意する。レヴィは「危険な純粋さ」がはびこる状況を現代の危機として捉え、この危機に対応できるものを「民主主義」であるとする。ふたたび立花氏のことばを借りるならば、「不純を受け入れ、他者と衝突しながらも、その存在を容認する」のがレヴィのいう民主主義である。このような意味での「民主主義」が今日ほど求められている時代はない、というのがレヴィの基本的な認識であるように思われる。

『アルチュセール――認識論的切断』今村仁司著

本書で論じられているルイ・アルチュセールは、ミシェル・フーコー、ジャック・ラカン、ジル・ドゥルーズ、ロラン・バルトたちとともに、二〇世紀後半の現代思想の指導的存在の一人である。六〇年代におけるアルチュセールの『マルクスのために』『資本論を読む』の刊行は、本書の著者である今村仁司氏のことばを借りるならば、「六〇年代の思想的事件」であり、しかも「マルクス解釈の歴史を塗り替える大事件」であった。日本でのアルチュセール理解も、主としてこの二冊を中心になされてきた。アルチュセールは、一九八〇年に夫人のエレーヌを絞殺し、そのあとは公的な世界から姿を消すことになるが、一九九〇年に死亡したあと、彼の青年期と晩年の著作が次々に出版され、それによって「始まりと終わりをもつ一個の思想家の全体像」を探ることが可能になったのである。

しかし、著作が刊行されたといっても、それだけですぐアルチュセールの「全体像」が自然に見えてくるわけではない。今村氏は、アルチュセールがマルクスのテクストをどのように読むのかを中心の問題にして、「資本論からマルクスの哲学へ」を書いたことを指摘し、「すべてはどう読むかに左右される」と述べているが、同じことは今村氏によるアルチュセール読解にも当てはまるであろう。アルチュセールをどう読むかが、アルチュセール理解において要求されることである。しかも今村氏によるアルチュセール読解は、通常の読解をはるかに超えた徹底的なものである。今村氏はすでに二冊のすぐれたアルチュセール論を書いているのであり、また『資本論を読む』など彼の著作の何冊かの翻訳も手がけている。最近話題になっているカルチュラル・スタディーズの代表的な存在であるスチュアート・ホールは、「私はアルチュセールと格闘した」と書いているが、今村氏の「格闘」はそれよりもはるかに激しいものである。本書にアルチュセールに対する批判も見いだすことができるのは、その証拠である。この「格闘」のなかから浮かび上がってきたのが、二〇世紀思想の歴史のなかでの「一個の独創的な思索家」の姿である。

今村氏は、伝記的・歴史的な事実にも配慮しつつ、アルチュセールの思想形成をていねいにたどった。アルチュセールの基本的な概念である「認識論的切断」や、「イデオロギー的国家装置」がどのようなものであるかは、今村氏によって明解に説明されている。いままで、アルチュセールはその六〇年代に発表されたマルクス論を中心に考えられてきた。

本書はこれまでのアルチュセール像を変えていくものであり、たとえばアルチュセールにおけるマキャヴェリ論の重要性を指摘するなど、いたるところで創見に満ちている。アルチュセールの魅力を知っている読者には、その再確認をさせるであろうし、まだアルチュセールを知らない読者にとっては、またとない入門書になるであろう。

『リビドー経済』 ジャン＝フランソワ・リオタール著 杉山吉弘／吉谷啓次訳

リオタールが本書で論じているテーマは多様であり、多くの領域にまたがっているが、根本にあるのは、人間の行動がからむすべてにリビドーが働いているという認識である。たとえば貨幣は、単に商品と交換される価値を持つだけのものではない。それは「リビドーの断片あるいは欲動の潜勢力」として捉え直される。したがって、貨幣を「利益」とだけ関連させて考えるのは、誤りであり、「貨幣と商品のもう一つ別の享受様式についての考察」が求められることになる。ルイ一四世の時代のフランスが莫大な費用を祝祭と演劇に費やしたことがその例としてあげられている。

この考え方をさらに進めていくと、欲動的なものが「知的には容認できない結果」をもたらすことがあるということになる。リオタールがそのような「欲動的なもの」の現れの例としてあげているもののなかで、数学に関するものが特に印象に残る。数学は知的な作業の場と考えられているが、リオタールは「ロバチェフスキーが、私はユークリッドの平行線公準に依拠せずに幾何学をつくると言い、カントールが、私は無限を操作的な数のなかに含めると言う、あの狂気の瞬間」を忘れてはならないと書いている。

リオタールが徹底的に否定するのは、このような「狂気の瞬間」を含むことができない、固定化されてしまったものとしての「システム」である。美術についてもしばしば論じているリオタールは、「通俗的な抽象画はただシステムによってのみ働く」ものであり、「色彩的身体の麻痺」へと進むが、「偉大な抽象画はその色彩的身体の運動化」へと向かうと書いている。リオタールがここで「偉大な抽象画」と書いているものは、もちろんほかのばあいにも通用するひとつのケースである。それは欲動によって動いている運動体である。

「システム」に内在する「麻痺」を否定し、欲動が原動力になっているものを高く評価するリオタールのこの著作は、ポストモダン哲学の成果のひとつである。同時代のボードリヤール、カストリアディスなどの思想の影響、それに対する批判もいたるところに見られ、多様な思考がリオタールという「るつぼ」の中でかき回されて沸騰しているという感じを与える。

この『リビドー経済』の原書がフランスで刊行されたのは一九七四年のことである。一九六〇年代の終わりごろから、フランスではラカン、ドゥルーズ、フーコー、ロラン・バルト、アルチュセールといったひとたちが次々に著作を発表していて、思想の世界が一種のクライマックスの領域に達していた。この『リビドー経済』は、そのような時代の精神を明確に反映したものであり、いま邦訳によって読んでみても、書いているリオタールの熱気のようなものが伝わってくる。

『ギブソンの生態学的心理学――その哲学的・科学史的背景』　T・J・ロンバード著　古崎敬／境敦史／河野哲也監訳

アメリカの「天才的な」認知心理学者であったJ・J・ギブソンが提示した「アフォーダンス」という考え方が、いまわが国でもしだいに注目を集めている。アフォーダンスとは、ギブソンの造語で、環境が生物の行動を刺激する力を意味している。それをもう少し拡大して考えると、物や環境に意識の存在を認め、それらがメッセージを発しているということになる。たとえば、教室にある黒板は、教師に対して「字を書きなさい」というメッセージを発信しているのであり、道は「ここを歩きなさい」と言っていることになる。

このように、物や環境に意識と言語を与えることは、デカルトの哲学の前提である「心物二元論」（本書で使われれていることば）とはまったく反対のものであり、あえていえば、近代の哲学・科学の基本的な考え方を全面的に否定するものである。しかし、ギブソンと同時代のグレゴリー・ベイトソンが『精神の生態学』などで主張したように、現実世界のすべての存在は、生態学的に、つまり生態系として相互作用・相互依存の関係にある。ギブソンの根本的な考え方も「生態学的知覚」であり、人間の知覚と対象は相互的に関わっているとする。この考え方を体系的に述べたのが、すでに邦訳のある『生態学的視覚論』(サイエンス社)である。

ギブソンの著作で説明されている理論のなかで、最も重要な概念がアフォーダンスであるが、いまやこの理論は心理学だけではなく、哲学の問題としてもしばしば論じられ、また建築・デザイン・環境問題などの領域でも有効性を示している。ここに訳出された『ギブソンの生態学的心理学』には、「その哲学的・科学史的背景」というサブタイトルが付されているが、著者のT・J・ロンバードはこのサブタイトル通り、ギブソンの生態学的心理学の背景を非常に克明に描き出している。

ロンバードは直接にギブソンに教えを受けたひとであり、その特権を生かして、さまざまな資料と文献に当たってギブソンの思想の源泉を探求する。ロンバードは、ギブソンの思想の源にある考え方をプラトンではなく、アリストテレスに求める。それはギブソンの心理学を経験主義の伝統のなかに入れようとするからである。そこからロンバードは、イスラム世界を含む長い知覚論の系譜を詳細にたどり、ギブソンの思考の「哲学的・科学史的背景」を明らかにしていく。ロンバードの方法は正統的で、時には詳しすぎるところがあり、またメルロ＝ポンティ、ラカンなど同時代の思想との関連がほとんど論じられていないなど、不満な部分がないわけではない。しかし、それにもかかわらず、本書は現代思想にとってきわめて重要な位置を占めるこの心理学者の仕事を理解するための貴重な著作である。

『デカルト、コルネーユ、スウェーデン女王クリスティナ——一七世紀の英雄的精神と至高善の探求』エルンスト・カッシーラー著　朝倉剛／羽賀賢二訳

本書の著者エルンスト・カッシーラーはドイツの著名な哲学者で、その主著とされる『シンボル形式の哲学』（岩波文庫）は、今日の記号論的思考の先駆として読まれなければならない。カッシーラーは、カント研究にも優れた仕事をしているが、早くからフランスの文学・思想についても深い関心を抱いていた人であり、学位論文のテーマはデカルトであった。ここに訳出された本書は、哲学者のデカルト、劇作家のコルネーユ、デカルトの教えを受けていたクリスティナという三人の人物を横につなぐことによって、一七世紀フランス思想の核心に迫ろうとする。

通常の哲学史・科学史では、デカルトは精神と物体の区別を明確に規定したとされている。デカルトの思想のキーワードである「我思う、ゆえに我あり」は、考えることを本質とする精神の存在を確立すると同時に、空間の中に広がりを持つ物体の存在を確立したものであり、デカルトによる両者の厳密な区別が近代の哲学・科学の出発点になったとされる。カッシーラーはデカルトのこのような二元論的哲学についてはほとんど言及せず、この哲学者の倫理的側面、特にそのストア派的な側面、つまり自分の理性が決めたことを強力な意志で実行することを求める実践的

な態度を高く評価する。「デカルトの説くところでは、あれかこれかといつまでも決断を渋る弱い人間は、客観的に徳性をもちえないし、主観的観点からも、内的充実感たる至高善に参与することは決してできない」のである。デカルトの人間的な側面に焦点を当てていると感じられる。

デカルトの思想に見られるこのような意志の強さが、コルネーユの作品の人物にも存在する。コルネーユが描く人物は固い意志の人である。「コルネーユの悲劇は、われわれに、義務とは何か、人間性とは何かを、普遍的な形で提示しようと欲した」のである。この精神は「英雄的精神」に他ならない。クリスティナ女王が求めたのもこの精神である。

もとよりカッシーラーは、この三人を別々に論じようとしたのではない。「精神史全体の基底を取り出す試みによって、問題を個人の地平から一般的地平へと高める」のがカッシーラーの目標である。カッシーラーは「一七世紀の精神全体の構造にかかわる問題」の解明のためにこの三人を横につないで考察したのである。

『グラムシ思想の再検討――市民社会・政治文化・弁証法』ノルベルト・ボッビオ著　小原耕一／松田博／黒沢惟昭訳

最近、しばしば話題にされるカルチュラル・スタディーズの源流を探ってみると、その一つがアントニオ・グラムシであることがわかる。グラムシの考え方の中に、アルチュセールの「イデオロギー的国家装置」と共通なものがあることはすでに指摘されていることであり、カルチュラル・スタディーズの代表的な存在であるスチュアート・ホールがグラムシ論を書いていることもよく知られた事実である。本書はこのように再検討されつつあるグラムシの思想について、「イタリアを代表する政治哲学者」〔訳者あとがきによる〕であるノルベルト・ボッビオが論じた論文集である。

本書の第一章は、「グラムシと弁証法」というサブタイトルになっている。弁証法とは、あることに対立する別のものがあり、その対立から新しいものが生まれてくるプロセスであると考えられている。ボッビオは、エンゲルスによる弁証法の規定の中に、「対立物の相互浸透」「否定の否定」「量から質へ、質から量への変換」という三つの法則があるとし、グラムシにはその三つがすべて存在していると説く。たとえば、グラムシが「知識人と大衆の弁証法」というときは、両者の相互浸透を意味していると指摘する。「相互浸透」がグラムシとほぼ同時代のイタリア未来派のキーワードであったことが想起されよう。

また、弁証法における「否定」の力を重視するグラムシの政治学は、一般的な統治の形態を対象とする静的なものではなく、一つの政治システムが別のシステムへと移行する「危機」をテーマにするものであった。その「転換」を見極めることが重要である。グラムシがマキャヴェリを評価するのも、マキャヴェリが「いかにして権力が獲得されるかという問題を考えた人」、つまりすでに存在している権力をどのようにして否定し、新しい権力をどのように獲得するのかという問題を考えた人だからである。グラムシはあくまでも「変革」の思想家であり、それは彼の政治学にも現れているのである。

さらに本書の特徴をあげるならば、グラムシをイタリアの文化的風土の中に置き直して考えていることである。「グラムシはマルクス主義者でありレーニン主義者であったが、イタリア思想との実り豊かで、独創性豊かな接続を追求しながらその思想を練り上げ直した」のである。クローチェを始めとする同世代の哲学者とグラムシはどこが違っているのかも詳しく論じられている、ボッビオはイタリアの思想で、「輸出」できるもの、つまり外国で評価されうるものは、グラムシの思想だけだとしている。グラムシの思想が、カルチュラル・スタディーズを媒介にして再検討されつつあるいま、本書の刊行はきわめて意義深いものであるというべきである。

『世界内存在』 ヒューバート・L・ドレイファス著　門脇俊介監訳

本書はアメリカのハイデガー研究者ヒューバート・ドレイファスによる『存在と時間』前半の解読である。ドレイファスによれば、「私と私が住みつく当のものとのあいだの関係は、主観・客観関係というモデルでは、了解することができない」ものであり、「現存在は、世界の内では〈落ち着かない〉」。「落ち着かない」という意味のドイツ語unheimlich（ウンハイムリッヒ）こそ、ハイデガーの『存在と時間』のキーワードである。

ハイデガーは人間を「世界内存在」として規定した。世界の中に存在する人間は「現存在」と呼ばれるが、この現存在にとって、世界は無規定で、よく理解でないものであり、そこでは「落ち着かない」のである。この「ウンハイムリッヒ」というドイツ語は、「不気味な」という意味でもある。つまり、世界は主体にとって「不気味なもの」として迫ってくる。一九二〇年代から一九三〇年代の初頭にかけてのヨーロッパは、この「不気味なもの」の世界であった。それはほぼ同時代のムルナウの「吸血鬼ノスフェラトゥ」（一九二二）やフリッツ・ラングの「M」（一九三一）の世界と共通している。一九二七年に刊行されたハイデガーの『存在と時間』もまたこの時代の所産として読まれなければならない。

一九世紀末と二〇世紀末とがしばしば比較されるが、一九二〇年代と現代の比較の方が意味があるとは考えられないだろうか。最近になって、大澤真幸の『不気味なものの政治学』、アンソニー・ヴィドラーの『不気味な建築』などが刊行され、「吸血鬼ノスフェラトゥ」の上映会が企画されたりするのは、現代という時代の「不気味なもの」への関心の高まりを示すものである。岩波文庫、ちくま学芸文庫の『存在と時間』が、かなり売れていることは、それらの奥付に示されている刷り数を見ればわかるが、ハイデガーにひとびとが注目している証拠である。「不気味なもの」という概念が、フロイトとともにハイデガーによっても重視されていたことは、特に注目に値する。

「二〇世紀後半のアメリカ社会ほど、ハイデガーの哲学に不似合いな場所はない」と訳者の門脇俊介は書いているが、アメリカでもハイデガーに対する関心が高まりつつあることは、一九九一年の本書の刊行のあと、一九九八年にはハーマン・フィリプシーの『ハイデガーの存在の哲学』が、二〇〇〇年には「ドレイファス教授記念論文集」として、二巻から成る『ハイデガー論集』が刊行されたことからも推測できる。現代という「不気味な」時代を理解するためには、ハイデガーの『存在と時間』に戻って考える必要がある。そのときにこの『世界内存在』は、有効な案内になるであろう。

『精神分析への抵抗――ジャック・ラカンの経験と論理』十川幸司著

本書は現代思想だけではなく、批評の領域にも計り知れないほど大きな影響を及ぼしつつあるラカンの思想の展開と凋落を論じた力作である。「ジャック・ラカンの経験と論理」という本書のサブタイトルが、このラカン論における著者の方法を示している。どの章も興味ある論点を示しているが、評者にとっては、本書の中心は第七章「精神分析的思考」であると考えられる。そこで著者が強調しているのは一九六〇年末にラカンの思想にある「断裂」が生じたということである。それまでのラカンの思考は「経験的なものと超越論的なものとの絡み合い」であったとする。わかりやすく言えば、ラカンは臨床経験をもとにして思考したということである。ところが一九七〇年以降は、ラカンにおいて「そのような思考を読みとることは困難になっていく」のであり、それに代わって「論理による経験の説明」という方法が採られることになる。著者によると、「このような論理学と精神分析の共犯関係は、間違いなくラカンの精神分析自体の力を弱いものにしている」のである。これはラカンに対する著者の厳しい批判である。このような批判は、ラカンについての深い理解だけではなく、経験と思考との関係についての理論がなければなされえないであろう。

著者がラカンについて評価するのは、あくまでも「経験的なものと超越論的なもの」の縫合である。この考え方は、アルチュセールがフロイトの思想形成について見出したものを踏まえていると考えられる。フロイトは昼のあいだ患者の治療に当たり、夜になるとその経験をもとにして思考したのだとアルチュセールが述べているからである。

思考の変化は経験の変化を前提とするものであり、その変化を生じさせるためには、数百の経験の積み重ねではなく、ただ一つの新しい経験で足りる。これは、著者自身が言及しているポパーの方法であり、クーンのいう「パラダイム転換」の概念とも関連する。要するに本書は単なる精神科医が書いたとは思われないほど、深い裏打ちのある著作である。

さらに著者は、一九三八年頃のラカンに対するヘーゲルの影響に触れ、またヘーゲルの哲学が実は「狂気を排除」するものであることを知って一九五〇年代にヘーゲルから離れていくプロセスについても興味ある論点を示している。また、近年しばしば論じられているアルチュセールの「イデオロギー的国家装置」「呼びかけ」といった概念の起源がラカンにあることも、本書によって理解される。ラカンとデリダの関係についても論じられているが、要するに現代思想に大きな役割を演じているラカンの思想形成についてきわめて奥の深い考察がなされている著作である。

『史的唯物論の再構成』ユルゲン・ハーバーマス著　清水多吉監訳／朝倉輝一他訳

ハーバーマスは、アドルノ、ホルクハイマーに代表されるフランクフルト学派の「第二世代」の思想家であるとされている。しかし、この「第二世代」には、ハーバーマスに比肩できるほど目立つ活躍をしている人がほかに見あたらず、一九二九年生まれのハーバーマスは現代ドイツの代表的な思想家と見なされている。本書は、ハーバーマスの一九七〇年代前半の論文を集めたものであるが、この時期の彼の思考には、現代の最先端にある問題のいくつかを先取りして論じているものがある。たとえば、本書に収められている「複合的な社会は理性的自己同一性を形成しうるか」というタイトルの論文は、多文化主義の現代において、アイデンティティがどのように形成され、維持されるかという現代的な問題を先駆的に考察したものである。

「複合的な社会」とは、多様な要素が重層的・相互浸透的に絡み合っている社会であり、そこでの集団的・個人的なアイデンティティがどうなっているかということは、今日いたるところで論じられている問題である。この論文において、ハーバーマスは国家の存在が個人のアイデンティティの根拠であるとする、いわば民族主義的・国家主義的なヘーゲルの見解を「時代遅れ」であるとして否定する。国家の存在と個人のアイデンティティとを安易に結びつける時代はすでに過ぎ去ったのである。現代は民族が移動し、多様な民族が相互に浸透しつつある時代である。それがハーバーマスの言う「複合的な社会」にほかならない。このような社会においては、従来のアイデンティティ論は無効にならざるをえない。

ハーバーマスは次のように書いている。「集団的自己同一性が基礎づけられるのは、コミュニケーション過程——この過程のなかでこそ継続的な学習過程の結果として、自己同一性の形式がありうるのだが——へ参加するのに、普遍的な平等なチャンスが与えられていると意識できる場合だけだ。」

つまりハーバーマスは、国籍という概念に代表されるような「帰属性」というアイデンティティ構成の要件を否定し、他者とのコミュニケーションのプロセスのなかで形成されるアイデンティティを考えているのである。このような問題設定は、カルチュラル・スタディーズにおけるアイデンティティの考え方とほとんど直接につながっている。たとえば、スチュアート・ホールが編集した『カルチュラル・アイデンティティの諸問題』（大村書店刊）所収のいくつかの論文の論点は、すでにこの「複合社会は理性的自己同一性を形成しうるか」のなかで考えられているのである。

そのほかに、本書のタイトルでもある「史的唯物論の再構成」など、七〇年代のハーバーマスの論文を集めた本書は、彼の思考のエッセンスの結晶であるように思われる。

『アフォーダンスの心理学――生態心理学への道』エドワード・S・リード著 佐々木正人監修

本書はたいへんな魅力と刺激に溢れた心理学の書物である。なによりも著者は自分の理論である生態心理学について非常な自信を抱いている。そのため従来の心理学は完膚無きまで批判されることになる。たとえば著者は生態心理学にとって、幼児のコミュニケーション形成のプロセスを理解することが重要と考えているが、「残念ながら、平均的な一五ヶ月児のトータルなコミュニケーション能力――言語とジェスチャーを一体化した能力――を体系的に研究した人はいない」と批判する。また、生態心理学にとって認識の問題が重要であるにもかかわらず、「認識が日常生活のなかでいかにはたらいているのかに関してほとんど研究がなされてこなかった」と主張する。

このような批判が可能なのは、著者がアフォーダンスという概念について明確な意識を持っているからであり、それを自分の思考の枠として使うことができるからである。アフォーダンスは、環境・物と生命体の相互作用を示す、アメリカの認知心理学者J・J・ギブソンの概念である。リードは、基本的にはギブソンの考え方を継承してはいるが、本書にはリード特有のアフォーダンス論が展開されていると見るべきであろう。つまりリードは、「アフォーダンスは行動を引き起こすのではなく、行動を可能にするものだ」と考える。生命体が環境・物が提供する情報を探知して行動するのであり、環境・物の情報は生命体の行動の「原因」ではない。これは行動における主体の側の役割を認めようとする立場を示すものである。

このようなアフォーダンス論を準拠枠として生命体の行動を考えようとするとするリードは、「心理学者の視野の狭さ」をたえず批判する。そして彼自身の方法について、次のように書いている。「本書で提示された〈心理学への生態学的アプローチ〉は、心理学の一分野ではなく、切れ目なくつづく一つの原野である。それは人間や意味についてのどんなこともその研究主題から締め出すことなく、〈人間の自然〉の研究に科学的にアプローチする展望を開く」ものである。実際、本書には、幅が広く、奥の深いリードの学識が背景にあることは読み進むにつれて自ら明らかになる。アフォーダンス理論の先駆であるダーウィンはもちろん、原始人の道具の使い方、幼児の言語習得の過程などさまざまな領域の最新の研究成果が取り入れられ、リードのいう「生態心理学」と関連づけられる。

『ヴェニスのゲットーにて――反ユダヤ主義思想史への旅』徳永恂著

「ヴェニスのゲットーにて」は本書の冒頭に置かれている紀行文のタイトルでもある。ユダヤ人の居住地区であるゲットーがヴェニスから始まったものであることは、ユダヤ人問題にいくらかでも関心を持つ人なら知っていることであろうが、観光客もめったに訪れることのないそのヴェニスのゲットーに著者は足を運び、第二次世界大戦中そこに住んでいたユダヤ人たちがトリエステに作られた強制収容所に連行されていった史実に言及する。著者の関心の中心は、反ユダヤ主義であり、ヴェニスのゲットーへ行くのも、もちろんユダヤ人の歴史を追ってのことである。しかし、著者はそれとともに、鴎外訳の『即興詩人』の一節を引用して、ヴェニスの街の描写をすることを忘れないし、ゲーテとジンメルがそれぞれどのようなヴェニス像を描いていたかについても言及する。

著者はヴェニスのほかにも、ポーランド、ドイツ、スペイン、ポルトガル、モロッコなど各地を訪れているが、それらの紀行文は、けっしてたんにユダヤ人の歴史を追いかける「歴史散歩」ではなく、反ユダヤ主義の探究という著者の根本的な問題意識と、文学を含む深い教養と学識とに裏打ちされたものである。しかもそこには著者の歴史的想像力とでもいうべきものが用いられている。たとえば一四九二年はスペインからユダヤ人が追放された年であり、またコロンブスがアメリカ大陸を発見する航海に出発した年でもあるが、この二つの出来事を結びつけて考えようとする著者は、セビリアのガタルキビル川のほとりに立ち、追放されてその川を下っていくユダヤ人のボートピープルの群れと、「その群れのあわいを縫って河口へ下って行くコロンブスの堂々たる船団」を想像する。

本書にはそれらの興味ある紀行文とともに、ヨーロッパの反ユダヤ主義とマルクス、マックス・ウェーバー、フランクフルト学派などとの関係を緻密に論じた論文も収められている。また現代のドイツにおける外国人労働者の問題についての考察も収載されている。リスボンの安いホテルで、さがしていたユダヤ人街を、裏通りに面している部屋の窓を開けて思いがけず発見する体験などを描いた文章を読んだあと、急に調子の変わった固い学術論文に接することになる読者は、あるいは多少の戸惑いを覚えるかもしれない。

しかし著者によると、本書に収められた紀行文と論文とは、相互に「密接な相互関係にある」ものである。

反ユダヤ人問題は、文献に頼って考えるだけではけっして解明できないとする著者は、「歴史上の出来事が生起した地理上の現場」におもむくという方法を取る。

著者はそれを「異域への現実の旅であるとともに、歴史への想像上の旅であり、また文献の内部への旅でもあった」と書いている。本書の読者は、この旅を追体験するというまたとない貴重な経験をするであろう。

『ポストモダニストは二度ベルを鳴らす――九〇年代文化論』ギルバート・アデア著　池田栄一訳

同時代の文化現象について、広い見方で、しかも「批判の眼」を持って書くことができる批評家は数少ない。イギリスのジャーナリズムで活躍しているギルバート・アデアは、そのような数少ない批評家の一人というべきであろう。ジャーナリズムを舞台にして文化的なものについて書くときには、多様な現象についての絶え間ない目配りと、すばやい判断とが要求される。アデアは、そのような才能に恵まれた人のように見える。アデアはすでに作家としても仕事をしており、また『映画百年史』『ハリウッドのヴェトナム』などの映画論も書いている多才な人である。本書でも、映画に関する部分が特にさえている感じがする。それも映画について単に美的に、あるいはマニア的に書くのではなく、理論をふまえて書いているところが、アデアの映画批評の特徴である。

たとえば、シュワルツネッガー主演の『ターミネーター2』について、アデアはそこに描かれている未来が「紋切り型の未来」であり、「古くさい未来像」にすぎないと批判する。しかしそのような批判の前提として、アデアはまずアドルノに言及し、アンドレ・バザンの「ネロ・コンプレックス」という概念を想起する。また、この映画のディティールに関しても、「SFの神様ジュール・ヴェルヌから借りてきたような、横にスライドする自動ドア」の存在を指摘する。理論的なものと、画面の具体的なものについての分析がバランスよく共存している。

また、アデアのエッセーの特徴は、その批判性にある。ソンタグの『エイズとその隠喩』は「つまらない研究書」として一蹴されているし、グリーナウェイの「プロスペローの本」は、「がっかりさせるだけではなく、どぎまぎするような嫌悪感」を与えるものとして批判される。ロンドンで近年上映される演劇については、「いわゆるジャーナリスチックな演劇以上のものを追求するものはほとんどない」という見解が示される。このようにいたるところにアデアのエッセーは、思想の領域と具体的な文化とを結びつけたところで書かれているので、それと似たものがわが国のジャーナリズムにはほとんどないために、非常に新鮮な感じを与える。

しかしアデアの批評は、映画を対象の中心として、それを理論に裏打ちされた才気ある眼で凝視することによってのみ成り立っているのではない。「ただ芝居や映画やオペラや展覧会を可能な限りたくさん見る」だけでは、批評にはならないという自覚がアデアにはある。アデアの意見によると、ポストモダン的な現代においては、文化はもはや特定の場所に結びついて存在するものではなくなっている。メディアの力によって、「文化の方が観客にどんどん近づいてくる」のであり、しかもそのメディアそれ自体の胡散臭さを十分に意識してかかれているのが、本書に収められたエッセーである。

『デカルト研究』福居純著

著者は本書の「あとがき」において、このデカルト論の企図が、『省察』において展開される〈神の存在証明〉が〈永遠真理被造説〉を理論的支柱としている当の理説を具体的に展開するものにほかならぬ、ということを明らかにしようとすることにある」と述べている。二五年間にわたって書かれた論文を集めた、七章からなる本書は、この企図を忠実に展開したものであり、われわれは本書を章を追って読むことによって、著者の思考の跡を追いかけることができる。しかしそれと同時に、われわれは著者のデカルト読解のなかに、通例とされてきた普通の哲学史的なデカルト解釈とは異なった、著者独自の見解を見いだすことができる。ここでは、評者にとって特に注目されたいくつかの論点について紹介しておきたい。それらの論点は、あるいは本書の主なテーマとはやや離れたところにあるものかもしれないが、評者の関心の対象と重なるものとして、ここに取り上げておきたい。

われわれはデカルトの懐疑をしばしば「方法的懐疑」と呼ぶ。それは、多くのばあい、思惟実態としての「我」の存在を確立するための「方法としての懐疑」であって、懐疑それ自体の意味は二次的なものとされることになる。しかし本書において、著者は懐疑をひとつの実践として捉える。「懐疑とは、繰り返し述べるが、〈思弁〉であり〈純粋な論理〉の追求であって、いわば一瞬一瞬意志的に支えられなければならない真なる実践である」と著者は書いている。それはデカルトにとっては哲学が「生きた思想」であるからだというのが著者の主張である。

また評者が注目しておきたいのは、著者がデカルトのいわゆる心身二元論について、言語を媒介にして考察している点である。このばあいも著者はデカルトのテクストを厳密に読み込むという作業をへて、この問題に接近する。精神と物質については、厳密に区別されてはいるが、〈合一〉するという事実が存在する。著者はそのことをデカルトが言語を媒介にして考えていたのだとする。言語の真の本性は、「自分は考えてものをいっているのだということを証拠だてながら語る」ところにあるというのが、デカルト自身の言葉として引用される。言語は「物（身）体のうちにひそむ思惟のたしかなしるし」なのである。

デカルトが精神と物質とを厳密に区別した結果として、現代のさまざまな悪が始まったと考えるモリス・バーマンの説があることをわれわれは知っている。著者がそのようなデカルト批判を意識しているかどうかはかならずしも明確ではないが、心身二元論というわれわれの常識的なデカルト理解は、本書を読めば揺らいでくるであろう。著者のことばを借りるならば、「精神と物質とは、一方では完全に分離され、他方では完全に結合されるのである」。われわれは、近代の科学が精神と物質との完全な分離を前提として成立したのだと考えている。しかし著者はそのような常識的理解をいわば粉砕する。著者は、近代科学としての物理学について次のように述べているからである。「近代科学はまず物理学として誕生する。物理学が想定する原子の運動の盲目的偶然性とは、一方では物質のあらゆる部分に均等に精神を認め、他方ではそのようにして生ずる無際限に多様なすべての運動を見透かすことのできる絶対的な主観を措定する、という事態を語るものである」。やや難解な表現であるが、ここでは精神と物質の相互浸透があって初めて近代の物理学が成立したことが論じられているのである。「精神は、一方ではその純粋性のもとに意志として絶対化されるとともに、他方では知性の受動性のもとに物質に完全に吸収されることになる」のである。著者はこのような見解をデカルトに即して論じているのであって、自分の意見を恣意的に述べているのではない。著者の方法はつねに厳密であり、デカルトから離れることがない。この場面でも、精神と身体（物体）のつながりを説いているのであるが、デカルトのテクストから離脱してはいないのである。

それはことばを換えて言えば、著者の方法意識の鮮明さとも言える。それは本書のいたるところに感知できるものであるが、たとえば著者がデカルトの方法そのものを問題にしている第一章においてすでに見いだすことができる。第一章で著者はデカルトの永遠真理被造説についてのアルキエの批判を再批判しているのであるが、デカルトの主張が「時間における連続性を断ち切る」ことにあったとする著者は、「現実的な明証を前にして、問題なのは、神は欺かぬという、〈神の誠実〉に訴えることではなく、その誠実の認識である」と説く。「神の誠実とその認識とは区別されねばならない」のである。ここではデカルトの思考の方法をどのレベルで捉えるのかという方法の問題が問われている。アルキエがデカルトの永遠真理被造説を存在論のレベルで捉えているのに対して、著者はデカルトの問題提起は認識論のレベルでなされていると反論しているのである。デカルトに関する問題がどの位置にあるのかを明確に規定していく著者の方法そのものに注目すべきであろう。

評者が本書から深い印象を受けたいくつかの点のうち、さらに付け加えておきたいのは、デカルトの方法的懐疑に関しての著者のもうひとつの見解である。著者によれば、「人間にとって根源的な問いであるがゆえにあらゆる科学を支えているといって過言ではない、〈私は何者であるか〉というあの問いを斥けようとするところに、デカルト的懐疑の本質は認められる」ということになる。「私は何者であるか」という問いとは、今日のことばに置き換えれば「アイデンティティ」の問題ということになるであろう。著者は、その問題がデカルトから始まったとする現代の思想にあえて批判的であるように見えるのであり、近代合理主義の元凶としてデカルトを位置付ける風潮に対して、控えめではあるが、「いささか抵抗を覚えざるを得ない」と書いている。デカルトの方法的懐疑の根本的な問題は、「〈人間存在を原理として措定した上で、私とは何者であるのか、と問う〉ということの拒否であった」のである。このような著者の立場は、あるいは本書の中心的な論点でないのかもしれない。しかし評者にとっては、ここに紹介してきたような論点に、むしろ新鮮なものを感じるのである。

『プラトンの呪縛——二十世紀の哲学と政治』佐々木毅著

プラトンは西欧世界にとっての「思想的伝統の原点」と考えられている。また、すべての哲学はプラトンの著作の注釈にすぎないというイギリスの哲学者ホワイトヘッドのことばがしばしば引用される。しかし、プラトンが西欧思想の原点であったり、西欧哲学がプラトンの注釈であるというのは、具体的にはどういうことなのか。本書は、二十世紀前半にドイツ・イギリスでどのようにプラトンの政治哲学が解釈され、利用されていたのかを、数多くの文献をていねいに読んだ上で、綿密に考察したものである。それも単に文献を年代的に追いかけるといった学説史的な研究ではない。著者の問題意識は、現代社会が部分の集合ではなく、何らかのシステムとして機能しているというシステム理論で解釈できるものか、それともプラトンの善のイデアのような超越的な価値によって規制できるものかというところにある。本書は、この問題をナチズムを中心とする現実の政治に関連させて論じようとしたものと見ることができる。読者は、哲学と政治が意外なほど密接に関連していることを知るはずである。

この『プラトンの呪縛』には、「二十世紀の哲学と政治」というサブタイトルが付けられている。そして一九三〇年代以降に、ドイツとイギリスでプラトンがどのように解釈されていたのかを多くの文献に即して検討している。その結果として、当時のプラトン解釈は、キリスト教の考え方と結びついて展開されてきた伝統的な「精神的権威」としてのプラトンを破壊するものであったことがわかってくる。ドイツでのプラトン解釈には、プラトンの政治哲学を全体主義的な政治思想の裏付けとして利用しようとするものがあった。また意外にもニーチェのプラトン評価が高いものであることが明らかにされ、プラトンを「開かれた社会の敵」と考えたポパーの説とニーチェの考え方がつながっていることも指摘される。「プラトンの呪縛」ということばも、ポパーからの引用である。

著者は、本書が「二十世紀研究の一環をなすもの」で、「二十世紀における政治と哲学の交錯」を考察したものであると書いている。哲学がどのように政治とかかわっているのかを論じた力作である。

『フロイトとラカン――精神分析論集』　ルイ・アルチュセール著　石田靖夫／小倉孝誠／菅野賢治訳

アルチュセール思想のキーワードのひとつである「重層決定」は、フロイトから借りてきた概念である。また最近しばしば言及される「イデオロギー的国家装置」の概念は、グラムシ、マルクスの思考を展開したものであるが、それと同時にラカンの鏡像段階理論とも深く関わっている。本書はアルチュセールの思想形成にとって、このようにきわめて重要な役割を演じていたフロイトとラカンについての論考を集めたものである。アルチュセールとフロイト、ラカンの関係に関心を持つ者にとって、本書は限りない刺激と満足を与える論集である。

本書に収められた「フロイト博士の発見」のなかで、アルチュセールは次のように述べている。「無意識の表れは人間主体、つまり意識を持った個人にしか起こりえないことをフロイトは示し、主張した」。この見解は直接にラカンの理論とつながっているのだが、無意識が意識以前にあるという考え方を否定しているところに注目しなければならない。アルチュセールは、このような無意識の発見がフロイトの画期的な仕事であったことを認める。しかし、アルチュセールの見解では、「フロイトは努力したにもかかわらず無意識の理論を樹立するにはいたらなかった」のである。

そして、フロイトがしなかった、あるいはむしろできなかった無意識の科学的理論化の仕事をラカンがなしとげたとする。アルチュセールによるラカン解釈は、ラカンの思想を明確に理解した非常に鋭いものであり、本書を読むと、いままでの多くのラカン論が色あせて見えてくる。

アルチュセールのラカン解釈でもっとも注目すべき論点は、「無意識は言語のように構造化されている」というラカンの有名なテーゼについての考察である。アルチュセールは、「無意識の言説において語っているのは、イデオロギー的言説そのものではないだろうか」と書いている。無意識の言語構造が「イデオロギー的国家装置」と結びつけて論じられている。無意識は意識を持った人間においてのみ起こるのであるが、その無意識を決定するものは、イデオロギー的言説、もっと明確にいえば、「イデオロギー的国家装置」である。エンジンがガソリンによって機能するように、無意識は「イデオロギー的なもの」によって機能する。この見解が重要なのは、アルチュセールがここで単に自分のラカン解釈を示しているだけではなく、自らの「イデオロギー的国家装置」論を提示しているということである。ここにラカンとアルチュセールの思想的縫合がある。

また本書には、アルチュセールが「フロイト博士の発見」の二二ページのタイプ原稿を何人かの友人に送り、コメントを求めたというエピソードが添えられている。この要請に対して、ナシフは、四五ページに及ぶ手書きの注釈を、エリザベート・ルディネスコ（有名な『ラカン伝』の著者でもある）は十六ページのタイプ原稿をアルチュセールに送ったという。印象に強く残る話である。

『諸個人の社会』ノルベルト・エリアス著　宇京早苗訳

本書の著者ノルベルト・エリアスは、ユダヤ系ドイツ人で、そのためナチスの政権成立以後は亡命先のイギリスで活躍した著名な社会学者である。その多彩な著作のなかで、『宮廷社会』『文明化の過程』は、わが国でも広く読まれてきた。この『諸個人の社会』は『文明化の過程』と直接につながる論文集で、一九三九年の「諸個人の社会」、一九四〇年代から五〇年代にかけて書かれた「自己意識と人間像の問題」、最晩年の一九八七年の「われわれ＝われのバランスの変化」を収めている。

本書におけるエリアスの基本的な問題は、「個人と社会の関係」である。近代以前には家族を中心とする相互に密接な関係で結ばれた共同体が、個人のアイデンティティーを形成していたのであり、これに対して、近代では中央集権化、都市化という社会構造の変化が進行するにつれて、個人がしだいに自立していったということになる。

それをエリアスは「われわれとわれ」という対立関係で捉える。昔の農民の手紙では、主語はつねに「われわれ」であり、「われ」ではなかった。「われ」は「われわれ」としてのみ存在した。この「われわれ」から「われ」への変化を明確に宣言したのが、デカルトのキーワード「われ思う、故にわれあり」であるとするエリアスの指摘はきわめて説得的である。

エリアスは「個人と社会の関係」という問題を抽象的に論じているのではない。カフカ、サルトルをはじめとして、多くの文学作品も考察の対象とされる。また、結論のところでは、国家を超えたところにある「人類」への一種の期待感を読みとることができる。本書は、人間への愛と深い学識に支えられたエリアスの思想を知るのに、重要な役割を持つ著作であるといえよう。

『パースの思想――記号論と認知言語学』 有馬道子著

アメリカのプラグマティズムの代表的な哲学者チャールズ・サンダース・パース（一八三九～一九一四）の仕事が、最近にわかに再評価されつつある。アメリカでは、全三〇巻になる予定の年代順の全著作集が第六巻まで刊行され、パースについての研究書、伝記の刊行があいついでいる。しかし、伝統的にヨーロッパ中心であったわが国の哲学研究の世界では、ウィリアム・ジェームズと並ぶアメリカ哲学の代表的存在としてのパースについての研究が遅れていたことは否めない事実である。

このような状況のなかで、早くからアメリカの言語学、記号学についての論考を発表してきた有馬道子による本格的なパース研究が刊行されたことは、長年パースに関心を持ってきた評者にとってもたいへん喜ばしいことである。本書には、「記号論と認知言語学」というサブタイトルが付されていて、著者の関心が、サピアとウォーフに代表されるアメリカの言語学研究を基礎にしてパースを見ようとしていることは明らかである。パースの記号学は同時に論理学であり、また存在論であって、パースのいう「記号」が実際には存在と同じ意味であることはいうまでもない。パースの記号学は、パースの哲学にほかならない。

著者は、「対象と記号をつなぐ解釈項があり、記号の意味をになう解釈項はそれ自体が新しい記号となって、それと対象をつなぐもう一つの解釈項を生み、それはまた新しい記号となって更に次の解釈項を生んで、無限の意味作用としてのセミオシスを可能」にすると書いている。このような無限の展開は、「無限記号連鎖」と呼ばれるものである。

イタリアの記号学者で、また『薔薇の名前』『フーコーの振り子』など小説作品の著者としてもよく知られているウンベルト・エーコも、パースの記号学を高く評価する。そのエーコが特に注目しているのが、この「無限記号連鎖」の概念である。エーコは、テクストの解釈において、ひとつの意味を求めてそれで終りにする辞書的解釈と、無限に解釈を追い求める百科事典的解釈とを対立させる。無限記号連鎖という考え方は、まさに百科事典的解釈に対応するものにほかならない。エーコがパースの思想について論じた論文のなかに、「無限記号連鎖と漂流」というタイトルのものがある。無限記号連鎖によって記号の意味をたどるのは、漂流に似た行動になる。

本書においても、著者はパースについての考察をパースの内側に限定してはいない。すでに言及したサピア、ウォーフの言語学、ソシュールの言語理論などとパースの理論を比較し、考察する。

そして本書を支えているのは、パースに対する著者の愛情のようなものである。著者はパースの著作を読んで、「確信にみちた興奮とも言える感覚」を味わったという。著者に本書を書かせたのは、この感覚に違いない。

『フロイト フリースへの手紙――1887―1904』フロイト著　ジェフリー・ムセイエフ・マッソン編　ミヒァエル・シュレーター ドイツ語版編　河田晃訳

ウィーンにいた頃のフロイトは、昼のあいだは分析治療に専念し、夜になるとその経験を材料にして、研究と思索にふけったという。フロイトの思想は、このような経験と思索の完全な融合によって作られた。本書には、この融合のプロセスが、まさにリアルタイムで再現されている。

本書に収められている三〇〇通弱の手紙は、親しい友人のヴィルヘルム・フリースにあてたもので、書かれた時期は一八八七年から一九〇四年までである。それはフロイトの『夢判断』が刊行された一九〇〇年を含む時期であり、ヒステリーについて独自の理論を構築しつつあった時期である。

本書では、フロイトの日常生活が鮮やかに描かれていて、いつも鼻の故障で悩んでいたり、相手から返事が来なくていらいらしたりする「人間フロイト」の姿をかいま見ることができる。しかしそれ以上に、本書はフロイトの思想形成を知るための最良の材料である。たとえば、「現実―願望充足、この対立からわれわれの精神生活は芽を出します」というところには、そのころのフロイトの思想の核心が示されている。また、「僕はエディプスの伝説を読んで調べなければなりません」ということばは、フロイトがそのころエディプス・コンプレックスの概念を考えつつあったことを推測させる。

「訳者あとがき」で紹介されている資料によると、フロイトが診療の合間の時間を使って書いた手紙は、およそ二万通にのぼるという。現在そのうち約半数が残っているとされるが、本書で訳出されたのはそのうちのほんのわずかにすぎない。しかしそれでも、フロイトにとって、手紙を書くという行為が、自分の思想を作り上げていくための重要な手段でもあったことは、本書によってはっきりと理解されるであろう。

『快楽戦争——ブルジョワジーの経験』ピーター・ゲイ著　富山太佳夫他訳

アメリカの思想史家ピーター・ゲイの『ブルジョワジーの経験』は全五巻の大作である。第一巻の『官能教育』が刊行されたのは一九八四年のことであり、最終巻の『快楽戦争』の刊行は一九九八年であるから、執筆の準備期間も合わせると、およそ二〇年かかったライフワークということができる。全巻を通じてのサブタイトル「ヴィクトリアからフロイトまで」が示すように、この大作は一九世紀後半から二〇世紀初頭にいたるヨーロッパの精神史・芸術史でもある。このたび訳出された『快楽戦争』は、イギリス・フランス・ドイツの上層市民階級がどのように新しい芸術とかかわり、どのように行動したかを論じたものである。

ピーター・ゲイは、科学技術の発展に伴ってしだいに富を蓄積してきた新興ブルジョワ階級の人たちが、たとえば印象派の画家たちの作品をどのくらいの値段で購入したか、あるいは、音楽会の入場料はいくらかといった、一見すると細かいデータを積み重ねて論じている。そして、彼らがいままで言われてきたような成り上がりの俗物ではないことを立証していく。

ゲイは次のように書いている。「広く行き渡った中産階級の繁栄と公的な文化から離脱しようという熱狂がなければ、モダニズムは、見ごたえはあるがすぐに燃え尽きてしまう流れ星のようなものにすぎなかったであろう」。これが本書の核心である。ゲイは「ブルジョワもまた人間として捉えようと試みてきた」のである。そのため、ゲイは一九世紀イギリスのブルジョワジーを論じたリットン・ストレイチーの『ヴィクトリア朝の著名人』を「悪意に満ちた誤ったやり方」によっているとして鋭く批判する。本書は、近代市民階級の発展と近代芸術の展開とを結びつけて考察した力作といえる。

『マキャヴェリの孤独』ルイ・アルチュセール著　福井和美訳

本書は、一九五五年から一九七八年までに書かれたアルチュセールの論文を集めたものである。ここにはアルチュセールの思想が凝縮されている感じがする。一九六三年に発表された「哲学と人間科学」のなかで、アルチュセールは、マルクスが「ホモ・エコノミクス」(経済人)の神話を破壊して、その理論を作ったように、フロイトは「ホモ・プシコロギクス」(心理人)の神話を破壊したのであり、「フロイトのなした解放するための断絶」をラカンがその目で見、理解したとする。そしてアルチュセールはこの論文のなかで、ラカンの「理論的価値」に人々がまもなく気づくであろうと予測する。それは、ラカンの理論がいままでの理論と「断絶」していることをアルチュセールがよく理解していたからである。

過去と「断絶」しない限り、新しい理論は生まれることがない。そして、そのような「断絶」によって自分の理論を作る思想家は「孤独」にならざるをえない。そのような孤独な「哲学者」の典型が、マキャヴェリである。分断されていた当時のイタリアに国民国家を作るという「成し遂げられるべき事実」を追い求めたマキャヴェリの思考は、過去のあらゆる政治理論とは無関係になされたが、また、「彼以後の思考の置かれた思考の枠組み」にも入らないものであった。そこにマキャヴェリの「孤独」がある。

過去の理論と「断絶」することによって自らの思想を作り上げていく者にとって、そのような「孤独」は必然的である。その孤独は、マキャヴェリ、フロイト、ラカンだけのものではなかった。それは、アルチュセール自身の孤独であったに違いない。アルチュセールは、「マキャヴェリの孤独」について論じながら、同時に自分自身の思想の孤独を感じていたはずである。

『戦争とプロパガンダ』 エドワード・W・サイード著 中野真紀子／早尾貴紀共訳

二〇〇一年九月一一日の事件について、またその後の状況についてエドワード・サイードがどのような発言をするのかを、多くの人が待っていた。本書はその期待に応える論集である。あの事件のあと、アメリカはテロリストに対する「報復」のためにアフガニスタンに軍事介入を行った。それに「便乗」するかたちで、パレスチナ人による反イスラエルの行動は「テロリズム」の枠に入れられてしまった。

「過去数ヶ月のあいだイスラエルが世界に対してうまく証明しようとしてきたのは、イスラエルこそが、パレスチナ人の暴力とテロによる無実の犠牲者」であるということであった。イスラエルのこのような主張は、アメリカのマスメディアが繰り返して発信してきたことであり、多くのアメリカ人もそのように考えているのである。これは、アメリカとイスラエルの「プロパガンダ」の勝利であるとサイードは指摘する。

アメリカ、イスラエルのプロパガンダは、たえず強力になされてきたのであり、その結果アメリカ人は、「パレスチナ人にも苦しみや追放の物語があることに微塵も気づくことがなくなった」のである。イスラエルが「情報戦」に巨額の資金を使っているのに対して、アラブ世界は、それに対抗するような情報活動をしてこなかったのであり、サイードはそうした状況の打破を求める。

サイードがパレスチナ人に対するイスラエルの不当な弾圧をきびしく批判するのは当然のことである。しかし、サイードはそれと同時に、パレスチナとアラブ世界の指導者たちに力が不足していることにも批判的である。本書を読むと、歴史と現実をよく見定め、多くの情報を集め、的確な判断をしていくサイードの姿が見えてくる。

第二章　無意識の世界

『エクリII』ジャック・ラカン著　佐々木孝次／三好暁光／早水洋太郎訳

ジャック・ラカンは、一九〇一年生まれのフランスの精神分析学者である。一九三〇年代には、超現実主義者たちとの交流もあったと言うが、今日ラカンの影響力は、単に精神医学の領域に限定されず、哲学思想・言語論の世界にも浸透しつつある。彼の主著『エクリ』は一九六六年に刊行され、一九七二年にその邦訳（全三冊）のうちの一冊が出版された。ここで書評の対象とするのは今回出版された邦訳第二巻であるが、もとより原著が一冊の書物である以上、この第二巻だけに限定して考察することは不可能であろう。

『エクリ』は非常に難解な著作で、われわれ読者がラカンの思想の核心に到達することは困難なように見える。しかし彼の思想の中軸にあるものが、フロイトの理論を「言語」という問題意識によって把握し直そうという態度であることだけは、はっきりと理解できる。「夢の作業が記号表現の諸法則に従っている」ことをフロイトが発見したのだとラカンは説くが、ラカンはそういう記述によって無意識の言語性を主張する。無意識が言語としての構造を持っているというのは、さまざまな次元で語られうることだが、今日の言語論との関連で言えば、無意識には圧縮・転位といったレトリック作用があることが指摘されている。

しかしそれと同時にラカンは、無意識の主体が孤立した統一的な主体ではなく、つねに他の主体の言語表現の影響化にあることを、「無意識は他者の言語表現である」という有名なことばで表現している。具体的には、子どもの無意識は親の言語表現によって形成される。ラカンの影響下にある精神科医たちが、親子の関係のなかでの言語表現の重要性を認めるのは、このためである。たとえば、モード・マノーニの『症状と言葉』（ミネルヴァ書房刊）は、『子ども、その〈病気〉と他者』という原タイトルが示すように、ラカンの教説を実践的に適用した報告である。

また『エクリ』には哲学に関心を持つ読者にとって魅力的な思考が含まれている。たとえば邦訳の『エクリ』第一巻に収められている鏡像段階の理論は、「コギトから直接由来するすべての哲学に対立」するものとして意識されている。ラカンはフロイトによる無意識の理論がデカルト的な自我概念に裂け目を与えたものであると評価し、そこにひとつのコペルニクス的転回を認める。無意識の主体は分裂した主体であり、それは他者の言語表現によって規定される限りにおいて、他者の主体とのかかわりにおいてのみ存在しうる。

「言が働くのはつねに、他の主体への媒介のうちにそれを置くことにおいてのこと」であり、そこに「言の連鎖」が成立する。こういう問題点もすべて言語との関連のなかで考えられていることに注目すべきであろう。

最近、ドイツの哲学者H・G・ガーダマーの論文集『哲学・芸術・言語』が訳出されたが（未来社刊）、ギリシャ以来の西欧哲学の伝統に忠実なガーダマーも、言語の問題を哲学が軽く見て来たことを反省し、ラカンの理論から影響を受けたことを表明している。

このようにラカンの『エクリ』はさまざまな領域で影響力の大きな重要な著作であると言わなくてはならない。

『無意識I』アンリ・エー編　大橋博司監訳

最近フランスでエリザベート・ルディネスコの大著『フランスにおける精神分析の歴史――闘争の百年』が刊行された。それを読むと、ジャック・ラカンがパリでブルジョワ的な生活を送るのに対して、アンリ・エーが都市よりも田園の世界を好み、そのためにボンヌヴァルの病院で働くようになったことがわかる。フランスの精神分析の代表的な二人が、対照的な生活の仕方を求めていたことは興味のあるところであるが、サンタンヌ病院では同僚であったこの二人の見解もやがて分かれて行き対立するようになる。

日本ではラカンの方がしばしば問題にされるように見えるが、アンリ・エーの考え方ももっと評価されなくてはならないはずである。その意味で、この『無意識』の翻訳が刊行され始めたことは、きわめて有意義なものである。本書は、アンリ・エーが、すでに言及したボンヌヴァルの病院を場にして組織した一連のシンポジウムのうち、無意識をテーマに、一九六〇年に行われた報告と討論の記録である。翻訳は全部で五巻になる予定と聞くが、このたび刊行された第一巻には、アンリ・エーを初めとして、アンドレ・グリーン、F・ペリエなどの報告と討論が収められている。

H・エーの「無意識の認識」は、フロイトによる無意識の発見を、意識の合理性を否定したものとし、そこにコペルニクス的転回を認めようとする。つまり、無意識というものに積極的な価値を与えようとする。

アンドレ・グリーンの「無意識への扉」は、無意識を単に意識と対立するものとしてのみ限定することなく、それを身体性・社会性・幼児性といった問題と関連させて考えている。グリーンの論文は、オリジナルな見解を提示することよりも、むしろフランスにおける精神分析の状況と問題点とを明確にすることを目標としているように思われる。

レボヴィン・ディアトキーヌの「無意識をめぐる2、3の覚え書」は、実際に精神分析の仕事にたずさわっている側からの、無意識についての考察である。フロイトにおける無意識の概念の展開が、時間を追って示されているのだが、その見方があくまでも精神分析の実践という立場からなされている点に特徴がある。

そのあと、F・ペリエの「欲動と無意識」、さらにJ・ラプランシュらによる討論が続くが、そこでは自分の意見をきわめて率直に述べて、他の報告者に対する鋭い批判をする態度が取られている。

わが国では、フロイトの無意識の思想は、哲学や言語学の立場から論じられることが多かった。また、ラカンの理論のみが話題になる傾向が強い。われわれはこの『無意識』を通して、精神分析のなかでの無意識の意味という基本的な問題を考え直す機会を得るであろう。それによって、無意識に対する思想的な考察もまたさらに展開されるであろう。

『フロイトとその父』 M・クリュル著 水野節夫／山下公子訳

フロイトは神経症について、最初は誘惑理論と言われる考え方をしていた。つまり、神経症の原因は子どものときの親の性的な誘惑だという理論である。ところが一八九七年にフロイトはこの理論を捨てて、エディプス・コンプレックスを中心にする考え方へと移行する。M・クリュルの『フロイトとその父』は、誘惑理論からエディプス理論への転回はなぜなされたかという問題を設定する。クリュルの説くところによると、誘惑理論のばあいは親が能動的な役割を演ずるが、エディプス理論だと親は子どものリビドーの対象という役割しか与えられない。クリュルは、誘惑理論からエディプス理論への転回は、それによってフロイトが両親の責任をなくすことができたからだとしている。「エディプス理論で誘惑理論の代理をさせることによって、フロイトは、彼の神経症に対する両親の責任を証明せざるをえないという状況に追い込まれることなく彼自身の幼児期を考察することができた」というのがクリュルの見解である。

つまり、フロイトのエディプス理論は、両親、特に父親に対するフロイトの意識のあり方から規定されたものだとされているのである。この解釈はなかなか面白く、それを立証するためのクリュルの念入りな作業の跡を追いかけていくのはきわめて興味のあることである。しかし評者は誘惑理論からエディプス理論へという転回が、フロイトの思想形成にとって重要であることを認めはするが、そのすべてをフロイトと父との関係に還元してしまうことには疑問を感じる。クリュルの方法は、フロイトの思想をフロイトと父との関係だけに還元して、その他の要素がほとんど考慮されない一種の決定論だからである。さらに、クリュルは叙述のなかでしばしば強引な推測を行なっている。たとえばユダヤ教に自慰に対する禁制があったことから、フロイトの父ヤコブが「これらの禁制を破ろうという非常に強い誘惑に駈られたに違いない」と推理するが、多くのばあいこうした推理は説得力を欠いている。

しかし、エディプス理論はフロイトにとって「驚くべき免罪機能」を持っていたというクリュルの確信はきわめて固く、それを中軸にして進められるクリュルの叙述には思わず引き込まれてしまう。フロイトの父の過去が可能な限り探求され、その過程のなかで、一九世紀の東ヨーロッパに暮していたユダヤ人の生活の一端が明らかにされる。評者にとってはむしろこの部分の方が面白く読めた。フロイトの父の弟、つまりフロイトの叔父のヨーゼフ・フロイトは贋札を所持していたために十年の刑に処せられるが、その事件の背後には、当時は国家のなかったポーランド人の独立運動がからんでいたらしい。フロイトの父は、現在はソ連のウクライナ共和国にあるテュスメッツから、現在はチェコにあるフライベルクへ、そしてさらにウィーンへと移動しなければならなかった。文字通りのさまようユダヤ人である。クリュルは特にフライベルク時代のフロイト一家の生活を可能な限り復元してわれわれの前に提示している。

残念ながらフロイトの母親のことは資料がなくて追跡できなかったらしいが、それでも一九世紀東ヨーロッパのユダヤ人の行動や考え方は、本書を通してかなり具体的に知ることができる。したがって本書はフロイトに関心を持つひとだけではなく、東欧ユダヤ人に関心を持つひとにとっても必読の書である。

『潜在意識の誘惑』ウィルソン・ブライアン・キイ著　管啓次郎訳

ウィルソン・ブライアン・キイは、すでに邦訳のある『メディア・セックス』『メディア・レイプ』（リブロポート）によって、アメリカのマス・メディアの広告が、人間のサブリミナルな領域、つまり、潜在意識の領域に働きかけていることを明らかにした。今回訳出された『潜在意識の誘惑』は、アメリカではこの二冊に先立って刊行されたものであり、キイの考え方の出発点にあるものをはっきり示している。

キイは、本書において、マス・メディアの広告のなかに数多くの性的なものが埋め込まれていて、それが消費者の欲望を刺激していることを、多くの例をあげて論じている。しかし、それは単に性的なものに限られる問題ではない。アメリカのマス・メディアは、消費者の潜在意識につねに働きかけ、あらゆる感覚を動員させて、現実と幻想とを取り違えさせている。

たとえば「ヴォーグ」のような女性のための雑誌は、アメリカの女性の「幻想の自己イメージ」を反映したものだとされる。つまり、そこでは現実よりもワンランク高いところに設定された幻想が、あたかも現実であるかのように思わせる操作がなされているのである。キイによるアメリカ人の意識についてのこのような批判を、クラカウアーが『サラリーマン』(法政大学出版局)のなかで行った、第二次大戦前のドイツ人の意識についての批判的分析と比べると面白い。

キイはこうした分析・批判を綿密な調査と、フロイトを中心とする理論の裏付けによって行った。これは、当然のことながら一種のアメリカ文化批判になるが、この批判は多くの点でわが国の状況にも当てはめることができるであろう。

『夢と実存』 ビンスワンガー／フーコー著 荻野恒一他訳

本書は、スイスの精神医学者ビンスワンガーの論文「夢と実存」と、それに付されたミシェル・フーコーの長い序論とからなる。フーコーは、ビンスワンガーが、人間の存在そのものとは一見すると無関係であるような「夢」を出発点にして実存の問題を考えようとする、一種の逆説的な立場に深い関心を抱き、ビンスワンガーの思考の跡をたどりながら自分の考えを展開させていく。したがって、本書に収められた二つの論文は、いわば表裏一体をなしている。

ビンスワンガーとフーコーはフッサールの『論理学研究』とフロイトの『夢判断』を直接の材料として夢の問題を考えようとする。後年のフーコーがフロイトの仕事を高く評価したことはよく知られているが、ここではフーコーは、「精神分析は、ついに心像をして語らせるにはいたらなかった」と述べて、フロイトの夢の解釈が、人間存在そのものには接近できなかったとしている。

そして、フロイトにあるこの欠落を補うものとして、フッサールの現象学が求められることになる。それとともにフーコーは、アリストテレス以来の夢の理論を詳しく検討して、死こそが「実存の完成」であるとして、そこに夢を結びつけようとする。「夢のもつ人間学的意味」がここで発見されることになる。

フーコーのこの論文が書かれたのは一九五四年のことである。フーコーが、「夢に関するビンスワンガーのテクストが、想像的なものの人間学に寄与しえたもの」を明らかにしようとしたと述べているのは、当時きわめて大きな影響力を持っていたサルトルの思想を意識してのことであったと見ることができるであろう。実際フーコーの序論は、夢を媒介にした一種の想像力論でもある。フーコーはそれを、文学・哲学・神秘思想といったあらゆる領域の文献を材料にして考察している。本書は、夢の哲学的な問題に関心を持つひと、フーコーに興味を持つひとにとって、刺激を与えてくれる著作である。

『精神分析と横断性』 フェリックス・ガタリ著　杉村昌昭／毬藻充訳

一昨年に急逝したフェリックス・ガタリが、哲学者のジル・ドゥルーズとの共著『アンチ・オイディプス』を刊行したのは、一九七二年のことであったが、ガタリの最初の論文集であるこの『精神分析と横断性』も、それと同じ年にドゥルーズの序文をつけて刊行された。ドゥルーズは、その序文のなかで、ガタリのように政治活動家と精神分析家が「たえずまざりあい、影響をおよぼしあい、意思疎通し、互いに入れ替わってやまない」というようなことは、ライヒ以来ほとんどなかったことであるとして、ガタリの仕事を高く評価している。

本書に収められた論文は、ドゥルーズが指摘するように、ガタリの政治的活動と精神分析家としての仕事とが一体であったことを明確に示している。それらの論文が書かれたのは、フランスの政治的・思想的な高揚の時期であり、アルチュセール、ラカン、フーコー、ドゥルーズ、バルトなどが多彩な活躍をしていた時であって、ガタリの思想が同時代の思想家たちの仕事と深くかかわっていたことも本書によって察知することができる。

本書で扱われている問題は、きわめて広範囲にわたっているが、その中心にあるのは、現代における権力の在り方と、それに対抗するものとしての「小集団」（グルピュスキュール）の形成の必要性である。ガタリは権力というものを、帝政ロシアのようにどこか一か所に集中して存在するものとは見ていない。現代においては、権力は「少数の支配者集団に集中」するものではなく、「生産関係の無限に複雑な網状組織の結び目の中に捉えられている」と考える。ここには、権力を上から下への支配構造としてではなく、関係のあり方として捉えるミシェル・フーコーの立場と共通のものがある。

このようなかたちでの「権力」に対抗するものとしてガタリは「小集団」という概念を提示する。小集団とは、集団のなかにある集団である。ガタリは、そのような小集団が、互いに食い合いをするのではなく、「お互いにかけあわさって無限に増大」することを求める。そのような小集団の形成のために、集団力学（グループダイナミックス）の活用が望まれることになる。

一九六〇年代のフランスは、政治的にも思想的にも、何か沸き上がるようなものがあった時代である。また、ドゥルーズにも影響を与えた「横断性」という概念そのものも、相互に無関係に見えるものを横につないでいこうとするこの時代の精神的状況を明確に反映しているように思われる。

このように活力にあふれ、ダイナミックなものを含んでいるこの『精神分析と横断性』は、思想の凋落の時代に生きるわれわれに、ふたたび元気を与えてくれるかもしれない。

『心の病理を考える』 木村敏著

本書は、著名な精神医学者である著者が「心の病理」についての自らの思索のあとをたどった著作である。フランスの生理学者クロード・ベルナールは、病理学によってのみ生理学を理解できると言ったが、木村敏氏もまた、「心の病理」を考えることによって、人間の心の本質に迫る。つまり、本書は精神医学の著作である以上に、哲学の書物である。ここでは「精神病理学的思考の軌跡」が語られているのであり、それがそのまま著者の哲学の形成のプロセスを語っている。

著者は、ハイデッガーやフッサールにしばしば言及してはいるが、けっして抽象的な理論構築に終始するのではなく、自分の臨床体験に則して思考している。

著者はまず人間を、人と人の「あいだ」として存在する自己と、個人そのものの自己との関係として捉えようとする。その結果、精神分裂病は、「人と人のあいだ」として存在している主体性と、患者個人の自己主体との関係がうまくいかなくなったケースとして考えられることになる。木村氏の著作『時間と自己』（中公新書）でも述べられているように、ここでの自己は時間と深い関係にある。そして著者の思考は、「自己論から生命論へ」という方向に広がる。そして著者は、「主体性」の問題を、現代の分子生物学・遺伝学の業績を踏まえて新しい方向へと展開させる。つまり、個体的な自己と、「あいだ」としての自己との関係を、個人的で一度限りの個体と、遺伝子によってつながっている集団的な、種としての自己との関係へと発展させる。

著者は、「あるなにかの問題意識というものはかならずそれに先立つ問題意識からひとりでに生まれてきて、さらにそれに続く別の問題意識へと発展して行く」と書いているが、それらの問題意識の発展のプロセスが語られているのである。

『偶然性の精神病理』 木村敏著

本書において木村敏氏は、「生きている人間の学」としての精神医学の確立に努めようとしている。それは、精神の病が、中枢神経系の自然科学による研究で治療できるとする立場や、データ化された症状をコンピュータで処理することによって治療できるとする「計量精神医学」の立場に対する批判から始められている。「こころそのものの病的現象をこころそのものに則して主題的に論じようとする」のが著者の基本的な立場である。それは「哲学との関係を避けることができない」問題設定であり、本書では、ニーチェ、フッサール、ハイデッガー、フロイトなどが反復して援用される。しかし、著者の目的はあくまでも「精神病者のこころの病理」を解明することであり、そのためには、哲学だけではなく、「患者との個人的治療関係」が必須の条件であるとしている。

著者は、人間がけっしてひとりでは生きられない存在であることを前提としている。そして、サッカーや、音楽の合奏を例として、そこでは「個別性と一体性がさまざまな比率で混じり合って競合している」と書いている。つまり、個人はひとりの個人として行動しているが、それと同時にほかのひとたちの行動に「合わせて」行動してもいる。著者は人間の行動に存在するこの側面を重視する。そして、ある精神病者が、父親の行動に自分の行動を合わせることができず、いつも「フライングをしている」といっていることに注目する。そうすると、「タイミング」が非常に重要なことがわかってくる。

音楽の合奏でも、他の奏者との「タイミング」が合わなければ、「フライング」か、「出遅れ」ということになる。そして、合奏奏者において起こっていることは、「あらゆる対人関係についても言える」ことである。「タイミング」が合わなくなるのが、精神の病である。

患者が自分の病的な体験として、「他人がいつも自分の先回りをしている」とか「タイミングが合わない」と訴えるのは、「間主観的主体性が他者性をおびて個人的主体性を脅かしている」からである。「タイミングと呼ばれる間主観的な界面現象の場所に主体が成立」する。「間主観的主体性」というのは、他人との関係において成立する個人の主体性のことであるが、著者はさらに、人間と環境との関係を重視するヴァイツゼッカーの「生きものと環境との出会い」という概念にも言及している。個人と他者・環境との「接触面」が、人間の「こころ」を形成するのである。

本書ではいたるところで哲学の概念が用いられているので、慣れない読者は、難解であると思ったり、多少の戸惑いを感じるかもしれない。しかし、著者の思考の過程は論理的で、しかも明晰であり、本書の読者は、精神の病を考察する「精神病理学」が、哲学と手を組んで「こころ」の本質の問題に接近していることを感知するに違いない。

『視覚的無意識』ロザリンド・E・クラウス著

本書のタイトルに用いられている「視覚的無意識」ということばは、ベンヤミンが「写真小史」のなかで使っているものである。ベンヤミンは、写真には通常は見えないものを見せる力があり、それは精神分析が無意識を解明するのと似ていると書いた。クラウスは現代美術が行なってきた、視覚的世界の変革のプロセスについて、フロイトをはじめとして、バタイユ、カイヨワ、ベンヤミン、デリダ、ドゥルーズなど現代のあらゆる理論を動員して論じている。したがって本書は、基本的には現代美術論であるが、それとともに、同時代の思想がどのように美術と相互的に作用をしてきたかについても論じている。そして、その中心にあるのは、「主体の無意識が現実に作用する」というフロイトの思想にほかならない。

たとえば、フロイトは一九一〇年に心因性視覚障害についての論文を書き、「対象にエロティックな備給をする」ことによって、視覚に障害が生じてくるとしたが、クラウスはその理論をシュルレアリスムの運動、とくにデュシャンと関連させようとする。また、マックス・エルンストに、「機械によって物を見るという思想」があるとして、その根底にある、シュルレアリスムにおけるモダニズムに対する批判の意識を発見しようとするが、そのときエルンストの作品とフロイトの症例研究とのあいだにパラレルなものを発見しようとさえしているのである。つまり、クラウスは、現代美術のなかにわれわれの視覚を変化させるものを見いだそうとする。われわれは、ラスコーの洞窟絵画について、その呪術的な要素を強調する解釈を示したバタイユに対して、ルロアグーランがきびしく批判をしたのを知っている。しかし、クラウスは、描かれた動物の傷についてのバタイユの解釈のなかにこそ、聖的なものへの「変換」をもたらす要素が含まれていると考える。バタイユがラスコーの絵画において見いだしたのは、上と下の対立のない、照明も差異もない「迷宮」にほかならなかった。クラウスはこのようなバタイユの考え方とジャコメッティの作品とを関連させる。

また他方では、ピカソが「草上の昼食」などの十八点の作品を一日で描いたことについて、ピカソの制作のプロセスに「機械的、複製的な基盤」があるとし、さらにこの作品のための「二年半にわたるピカソのスケッチブックは、アニメ映画の手法で描かれた」ことを重視している。つまり、「視覚的無意識の画家たちが、大衆文化のメディアに関心をもった」ことが示され、ピカソの作品が「ディズニーのコミックの親戚」であることが強調される。そこでも、視覚的無意識の作業が発見されるのである。

また、ポロックの作品が、絵具と重力の関係のなかから生まれてきたものであることが論じられている。ポロックは、「知覚領域の崇高なものを破壊する」が、クラウスはそれがかつてバタイユが考えていたことであったことを指摘している。ポロックがつくり出した世界は、フロイトのいう「限界も束縛もない、大洋的なものに接しているという感情」を与える世界にほかならない。

このように、本書は現代美術をフロイトを中心とする思想との関連のなかで論じた、きわめて刺激に富む著作である。

『フロイト 1』ピーター・ゲイ著 鈴木晶訳

本書の著者ピーター・ゲイは、『ワイマール文化』『フロイトを読む』などの邦訳によって、わが国でもかなり知られている思想史研究者である。その方法は、可能な限り原典資料にあたって、緻密な研究をするところにある。その方法は、本書に置いても遺憾なく発揮されているが、評者は特に次の二点に注目しておきたい。

本書は、基本的にフロイトの伝記であるが、ゲイはフロイトとその周囲にいた人たちとの関係について特に意識的に書いている。その周囲にいた人たちは二種類に分類できるだろう。まず第一に、アドラー、ユング、ビンスワンガーなど、フロイトに協力したり、彼に反目したりした精神医学者たちがいる。また他方では、ドーラ、ハンス坊や、鼠男、狼男、シュレーバーなど、フロイトの症例分析によって後世に名が残ることになった人たちがいる。彼らは、いわばフロイトを主人公とする非常に興味ある演劇の登場人物である。読者は、本書を読むことによって、いわばこの演劇の観客となる。この人物たちは、いずれも強力な個性の持ち主であるから、彼らが登場した舞台は忘れがたいものになるだろう。したがって本書は、フロイトの伝記という段階をはるかに越えて、フロイトの思想の展開の歴史であり、同時代の精神医学とどのようにかかわっていたのかを示すものにもなっている。また、分析の対象にされた人たちについての記述は、自ずからフロイトの理論の展開を語るものになっている。

もう一つの注目すべき点は、ゲイがフロイトの精神分析を、フロイト自身の自己発見のプロセスと結び付けて考えていることである。ゲイのことばを借りるならば、「フロイトのほとんどの著作には、彼の人生の痕跡が刻印されている」のである。精神分析という考え方そのものも、フロイトの自己自身の再発見の努力のひとつの結果と見ることが可能であろう。このように本書は、フロイトの伝記であるだけではなく、フロイトの理論の生成と発展とを彼の生涯と関連させて論じたものであり、一種のフロイト入門の役割をも担うことができると思われる。

『臨床日記』シャーンドル・フェレンツィ著　森茂起訳

本書の著者シャーンドル・フェレンツィは、わが国ではあまり知られていないが、フロイトとともに精神分析の領域ですぐれた仕事をしたハンガリーの精神医学者である。フェレンツィはフロイトより一七歳年下であったが、フロイトより三年早く、一九三三年に死去した。本書は、その前年の一九三二年の臨床日記である。日記とはいっても、そこにはきわめて興味のある臨床経験の記述を読むことができる。

フェレンツィの精神分析の第一の特徴は、患者のことばと行動に含まれている意味を徹底的に理解しようとするところにある。精神に異常のある人の発言やふるまいには、ときとして誇張や妄想によるものがあるであろう。しかしフェレンツィはそうした患者に接する分析医に対して、「このような断言的な主張に直面したら、自らの理性の刃をあわてて振るおうとはしないで、その主張がたしかに含んでいる一粒の真実について考えるように」と助言する。異常なことばや行動を「理性の刃」で切り捨ててはならないと言っているのである。これはわれわれの日常生活においても役立つ助言ではないだろうか。

フェレンツィの分析の第二の特徴は、分析医と患者を対等の位置に置こうとするところにある。

これは「相互分析」という方法になる。フェレンツィは、患者との一体化を求めて、私的な生活を犠牲にすることもあった。患者を「教育」するのではなく、患者からも学ぼうとするフェレンツィの方法は、現代人の眼には異常なものと映るかもしれない。しかしフェレンツィは、患者に「屈服」し、患者から学ぶ決心をすることを「誇り」とするような分析医であった。

このようなフェレンツィの態度は、権威的・教育的なフロイトとは異なるものであった。フェレンツィは、自らの臨床経験から、フロイトの「教育的」態度を批判するだけではなく、フロイトの考え方の変化についても冷静に見ている。フェレンツィによると、最初のうちフロイトは、「精神分析を心から信じ……情熱的、献身的に神経症者治療に没頭した」が、「何かの経験」によって動揺し、患者と距離を置くようになったのである。フロイトは、フェレンツィの誕生日に『エンサイクロペディア・ブリタニカ』を贈ったという。それほど親しい仲であっても、フェレンツィは的確にフロイトの仕事の展開を見ていたといえよう。

二〇世紀のハンガリーは、作曲家のバルトーク、コダイ、哲学者のルカーチ、写真家のキャパ、ケルテシュ、映画理論家のベラ・バラージュなど、さまざまな領域で活躍した人たちを生んだ。そこにフェレンツィの名も付け加えるべきであろう。そして彼らの多くが、二〇世紀前半のハンガリーの政治と深い関係があったことにも留意しておきたい。

第三章　言語・記号の世界

『記号人間』 佐藤信夫著

本書は、言語や記号の問題についてユニークな考察をされている著者が、雑誌『言語』に連載したエッセーをもとにしている。著者の「あとがき」によれば、最初は記号論の案内書を書くことが目標とされていたが、結局は「記号——言語——のダイナミックスとしてのレトリックの復権」が本書の全体の志向するものになっている。そして記号論について語り始めながら、本書の後半がほとんどレトリックの考察に終始しているという事実そのものが、著者の言う「記号論としてのレトリック」の立場をおのずから示しているように思われる。私自身も数年前に「シーニュとしてのレトリック」という論文を「美術手帖」に書いたことがあるが、私の考えて来たことが佐藤氏によって裏書きされたような印象を受けた。

しかし佐藤氏の立場は、「記号人間」という概念を提示することによって、人間をも記号として把握するものであり、そこから私は多くの示唆するものを得た。記号人間とは「記号をおこなうひと、意味作用をするひと」のことであるが、この記号人間が行なう記号行為は、単純な実践行為とは区別される。(この二つの行為の区分の基準は「うそ」に求められているが、それは興味ある見解である。)

ところが、「すべての記号行為は相手に対する宣伝活動でもある」ので、この記号行為にはレトリック性がかならず存在している。対象を知覚するのは記号によってであるというのが佐藤氏の基本的立場であるから、記号を理解するには、どうしてもレトリックを理解する必要がある、ということになる。

佐藤氏のばあい、この記号を人間と結びつけて考えている点に独自なものがあり、この点で「記号の媒体と次元」の部分には興味ある考察が見出される。佐藤氏はそこでボディ・ランゲージについて語りながら、ボディから服装・家・交友関係、さらにはひとりの人間の社会的コンテクストすべてを記号として考えようとする。このあたりには、事物の使用価値よりも象徴価値を重視するジャン・ボードリヤールの所論と接するものがあるように思われる。

佐藤氏はこの記号人間、もしくは人間記号の理論を展開するに際して、しばしばシェークスピア、モリエールを援用する。劇こそはまさに記号人間の舞台だからである。人間記号の概念がタルチュフの分析とともに明らかにされてゆくそのレトリックに注目すべきであろう。

さらに佐藤氏はレトリックについて、レトリック現象とレトリック技術とを区別するなど、示唆に富む見解をいくつも明らかにされている。今日の記号論・レトリック論の成果を十分に消化した上でなされた著者の所論によって、われわれは「記号＝レトリック」という視点から対象を見ることがいかに重要であるかを、あらためて確認することになるはずである。

『ローマン・ヤコブソン選集2――言語と言語科学』 ローマン・ヤコブソン著

言語学の領域だけではなく、現代思想全体に大きな影響を与えてきたローマン・ヤコブソンの巨大な業績は、わが国にはまだそのほんの一部分が紹介されているにすぎない。モスクワからプラハへ、そしてアメリカへと移って行ったこの言語学者の仕事は、単なる言語学の枠のなかには収まりきらない広範囲の領域に及んでいる。

このたび刊行され始めた『ローマン・ヤコブソン選集』全三巻は彼の幅広い活動を知るのに適切な出版であろう。まず最初に第二巻の『言語と言語科学』が、服部四郎氏の編集・監訳によって出版された。（第一巻は『言語の分析』、第三巻は『詩学』の予定と聞く。）

本書所収の一七篇の論文には、記号学の問題、言語学と他の諸科学の関係を扱った論考も含まれていて、『言語と言語科学』というタイトルではカバーし切れない内容を含んでいると言うべきであろう。

つまり、ヤコブソンの学問の方法がきわめて包括的・綜合的であって排他的・孤立的ではないことが、本書そのものによっておのずから示されているのである。

過去の言語学の成果は、検討・批判の上であまねく吸収されて展開され、それと同時に、情報理論・分子生物学・物理学を含む現代科学の成果、さらには無意識の言語的構造を説くジャック・ラカンの教説さえもが消化され、包含されて行くプロセスには驚くべきものがある。

本書は膨大なヤコブソンの著作活動のまったくの一部分にすぎないが、それにもかかわらず彼の言語学のいくつかの特徴をはっきりと読み取ることが可能である。

まず第一に彼の構造主義言語学の成立する史的な背景が明確に語られていることに注意すべきであろう。彼は「言語の科学と他の諸科学との関係」のなかで、「言語構造の研究ということは、現代言語学のあらゆる側面における争うべからざる目標」であると規定し、それがすでにプラハにおける言語学研究から由来するものであることを明らかにしている。

ヤコブソンは、ソシュールのいう言語記号の恣意性という考え方には批判的であったが、それにもかかわらずソシュールの『一般言語学講義』を、構造的言語研究の転回点に位置付けている。またプラハの言語学がフッサールの直接的な影響下にあり、当時流行していたもっぱら経験主義的な文法に対して、フッサールが対置した「先験的一般文法の理念」が重要な意味を持っていたことを指摘している。

このような例からも推測されるように、本書ではヤコブソンがその中心に位置して来た構造主義言語学の歴史的展開が彼自身の手によって簡潔に描かれているのである。

こういう構造主義言語学のひとつの特徴はその機能主義であり、「言語はコミュニケーションの道具である」というヤコブソンの立場は本書を貫流している。この立場から、言語記号におけ

『象徴の理論』 ツヴェタン・トドロフ著 及川馥／一之瀬正興訳

本書を読む者は、それが『象徴の理論』というタイトルの書物であるのに、記号論の歴史から始められているのを知ってとまどうかもしれない。たしかに本書の内容はギリシャ・ローマ古代からの記号論・レトリックの記述が大半を占めている。しかしそれは「象徴」の理論を明確に位置付けるために必要な作業であることが徐々にわかってくる。つまり『象徴の理論』は慎重に構築された著作である。

もちろん本書で述べられている記号論の歴史は、それ自体でも充分な価値を持つものであり、記号論が一時的な流行の理論にすぎないというような誤解は、本書を読めば消え去るはずである。トドロフはきわめて豊富な引用によって、記号論の歴史をたどっている。それと同時に、記号論と密接な関係にあるレトリックの問題も歴史的に考察されており、それによってたとえばフロイトの象徴理論が実際には伝統的なレトリックの枠のなかにおさまるという見解が示されることになる。

しかしトドロフは単に記号論・レトリックの客観的な歴史を書こうとしたのではない。トドロフの関心の対象は現代の記号の存在のあり方であり、そうした同時代の思想についての問題意識が『象徴の理論』を支えている。ヨーロッパの伝統的な思考の中軸になっていたものはミメーシスという考え方であった。トドロフは、このミメーシスの概念に対立するものとして「象徴」という概念を提示するのである。ミメーシスもしくは表象という考え方は、ヨーロッパの美学のみならず、広く思想の領域で長いあいだ有効に機能していたものであるが、トドロフはそれが古典主義の時代に頂点に達したものであるとする。

そしてトドロフは、ロマン主義の美学のなかにミメーシスの理論と対決し、それを否定するものがあるとし、「象徴の理論」と名付ける。古典主義の美学の原理が統一性であるのに対して、ロマン主義は差異と多様性とを重要な原理として持つことになる。したがってトドロフは、古典主義からロマン主義へという転回を重視する。

それはトドロフがロマン主義のなかに、現代的なものの起源を見出しているからにほかならない。統一性から差異性へ、古典主義からロマン主義へというこの変化のなかに、ミメーシスから生産へという重大な転換があるというのがトドロフの見解であり、それはすでに述べたように、同時代の思考に対するトドロフの関心を基礎とした考察の成果である。つまりトドロフは現代の思想・芸術のなかにある差異的なもの、重層的なものの起源をロマン主義のなかに認めるのだが、そのことを説くためにギリシャ・ローマ古代の記号論・レトリックにまでさかのぼって考えるという、慎重でしかも大胆な方法を用いたと言えるだろう。

統一性もしくは単一性に対立するものとしての差異性・多様性という考え方は、すでにバフチンやドゥルーズ＝ガタリにおいて見出されるものであるが、トドロフはいわばその起源を発見しようとしたとも言えよう。他方、トドロフがこの『象徴の理論』（一九七七）のあと、一九八一年になって『バフチン論』を発表し、バフチンの思考の中にある「対話性」という要素を特に重視していたことが想起されよう。

ミメーシスの理論がどのように形成され、モーリッツに代表されるロマン派の美学によってそれがどのように象徴という概念へと移行して行くかを論じるトドロフの叙述は、論理的であると同時に演劇的であり、読む者を終始緊張させる。記号・象徴についての理論的な著作で、これほど巧みに構成され、計算の上で書かれたものはなかなかほかには見出せないだろう。

『写真論』　ピエール・ブルデュー監修　山縣熙／山縣直子訳

ピエール・ブルデューの仕事は、『ディスタンクシオン』『実践感覚』などの翻訳を通して、少しずつわが国にも知られつつあるが、単なる「社会学」の領域には収まり切らないために、極度に分割されて相互のつながりが欠如しているわが国の理論的世界では、どこでそれを受け入れていいのかわからないような状況があることも認めておかなくてはならないだろう。今回訳出された『写真論　その社会的効用』も、けっして単純な意味での写真論ではなく、いわば分類が困難な著作であると言えるだろう。

さて、本書はピエール・ブルデューが書いた第一部と、何人かの共同研究者による第二部の研究報告・結論から成っている。「訳者あとがき」で山縣直子氏が書いているように、ブルデューの理論は、第二部で示されている調査・研究を材料にしている。しかし、ブルデューの理論の特徴は、単にデータを集めてきてそれを分析したり解釈したりするものではなく、また最近の社会学に見られるような、アンケート調査や統計を材料にして結論を出すというものではない。ブルデューの方法は、主観・客観の対立図式に基づく近代の認識論が陥った袋小路を脱出しようとする確固とした意識によって支えられている。「社会学はその在り方そのものからして、主観主義者と客観主義者が勝手に作り出す架空の対立の止揚を前提する」とブルデューは書いているが、ブルデューがこの「止揚」のために導入してきたのが「経験」の概念である。

ブルデューは、自らの理論を「全的人間学」と名付け、それが「客観性が主観的経験の中に、その経験を媒介として根を下してゆく過程の分析として自らを成就せねばならない」と主張する。ブルデューはわかりにくい言い方をしているが、主体が対象を捉えるときには経験を媒介させなくてはならないということである。

ブルデューはこの「全的人間学」の方法を、本書では写真という一見すると特異な素材に適用しようとする。そのばあい、ブルデューは写真をすでに与えられてそこにあるものとして考えるのではなく、写真を撮り、所有し、見るという行為の全体のなかで捉えようとする。こうした行為が、ブルデューのいうプラティック（通常は「実践」と訳されている）にほかならない。写真を、主体が経験するものとして把握することがブルデューの写真論の基本的な方法である。ブルデューの論文では、インタヴューされたひとたちの発言がそのまま引用されているが、それは彼らの「経験」の意味をさぐるためでもある。

もしも「経験」がブルデューの写真論の重要な概念であるとするならば、写真を撮り、所有し、見るという写真のプラティックについて一般的に語ることは不可能になる。経験はあくまでも個人のレヴェルのことだからである。もちろんあらゆる個人について個別に論ずることも不可能であって、ブルデューは写真のプラティックを行なう主体をさまざまに差異化する。

そうした差異化のひとつが、市民と農民との区別である。ブルデューは、写真の社会的機能のひとつが、家族の統一性の回復にあるとするが、それは特に農民のばあいに妥当するとしている。ブルデューは、社会階層と教育・教養が密接に関連していて、この階層化が、消費する文化・芸術の種類にも対応していると考える。やがて『ディスタンクシオン』でこの考え方はさらに展開されていくが、この『写真論』でもすでにそうした見解が示されている。

そこで、市民と農民という差異化のほかに、中間管理職と勤め人という区別もなされていて、両者での写真に対する意識の違いが考察されることになる。つまり、中間管理職は写真に対して絵画と同じような芸術的価値を与えようとし、農民や勤め人に比べて家族の写真を重視するということが少ない。ブルデューは、「行動を完全に理解するにはイデオロギーの研究が必然的に前提される」と書いているが、それぞれの社会階層のイデオロギーが、たとえば写真に対するときの行動を決定することはたしかである。

ただしブルデューは、写真が他のジャンルの芸術・文化とは異なって、差異化された社会階層にかならずしも厳密に対応してはいないことも指摘している。ブルデューは、「放送局や聴取する放送の選択は、美術館の訪問同様、教育水準を媒介とする社会的所属と強く関連」するが、写真は「こうした差異化の現実化に適合しない」と述べている。つまり、音楽や美術は社会階層によって好みが異なるが（『ディスタンクシオン』で詳しく分析されている）、写真それ自体が社会階層によって差異化されることはないと言っているのである。本書の原タイトルは『中間芸術』であるが、写真のことを示しているこの「中間芸術」とは、平均的な芸術のことでもあり、社会階層による差異化は、芸術写真と家族写真の差異のレヴェルに留まっている。そうであれば、なおさら主体の側の経験が対象である写真の価値を規定していくことになる。そうすると、写真はブルデューのいう「全的人間学」にとって、かえって適切なテーマになるであろう。

ブルデューが最も力をこめて分析しているのは、中間階級・庶民階級における写真のプラティックである。中間階級は、「写真の持つ異様な能力」「偶然のできごと」を、写真から除去してしまう。真に特権的な瞬間において捉えられた写真というものは彼らにとっては価値がない。知識階級と対立するものとされる庶民階級においては、「人が写真に期待しているのは、それが物語象徴体系をまさに内包していること」であり、写真はつねに物語として読まれる。これをブルデューは「写真の庶民的読解」と呼ぶ。

すでに述べたように、このようなブルデューの写真論は『ディスタンクシオン』と深くかかわっている。『ディスタンクシオン』の読者がすでに感知しているように、ブルデューの考察はあくまでもフランスを対象としたものである。社会階層・教育・文化の対応というブルデューの図式には、特にそのことが感じられよう。また、家族の統一というブルデューが指摘する写真の社会的機能が、家族の急激な変質という現実の状況のなかでどのように変わりつつあるかも考え直さなくてはならない問題である。そうした制約があるにもかかわらず、「全的人間学」というブルデューの方法は充分に評価されなくてはならない。さまざまな理論領域を横断して成立する全的人間学は、わが国の知的風土にはなじまないものがある。そうであればこそ、本書が訳出された意義は大きいと言わなくてはならない。

『写真の誘惑』　多木浩二著

多木浩二氏はすでに『天皇の肖像』『絵で見るフランス革命』（いずれも岩波新書）などの著作

で、写真・絵画という映像表現がどのように政治的なものとかかわるかについてきわめて独自な方法を展開させてきた。それは多木氏が「イメージの政治学」と呼ぶものである。この新著『写真の誘惑』も、写真という表現形式をテーマにしている点では、いままでの仕事とつながってい る。しかし、さきに言及した二冊の著作では、数多くの写真や絵画が重ね合わされ、それらの違いや共通性を分析することによって、政治的なものを見出すという手法が用いられていたのに対して、『写真の誘惑』で考察の対象とされているのは、ロバート・メイプルソープの「セルフ・ポートレート」という一枚の写真だけである。それは小さなどくろの付いた杖を持ったメイプルソープの顔の写真であるが、闇を背景にして、顔とどくろと手だけがはっきりと写っている不気味な映像である。多木氏はそれが「もう生きているとはいえないほどに歴然と破壊された顔であった」と述べている。メイプルソープの死因はエイズではないかと言われているが、この写真はどうしても死とつながっている。多木氏は死をテーマにして論じているのではないと書いてはいるが、その写真には、それを見る者、それについて語る者に死のことを考えさせずにはいられない。多木氏は、この写真には「人間に属さない視線」が含まれていて、「その視線でしかメープルソープは自己の死が言説化されないことを知っていたかのようである」と述べている。

ここでいう「人間に属さない視線」こそ、写真という映像表現が持つ特別なものであるに違いない。多木氏はその問題について断定的な意見を提示してはいないが、おそらくそこには、人間の知覚というものにとっての根本的なものが含まれている。

多木氏は、メルロ＝ポンティが可視的世界つまりわれわれが直接に知覚する世界について最も深く考察した哲学者だと評価しながらも、知覚についての考察があくまでも個人的な知覚の領域にとどまっていたことを批判する。可視性は単なる個人の感覚器官だけに依存するのではなく、「それを超えて無数の実践の群れによって歴史的に形成される大きな経験のかたまり（外化された視覚的経験）に属するもの」だからである。

もっとわかりやすくいうと、絵画や写真という映像表現のなかに、われわれの知覚を拡大する要素が含まれているということである。メイプルソープの一枚のセルフポートレートの分析によって、多木氏は、欲望・死・顔といった多様の問題の解明が可能になることを実践して見せてくれた。人間の知覚が、情報社会のなかで写真とどのようにかかわっているかについて、最も新しいかたちでの考え方を示した本書は、単なる写真論ではなく、すぐれた思考の書物である。

『声の文化と文字の文化』W・J・オング著　桜井直文他訳

われわれは書物や新聞雑誌など多くの「文字の文化」のなかで生活している。ところが、言語を使うものとしての人間は、文字を使う前に声の文化を持っていたし、いまでも持っている。哲学・神学・文学など広い範囲で研究を続けてきたオングは、本書においてもその豊富な学識を駆使し、声の文化と文字の文化のつながりと差異について深い考察を展開している。

声の文化の特色は、一度得られた知識が忘れられないようにたえず反復されることである。この特色は、たとえばホメロスの叙事詩のなかにはっきりと現れている。声の文化のなかで成立する文学は、つねに「挿話の寄せ集め」という方法によって成立する。

これに対して、文字の文化の所産である小説では、「きっちりしたクライマックスに向かって進む構造」が存在する。つまり、文字の文化では、記憶に頼らなくても、さまざまなテクストを組み合わせて、ひとつの物語を「構造」として作っていくことができる。オングはここに「物語のプロット作りに文字の文化がおよぼした影響」があるのだと考える。

このようにオングは、文字の文化の成立が「人類史におけるまさに決定的な時点」であったと主張するが、しかしそれはけっして声の文化を軽視しようとするものではない。むしろオングはいままでの文化人類学や言語学が、声の文化を「野蛮」であり、「下等」であると考えてきたことに対して、鋭い批判をおこなっている。

声の文化、文字の文化という対立関係は、文化の問題のなかできわめて重要であり、網野善彦氏が『日本の歴史をよみなおす』（筑摩書房）のなかで論じていることでもある。またオングは、文字の文化がさらに発展して電子コミュニケーションの時代になりつつあることについても考察を怠ってはいない。

『記号の殺戮』 フランソワーズ・ルヴァイアン著 谷川多佳子他訳

フランソワーズ・ルヴァイアンは、現代フランスの美術研究者であるが、本書はアンドレ・マッソンを中心とする現代美術についての彼女の論集である。二十世紀前半の西欧の美術は、対象を何らかのかたちで模写する「表象」の方法を捨てて、それに代わるものを追求した。ルヴァイアンは、マッソンにおいては、「透明なモティーフの選択によって、静物画も肖像画もまったく写実性とは無縁なものになる」と書いている。これをルヴァイアンは、「西欧絵画の流れを変えた記号の殺戮」であると規定する。写実性とは無縁な記号の殺戮としての現代美術がどのように成立し、またそのような美術作品をどのように読むかというのが、本書の主なテーマである。実在を表象しない抽象的なかたちが、どのようにして美術作品として成立するかという現代美術論の中心的な問題を、ルヴァイアンはマッソンに対する熱のこもったアプローチによって考えようとする。それもけっしてマッソンだけに限定した考察ではない。

たとえばルヴァイアンは、十九世紀末から二十世紀初頭のドイツでイメージ一般の分析、特に美術の形態論的分析が行われたことと、「記号の殺戮」としての現代美術との関係を考えようとする。またそのころに考案されたロールシャッハテストさえもこの文脈のなかに置き直して考えようとするなど、多くの興味ある論点を提示している。

そうすると、「今世紀における具象表現の激烈な崩壊」のあと、作品の意味をどのように読み取るのかという問題が出てくる。一方でルヴァイアンは、マッソンの未完成のデッサンに残された文字表現を重視して、そこから作品の意味を読み解こうとする。また他方でルヴァイアンは、一九三〇年以降のマッソンが、「はっきりとギリシア神話を参照している」として、抽象的に見えるマッソン作品が実はピラネージやギリシア神話と深くつながっていることを明らかにした。

このように、マッソンの作品のなかの文字表現を手がかりに考えたり、神話的なものを読み解くことが、マッソンの作品を理解する方法として妥当なものかどうかには、評者としては疑問の余地がある。そのような方法はマッソンが否定したはずの「表象」の領域に戻るおそれがあるからである。しかし、マッソンを同時代のジョルジュ・バタイユ、マッソンの伝記も書いているミッシェル・レリスと関連させて考え、またマッソンにおける神話のテーマについてはマチス、ピカソの作品と比較して考察するなど、ルヴァイアンの所論には注目すべきものがある。またいたるところで現代の記号論やラカンの理論も援用されていて、現代フランスの美術論の方法がよくわかるのも本書の特徴のひとつである。

『記号論入門』ウンベルト・エコ著　谷口伊兵衛訳

本書は、『記号論入門』という控え目なタイトルになってはいるが（原書のタイトルは『記号である』）、実は現代思想の重要な論点を提示した注目すべき著作である。まず第一に、エコは記号論を単に「記号についての理論」という枠のなかに閉じ込めようとはしない。エコの主要な目標は、記号論と哲学とを結びつけようとするところにあって、次のように書いている。「壮年に達した記号論ならば、当然、認識理論の哲学的諸問題に立ち向かうべきであろう」。ここでエコが「壮年に達した記号論」と書いているのは、彼にとっては、記号論がけっして最近になって生まれた幼年期の学問ではなく、長い歴史を持つ理論であるという認識があるからである。

エコは、フッサール、ラッセルをはじめとする多くの哲学者の仕事に言及しているが、特に重視しているのはパースである。それは、パースとイエルムスレウを先駆とする「シニフィエの問題への記号論的アプローチ」が、哲学プロパーの仕事よりもはるかに豊かであると考えられるからである。エコはパースの理論に準拠しつつ、「記号論はたんに一つの理論なのではない。それは一つの絶えざる実践なのだ」と主張する。それは、記号の概念そのものについての考え方の問題である。エコによると、記号は実在の表象や、コミュニケーションのための手段ではなく、それ自体で力を持っている存在である。この考え方が、エコの記号論の基礎にある。「もろもろの記号は一つの社会的な力なのであり、決して社会的諸力を反映するたんなる手段ではない」。記号についてのこのようなエコの考え方は、記号についての通常の見方とはまったく異なっているように見える。しかし、それがエコの記号論の出発点であると見なければならない。

本書において、エコは構造主義の言語学・記号論の成果を評価しつつも、それを乗り越えていく試みをしている。構造主義の立場では、記号にすでに述べたような「力」が与えられることはなかった。エコは、構造主義の言語学・記号論を「辞書」にたとえ、そのあとに来るものとしての記号論を「百科事典」にたとえる。構造主義以後の記号論は、「開かれた」ものにほかならない。

パースは、精神生活を「無限の記号連鎖」と見なすべきであると主張した。このパースの見解を展開したところに、本書におけるエコの結論がある。エコは次のように書いている。「人間はその言語である。なぜなら、文化は記号体系の体系以外の何物でもないからだ。人は話しているると信じているときでさえ、実は彼が用いているもろもろの記号を支配している規則によって話されているのだ」。これはわれわれのアイデンティティについての重要な見解である。それは、おそらくラカンの理論を展開したものであろう。本書において、エコはラカンの所論を紹介しつつ、言表行為の主体と言表の主体とを区別する。「発話の際に自らを主体とし認識する子供は、言表行為の主体である」。この子供は、自分を「私」として示したいのであるが、しかし、発話するときすでにその行為は言語という文化的所産のなかでしか存在しえない。「言表の主体と自らを同定することによって、言表行為の主体はすでに自らの主体性を喪失したことになる」。換言すると、「ことばは彼を他者性の囚人たらしめる」のである。

エコ自身は本書を書いたときにはまだ意識していなかったであろうが、ここにはいまカルチュラル・スタディーズにおいてもしきりに論じられているアイデンティティの問題がある。ダグラス・ケルナーは、一九九五年に刊行した『メディア・カルチャー』(ラウトリッジ)の最初のところで、「メディア・カルチャーはひとびとがそのアイデンティティそのものを形成するための材料を提供する」と書いている。ケルナーは、この著作ではパースやエコに言及してはいないが、問題意識にはどこかでつながっているものがあるように感じられる。エコは、記号そのもののあり方という方向から、「私」もしくは「アイデンティティ」の問題を考えていたのであり、そこに「記号論と哲学との究極的な連帯性」が求められるのは当然である。

『情報エネルギー化社会』 ポール・ヴィリリオ著 土屋進訳

フランスの社会学者ピエール・ブルデューがなくなり、フランスの思想家としては、いまやほとんどただ一人注目すべき存在になってしまった感のあるのが、本書の著者ポール・ヴィリリオである。そのヴィリリオが本書で試みているのは、いわゆる「情報化社会」の本質を探る作業である。したがって一九九三年に原著が刊行された本書は、一九九八年の『情報化爆弾』（産業図書）を用意するものであると考えることができる。

ヴィリリオは、本書の冒頭で、第四権力としてのメディアについて、「現代ではメディア以外の情報手段が市民の手に届くことはほとんどありえない」と主張している。そこには、アルチュセールの「イデオロギー的国家装置」、あるいはダグラス・ケルナーの「メディア・カルチャー」といった概念と共通するものがある。メディアの伝える情報によって現代人は自己のアイデンティティを形成しているのである。

ヴィリリオの思考にはすでに「速度」がキーワードとして使われていて、その一つの成果が『速度と政治』（平凡社）であった。この『情報エネルギー化社会』においても、ヴィリリオは、現代では「すべての情報リアリティは、情報の伝播速度の中に存在している」と主張する。速度が情報そのものとなり、現代の人間は速度そのものである情報が作る「情報仮想世界」に生きている。これは、実際の経験的世界とはまったくかけはなれた「仮想」の世界であり、それによってもたらされたのは、「世界そのものの情報汚染」にほかならない。

ヴィリリオはこのように、速度化した現代の情報世界に警告を発し、その警告を裏付けるために、同時代のいわゆる技術革新についての新しい知見をもとに、鋭い分析を試みる。ヴィリリオの思考の背後にあるのは、メルロ＝ポンティやポパーの哲学である。ヴィリリオはそうした哲学の概念を巧みに導入しつつ、あらゆる情報を消化して、自らの理論を組み立てていく。その情報処理の仕方にも学ぶべき点が多い。

『〈ふるまい〉の詩学』 坂部恵著

著者は本書において、人間存在を確立させているものを三つの層で捉えようとする。それは、「ふるまい」と「ことば」と「おもて」である。それらは、行動・言語・仮面ということばに置き換えることも可能であろう。しかし著者はあくまでもやまとことばにこだわる。そしてまず「ふるまい」については、それが「ふり」と「まい」とからなることばであるとする。「ふり」は模倣であり、「まい」は運動である。したがって「ふるまい」は、模倣の行為である。著者は「ふるまい」に相当する欧米のことばにおいても、「自己のうちに他者の視点を含み込み、自己との内的な距離を取って統御する演技・ふり・シミュレーションミメチスムの契機の内在」が認められるとしている。「ふるまい」の基本は他者のまねをすることである。「人柄・品性と器量が、二つながら習慣にもとづき、つまるところは、ミーメーシスの集積によって、言い換えれば、ミーメーシスを媒介にしたまなびによって形成される」のである。ここで著者が人柄・品性・器量と書いているものは、アイデンティティのことにほかならない（著者は「同定」ということばを使っている）。

アイデンティティが、他者を模倣することによって形成されていくことが論じられているのである。著者自身は言及していないが、これはカルチュラル・スタディーズの立場で、アイデンティティの問題を重視するスチュアート・ホールが、ジャック・ラカンの考え方を展開して、アイデンティティは自己と他者との「縫合」によって形成されると説いていることとつながっている。

また著者は、人間存在を規定する第二の要素として「かたり」をあげる。人間は「ふるまい」をする存在であり、それは本質的には模倣であるが、そのような「ふるまい」によってつくられていく「私」は、そのことを他者に対する「かたり」によって確定していく。著者は、かたることのひとつの契機を「みずからを言表すること」であるとするハイデッガーの所論に注目し、「語りつつ現存在はみずからを外へ言表する」というハイデッガーのことばを引用している。これもまた、自己とは語られた自己のことであるとし、自己の物語化がアイデンティティを成立させるものであるとするスチュアート・ホールの見解にきわめて近い。

ここでは著者の見解のわずかな一部分しか紹介できなかったが、本書ではこのような人間存在の問題がアリストテレスにさかのぼって考え直されている。しかし論じられているのは、現代思想が取り組んでいるアクチュアルな問題である。

読みやすい本でないが、詩的なことばで語られた、深い思索の報告書というべきであろう。

『記号の知／メディアの知』　石田英敬著

本書は記号論の方法を用いて現代を解読しようとする野心的な著作である。記号論というとき、著者が依拠するのはソシュールとパースの記号論である。いままで、ソシュールの記号論については、丸山圭三郎のすぐれた研究があり、パースについては伊藤邦武の独自の解読がある。しかし、ソシュールとパースの記号論を、ただ単に紹介するのではなくて、いわば重層的に両者を相互に重ね合わせて考え、日常生活から政治にいたる広い領域の問題に適用したのは、本書が初めてである。

本書の目的は「日常生活をつくりだす記号の働きと意味の経験」を解明することにある。そのために著者はきわめて周到な準備をしている。本書は11の「レッスン」からなっていて、一見すると教科書風である。実際には教科書でないことはすぐにわかるが、しかし著者は自分が使うことになるソシュールとパースの記号論についてきわめて懇切丁寧に、そして「教科書風に」説明している。記号論を知らない読者にとっては、本書の第二章にあたる「記号と意味のレッスン」

の部分は、記号論入門として大いに役立つであろうし、記号論を少しでもかじったひとにとってはよい復習の機会が与えられることになる。

著者が終始一貫、本書の目標として掲げているのは、「日常生活の意味を考える」ということである。自分たちの身の回りにある記号・メディア（著者はこの二つを同じものとして考えている）の意味を考えていくことが、そのまま日常生活を豊かにすることだという発想が本書の根底にある。理論的な著作でありながら、生きた現実の匂いがするのはそのためである。「日常生活の意味の解明」という目標を掲げた著者は、都市というメディアを読み解くための資料として荒木経惟の『東京写真』を取り上げる。そこで荒木とともに言及されているのは、パリの詩人としてのボードレールを論じたベンヤミン、『日和下駄』の著者としての永井荷風である。この三人をつなぐ概念は「遊歩者」である、都市は「遊歩」によって解読が可能になる。パリという都市がボードレールの遊歩の記録のベンヤミンによる解読を待っていたように、東京という都市は荒木の写真がデータとなって解読可能になる。なぜなら、荒木の写真は「遊歩者」の視点から撮られているからである。東京という「都市の記号作用の範列を構成している具体的な場所は、人々の生活の無数の痕跡と自然記号の集積」であり、写真はそのような痕跡、集積を捉えるメディアとして理解される。

この前提に従って荒木経惟の写真を読み解いていくと、荒木の写真が描き出しているのが「意味生成のゲームの規則が断片化した街にいる人々の生活の物語」であることがわかってくる。これは荒木の写真という東京を舞台にした記号の解読についてひとつの例を示したものである。著者が使っている方法は、たとえば土門拳が撮った仏像についても用いることができるであろうし、井上陽水の音楽にも妥当するだろう。

著者は東京という都市の解読にとどまっているのではない。NHKのニュースとテレビ朝日のニュースステーションという二つのメディアがどのよう記号を使って作られているかを比較して示す。そこで具体的な例としてあげられているのは、アフガニスタン戦争についての二つのメディアの報道の仕方の差異である。NHKニュースでは、「CNNに代表されるグローバル化したアメリカの立場からのニュースが」が重視されていることが、さりげない調子で批判されている。「ニュースステーション」はNHKニュースとは異なったスタンスで報道しているが、著者はいずれのばあいにも「媒介なしの〈世界〉は存在しない」と考える。「たとえテレビカメラを通してあなたの目の前に事物が投げだされているように見えたとしても、その事物の映像はすでに語り手の〈声〉に媒介されている」からである。

著者はまた政治的な記号についても考察を怠ってはいない。記号化された現代を「スペクタクル社会」、つまり「見せ物やイヴェントに支配される社会」として捉える著者は、日の丸、君が代といった国家権力の記号の問題にも深い関心を持っている。「こうしたスペクタクル社会で、日の丸、君が代といった国家の象徴装置」がいまどのように再組織化され、どういう効果を持つのか。著者はそれこそが「いま問われなければならない〈国民国家の象徴政治〉の記号論的な問題の核心」であると指摘する。このように、記号化された現代を解読する方法とその実践の記録が、この分厚い『記号の知／メディアの知』のなかに含まれている。

『「しきり」の文化論』 柏木博著

日常生活で私たちがそれほど意識しないで使っていることばの中に、深い意味が隠されていることがある。「しきり」もその一つである。『「しきり」の文化論』は、「しきり」に大きな文化的・社会的な意味があることを教えてくれる。「しきり」は、空間・時間を区分することである。神社や寺の「境内」は「聖なる空間」であり、働く人の「勤務時間」は自由な時間とは区別される。

著者は、特に日本の「しきり」の変化に注目する。私たちは、外出するときは「洋服」に着替え、靴を履いて出かける。帰宅すると、靴を脱ぎ、くつろいだ格好になる。そのとき、「玄関」が外と内とをしきっている。しかし、かつての日本の農家は、内と外を仕切るような構造にはなっていなかった。以前に、日本の家の室内にあった屏風（びょうぶ）やついたてのようなしきりも可動式で、しきりはあいまいであった。「かつての日本のしきりは、内と外を強固に分離するもの」ではなかったのである。ところが、このような日本のあいまいなしきりは、「近代化」とともにしだいに変化して明確なものになり、たとえば子どもにも「個室」が与えられるようになる。家のなかのしきりがしだいに強固になっていくプロセスとそれにかかわる問題を、著者は、豊富な実例と、数多い文献からの丹念な引用によって論じていく。

「しきり」は単に空間・時間に限定されるものではない。「しきり」は分類の作業でもあり、たとえば「制服」のような服装の違いも一種の「しきり」になる。また、「しきり」は「思考のあり方そのもの」にかかわる。あえていえば「しきり」は、哲学的な思考の方法でもある。

このように見るとき、本書はおのずから著者の専門分野であるデザイン論であるばかりか、その立場をはるかに超えた近代化論、日本文化論になっている。魅力ある文章で書かれた本書は、数多い柏木博の著作の中で、特に注目に値する。

第四章　歴史の時間

『アドニスの園――ギリシアの香料神話』 マルセル・ドゥティエンヌ著 小苅米晛／鵜沢武保訳

現代人の注目を集めている激動の国レバノンにも、古い神話や伝説が残っている。レバノンがまだフェニキアと呼ばれていたころ、レバノン山から地中海にむかってそそぐ川の谷底で、狩を愛した美少年アドニスが猪に殺された。その血は地中海に流れて行き、春になるとアネモネの花となって咲いたという。この神話はギリシアに伝えられて、ギリシア人の生活のなかにも根付いていた。マルセル・ドゥティエンヌの『アドニスの園』は、このフェニキアの神話を素材にして、古代ギリシア人の生活を考察したものである。

本書には「ギリシアの香料神話」というサブタイトルが付けられており、ギリシアの世界での香料の問題が論じられている。よい匂いの香料について論じていると同時に、それに対立する悪臭のことも忘れられてはいない。本書では、構造主義的・記号論的方法が用いられていて、アドニスに関する問題も、いろいろなコードの集まったものとして理解しようとする態度が一貫している。そのばあいに、プラスのコードとしての香料を考えると同時に、死を象徴する悪臭をマイナスのコードとして視野に入れているところが私には非常に面白かった。

なんらかの文化的・社会的な現象をさまざまなコードの集合体として見ることは、特に今日の文化、社会の理解のために欠かすことのできない方法であるように見える。本書に付した長文の序文のなかで、ギリシア神話の研究者として有名なジャン・ピエール・ヴェルナンは、ドゥティエンヌが「特定の文化に固有の複雑多岐にわたる社会的なコード化の体系」を考えていると高く評価している。

本書はギリシア人の生活と思想に関心を持つ読者にとっても、「コード」という考え方で文化、社会を考えようとする読者にとっても、きわめて興味ある材料を提供している。

『モンタイユー』(上・下) エマニュエル・ル・ロワ・ラデュリ著 井上幸治他訳

本書は南フランスにあるモンタイユーという小さな村の十三世紀から十四世紀初めまでの歴史を、徹底的に細部にこだわる手法で描き出したエマニュエル・ル・ロワ・ラデュリの代表作である。二百五十人ぐらいのひとしか住んでいなかったこの村は、当時キリスト教のなかでの異端とされていたカタリ派がしだいに浸透してきた地域のなかにあり、異端審問にかけられて火刑にされたり、舌を抜かれたりするひとたちがいた。

ル・ロワ・ラデュリは、こうした時代の小さな村のなかで生きたひとたちの生活と行動を、資料を丹念に解読して克明に記述している。そこでは、司祭も農民も羊飼いも、すべてのひとが信仰とともにあからさまな欲望も持った「生きた人間」として描かれていて、ひとつのベッドに何人もがいっしょに寝なくてはならないような狭い家のなかでの彼らの生活が細かく記述される。この叙述の途中で、著者は「調査は一層層位的かつ微視的」になると書いているが、読者は読み進むにつれて、あたかもこのピレネーの山村に生活しているような錯覚にとらえられるだろう。

ル・ロワ・ラデュリは、モンタイユーの社会の基盤にあるものを「家」であると規定する。「家は権力ないし反権力のみごとな貯蔵所」であり、あらゆる生活の基本的な単位である。著者はしばしば諺を引用するが、「この世では家、あの世では楽園」がモンタイユーのひとたちの思考の原点である。

しかし、著者は単に古い資料を復元しているのではない。一見すると小説のようにさえ見えるその叙述の背後には、現代のさまざまな理論が確固とした基盤になっていることが感知される。カタリ派の教義についての面倒な解説はないが、その代わりに、この「異端」がモンタイユーの人々の信仰と生活のなかでどのような働きをしていたかを十分に読み取ることができる。

また著者は、モンタイユーの人々の宗教慣行や民俗・呪術なども詳しく分析している。それがすべて資料を直接に調査した結果である。

歴史がこれほど生活の細部に入り込んだことはいままでなかったことである。したがって、この書物の宣伝コピーに見える「アナール派の最高傑作」ということばはけっして誇張ではない。

本書では、しばしば登場人物の発言がせりふのように用いられていて、そのためにわれわれはあたかも演劇を見ているような気持になることさえある。そして、ピレネーの山村の静かで澄んだ空気も伝わってくるような印象も与えられるだろう。つまり、著者は叙述の仕方についても細心の配慮をしていることが感じられる。

『CNNの戦場』 ロバート・ウィーナー著　染田屋茂訳

CNNは、湾岸戦争のさなかにバグダッドから最後まで情報と映像を送り続けた、ただひとつの西側のメディアであった。本書は、そのCNNのプロデューサーとして活躍したロバート・ウィーナーが、戦争が始まるかもしれないという緊張状態のなかで、CNNのスタッフがどのように行動したのかを、具体的に、率直に、そして時にはユーモアをまじえて描いたルポルタージュの力作である。

CNNのスタッフはけっして戦争の開始を待ち望んでいたのではない。彼らはいつも家族のことを思い、自分の生命のことを考えている。また、政治家たちの行動に対しても、心の底では批判的である。

しかしかれらは、そうしたすべてのことを乗り越えて、とにかくイラクにとどまってニュースを送り続けようとする。状況はきわめて困難であり、機材を運んだり、動かしたり、イラク側と交渉したりするためにたいへんなエネルギーを使わなくてはならない。それにもかかわらずCNNのスタッフは、ひたすらに「歴史の目撃者」としての役割に徹しようとする。

著者は、本書が「個人的な思い出の記」であり、歴史の書物ではなくて、「ひとりのジャーナリストの目を通して見た舞台裏の事情を描こうとしたものだ」と書いている。そして、フセイン大統領の右手の甲にいれずみがあることや、アジズ外相がクリスチャン・ディオールのネクタイをしていることなどをさりげなく描いている。つまり、登場人物は生きた人間として描かれているのである。

しかしそれと同時に、読者は本書の根底に戦争へと突き進んでいく異様な何かがあるのを感じ取るはずである。歴史の書物ではないが、歴史の存在を感知させる書物であり、それは著者が「歴史の目撃者」であろうとする強力な意志を持ち続けていたからであろう。訳者が書いているように、ここには「人間の顔を持った湾岸戦争」が見えてくるといえるだろう。

『死の国・熊野』豊島修著

熊野は日本人の文化・思想のひとつの原点である。古事記・日本書紀の伝承によれば、神武天皇は熊野から大和に向かったのであり、説話では、小栗判官は熊野の温泉で蘇生する。また中世には皇族や貴族が「蟻の熊野詣」に熱中していた。熊野は『平家物語』『日本霊異記』や説経節などの日本の古典文学の舞台にもなっている。さらに熊野は「補陀落渡海」の出発点であり、日本の宗教的なもののひとつの中心でもある。

豊島氏は、このユニークな熊野論で、専門である宗教民俗学の方法を駆使し、またイコノグラフィーをはじめとするあらゆる理論を用いて熊野という神秘的な世界を解読しようとした。一例をあげてみよう。熊野三山では烏を図案化した牛玉宝印（ごおうほういん）という神符を配布している。豊島氏は、神武天皇を先導したという八咫烏の役割や、烏を不吉な鳴き声の持ち主として考える民衆の信仰、あるいは風葬の慣習などを考慮に入れながら、烏の持っている多元的な象徴的意味を解読する。

また、著者はしばしば『平家物語』に言及するが、有名な鬼界ガ島の物語が、熊野信仰と深い関係にあることなどが論じられていて、宗教だけではなく、古典文学に関心のあるひとにとってもきわめて興味ある著作になっている。

さらに、これもまた広く知られている「補陀落渡海」についても、キリシタン宣教師の見解を紹介するなど、著者の幅広い視点がいたるところに示されている。しかもそれらの見解は、著者の実地調査によって裏付けされていて、けっして文献だけに頼る推論ではないのも本書の魅力である。

最近、熊野に対する関心がにわかに大きくなりつつあるように思われるが、本書は、それを一時的なものに終わらせないためにも、有効な著作であり、熊野を訪れようとするひとにとってはまたとない案内書になるであろう。

『中世の夢』ジャック・ルゴフ著　池上俊一訳

ジャック・ルゴフは、フランスのいわゆるアナール学派の代表的な歴史家のひとりで、すでに邦訳のある『煉獄の誕生』『中世の知識人』の著者として、またウンベルト・エーコの原作によるジャン・ジャック・アノーの映画「薔薇の名前」の時代考証を担当したひととしても知られている。

今回訳出された『中世の夢』はルゴフの著作である『中世の想像界』『もう一つの中世のため

に』などから、訳者が選んで編んだ論文集である。ルゴフは、本書の冒頭に収められた「日本の読者へ」のなかで、「歴史におけるイマジネールを研究すること」が必要であるとし、「人間にその想像力を返す」ことを求めている。これは、実証的で、具体的なものに頼る傾向の強い現代の歴史家にはあまり見ることのできない方法的態度であって、いわば歴史のなかで見落とされていた「想像力の世界」を掘り出そうとするものであるということができるであろう。

ルゴフが描き出す中世世界は、現実と想像、正気と狂気、人間と動物、文化と自然などがけっして対立したままではなく、つねに相互に浸透している世界である。たとえば中世の想像的世界にはしばしば「狼男」が登場する。ルゴフはインド人の想像力が生み出した狗頭人間にも言及しているが、このような人間と動物の一体化は、「人間—動物—人間の円環的変身」を示すものであると解釈されている。それは、人間と動物という異質なものが相互に浸透することによって成立するものであり、現代の理性的人間には受け容れられない考え方であろう。

ルゴフはまた、自分を「夢に関心をもつ歴史家」であると規定し、特に二世紀から七世紀までのキリスト教の領域で夢がどのように扱われてきたかを、「キリスト教と夢」の章で分析している。さらに、ヨーロッパ中世で森というものが想像力にとってどのような役割を演じていたのかを、中世文学と関連させて論じている。ルゴフによれば、「荒野のユダヤ的・オリエント的伝統に、ケルトの森—荒野にかんする野蛮な伝統」と「ゲルマン・スカンジナヴィアの伝統」が加わっている中世の森は、ヨーロッパ的なものが凝集していく空間である。そこに、自然と相互浸透が成立することになる。

読者は、ルゴフが再現して見せてくれるこのような中世の想像力の世界に接することによって、現代人の想像力の世界の貧しさをあらためて認識することができるであろう。

今日のわれわれの想像力には、異質なものを相互に浸透させようとする力が不足しているのであって、その意味でもルゴフのこの著作が訳された意義は大きいと考えられる。

『江戸の娘がたり』本田和子著

著者は本書のなかで、「娘たちの目に映った江戸という時代の一側面と、娘たちに注がれた時代の眼差し」を考察しようとする。つまり、江戸時代の若い女性たちが、江戸という都市のなかで、自分たちの周囲をどのように見ていたかということと、逆に、同時代のひとたちは、彼女たちをどのように見ていたかという、二つの眼差しを捉えようとする方法意識によって本書は支えられている。

この二つの眼差しを再体験するための材料として用いられたのは、この時代を生きた女性たちの回想記と、江戸時代の若い女性を主題にした文学・演劇などである。著者は、江戸時代を武士の支配した時代であるとし、したがってそれがすぐれて「父的な時代」であったという前提に立つ。このような「父」の大きな姿の背後には、おそらく「将軍家」という権力が存在していたはずであり、そのことは著者も十分に意識している。明治維新の前後で、「父」のイメージが極端に変化していることが論じられているからである。

ところが著者が指摘しているように、江戸時代には、加賀の千代女、荒木田麗女などを除くと、女性の文学者はほとんど活躍しなかった。その理由は、あるいはそれが「父的な時代」であったからかもしれない。著者は、そのような状況を認識しながらも、あえて女性の書いたものを捜し出して考察しようとする。

主に用いられているのは、女流不毛の時代に、滝沢馬琴が「古の紫清二女に勝る」と褒めたという只野眞葛と、将軍家御奥医師の娘で、明治維新の前後を生きた今泉みねという、二人の女性の手記である。彼女たちは、直接に国家権力を意識していたのではなく、むしろ世俗の権力、政治の動向には無知であった。それがかえって彼女たちに「単線的ではなく、多様な変数の相互作用による歴史の転回」を敏感に感知させていたというのが著者の主張である。

「まなざし」を視覚が世界と交渉することだと考える著者はまた、江戸時代が「見るまなざし」を重視した時代であったとする。それは花見や芝居見物によって代表される「江戸ゆかりの美意識」である。この視点から、江戸時代の文学が当時の若い女性をどのように描いたかが検討される。また、江戸時代に、若い女性に対してどのような教育が行われていたかを、桐生の機屋の娘で、江戸の学者の家に預けられて勉強した一人の女性を例にして論じ、そこでも教育が「見られる女」への変身を求めるものであったことが明らかにされていく。「江戸好みの娘に変貌してほしい」という「父の眼差し」がそこにも存在していたのである。

このように本書は、江戸時代の女性の問題を「まなざし」というユニークな視点から縦横に論じたものであり、教えられるところの多い著作であるといえよう。

『中世文化のカテゴリー』アーロン・グレーヴィチ著　川端香男里／栗原成郎訳

現代ロシアの代表的な中世史学者であるグレーヴィチは、本書において、「中世文化の大衆現象」を、スカンジナヴィアを含むヨーロッパ全体に及ぶ広い視点から解明しようとする。グレーヴィチは、バフチンの文学理論から大きな影響を受けているというが、本書を読むと、同時代のフランスの歴史家たち、特にジャック・ル・ゴフの仕事からも刺激を受けていることがわかる。ル・ゴフのいう「もうひとつの中世」こそ、グレーヴィチが本書で描き出そうとしたものにほかならない。

グレーヴィチは、ヨーロッパ中世の時間意識の考察から始める。ヨーロッパ中世では、教会が

「すべてを包括する時間の管理」を行なっていたのであるが、グレーヴィチは、そのような教会の時間（「聖書の時間」）から「商人の時間への移行」を論じているからである。特に、十三世紀末から作られ始めた「市会議事堂の塔の時計」を、グレーヴィチは都市の時間、商人の時間が成立するための契機として重視している。これは、ル・ゴフが『煉獄の誕生』で論じた、中世末期の商業の発展の問題と重なっているし、また均質な時間という近代的な時間を準備するものでもあった。

グレーヴィチはまた空間についても考察する。そして、「中世文学には、風景に対する個人的知覚は存在しない」と述べ、また絵画においても対象がきわめて抽象的にしか描かれていないとし、中世では自然と文化との対立が存在していなかったという結論に到達する。これは一例にすぎず、グレーヴィチはいたるところで文書以外の資料も使って考察しているのであって、それもまた本書のひとつの特色である。

またグレーヴィチは、いままでの中世史研究者が、「中世人の世界像のカテゴリーとしての法」にほとんど目を向けてこなかったとし、中世において社会と個人の関係を規定していた「法」が、キリスト教と並んで「社会関係の普遍的な調整者」であったことを指摘している。さらに本書では、富と労働が中世の人びとによってどのように見られていたのかが、主としてローマ帝国末期と比較して論じられている。そして、十二、三世紀ごろから、商業活動と高利貸の仕事がしだいに容認されていったことが明らかにされる。

このようにグレーヴィチは、中世における時間・空間の意識、法と人間との関係、富・労働についての考え方という三つの論点を中心にして「中世文化のカテゴリー」を考察した。困難な政治的状況のなかで、また著者がユダヤ人であるために研究に障害があったにもかかわらず、このような高いレベルの研究がなされていたことは、評者にとって一種の驚きでさえある。

『闇の歴史』 カルロ・ギンズブルグ著 竹山博英訳

サバトと呼ばれる悪魔崇拝、狼憑き、魔女狩り、ユダヤ人やハンセン病患者に対するきびしい迫害といったヨーロッパ中世の問題は、これまでもしばしば考察されてきた。イタリアの著名な歴史学者で、『ベナンダンティ』『神話・寓意・徴候』などの翻訳ですでにわが国にも知られているカルロ・ギンズブルグは、これまでの悪魔崇拝研究を検討してそこに欠落しているものを見いだそうとする。それは、従来の研究には、現象を追いかける部分が多くて、悪魔崇拝の基層にあるものが解明されていなかったということである。

本書では、魔女裁判のときの魔女の告白の内容が検討され、そこに現れているヨーロッパ中世の民間信仰の基層に、「ケルト人の謎に満ちた世界」があることが発見される。しかしさらに検討を進めると、ケルト人とどこかでつながっていたスキタイ人の姿も見えてくる。そうした考察を踏まえて、ギンズブルグは「おそらく狩人の社会で生まれたと思える神話的構造が、牧畜や農耕を中軸とするひどく異なった社会に（部分的に変えられて）受け入れられた」と書いている。

つまりギンズブルグは、ケルト人、スキタイ人、ギリシア人などの精神世界が、どのように変貌しながら中世ヨーロッパの民衆文化に伝えられていったのかを、精力的に追いかけるのであって、その追跡の報告とも言える本書は、いたるところで読者を興奮させる。

また、ギンズブルグの視野は、ただ単にヨーロッパ中世という狭い時代と世界に限定されるものではない。中世の民間信仰にその跡を残しているシャーマニズムの源流は、シベリアの狩猟民にまでたどられ、時にはアイヌ民族と熊の関係の問題も言及される。ギリシア神話はつねに論じられるが、それとともに、シェークスピアの作品も、アメリカ・インディアンの神話も、紀元前四世紀の古代中国の神話的説話も、比較され、分析の対象になる。

こうして、「十四世紀後半、アルプス西部地方に出現したサバトのイメージ」を出発点にして、「統一的ユーラシア神話の隠された基層」が、実はきわめて重層的なものであるだけではなく、空間的にも広い範囲に及ぶものであることがわかってくる。ギンズブルグはこの探究の作業を、豊富な文献と、多くの遺物を素材にして徹底的に行なった。それは各章の末尾に付けられた膨大な原注によってもうかがうことができるであろう。この注を読むこともまた、大きな楽しみになるはずである。さらに、二十点ほどの写真も本書の理解を助けている。

『世界史入門』　J・ミシュレ著　大野一道編訳

ジュール・ミシュレは、今日でもしばしば言及される十九世紀フランスの代表的な歴史家である。ミシュレの著作のうち『魔女』や『鳥』などが邦訳されており、またロラン・バルトの『ミシュレ』はユニークなミシュレ論としてよく知られている。ここに訳出された『世界史入門』は、ミシュレがようやく三十歳を過ぎたころの著作である。

そのほかにミシュレの代表作である『フランス史』『十九世紀史』の序文、ミシュレが若いころに傾倒していたイタリアの思想家ヴィーコの選集の前書きである「偉大なる天才の孤独」が収められている。

このなかで最も注目すべきものは、『世界史入門』であろう。そこには、まだ若いミシュレのみずみずしい歴史観がはっきりと提示されているからである。

ミシュレは、運命の支配に対する自由の戦いが人類の歴史であるという考え方を示す。本書には、現代フランスの思想家リュシアン・フェーブルの「ジュール・ミシュレあるいは精神の自由」が収められているが、そこでは、「私は、『世界史入門』のなかで、歴史を、自然の運命に対する人間の自由のたえまない勝利として定義した」というミシュレのことばが引用されている。

現代人が、ミシュレの思想に魅力を感じるのは、人間の自由意志に対する絶対的な信頼が、今日ではもはや見いだされなくなっているからではないであろうか。

ミシュレは、単にこのようなロマン主義的な歴史観を提示しただけではない。本書を読むと、フランスに対するミシュレの限りない愛情を感じ取ることができる。

しかし、リュシアン・フェーブルが、「ミシュレのフランス史以上に、ヨーロッパ世界の大いなる潮に漬かっているフランス史はない」と書いているように、ミシュレは真にフランスを愛していた歴史家ではあったが、けっして偏狭な国粋主義者ではなく、ヨーロッパの中心にフランスがあるという自負と、ヨーロッパはケルト文化の時代からひとつのものであるという意識とを重ねていったひとであるように思われる。また、そのようなヨーロッパについての感覚が今日のEC統合の時代に対応するものを含んでいて、それによってミシュレ再評価の動きが出てきたと考えることもできるであろう。

さらに、砂糖・コーヒー・アルコールといった日常生活のなかで用いられている「食物や興奮剤や薬」が歴史のなかで大きな役割を演じているという考え方が、歴史のなかでのディテールを重視する今日のアナール学派の歴史学に影響していることも、訳者である大野一道氏が、そのていねいで適切な解説「ミシュレにおける自由と民衆」において説いているとおりであろう。その意味で、この『世界史入門』は、いまから百五十年以上も前に書かれたとは思われないような新鮮なものを持っている。

『海から見た日本史像』　網野善彦著

網野善彦氏の著作の魅力は、われわれが日本の歴史の常識として思いこんでしまっているものを破壊して、新しい考え方を示して見せるところにある。たとえば、網野氏は、一九八二年に刊行された『東と西の語る日本歴史』（そしえて刊）のなかでは、日本の社会を統一的なものとする考え方を批判し、少なくとも東日本と西日本が、家族の構成、日常生活のあり方など、さまざまな面で異なっていることを明らかにした。

今回刊行された『海から見た日本史像』は、農業を中心に考えられてきた日本の歴史を、「非農業民」をも視野に入れることによって見直そうとするものである。その時にまず第一に批判の対象になるのは、日本を「孤立した島国」だとする見方である。島に住んでいる日本人が、「周囲の地域、あるいは周囲の諸民族の動きから孤立した状能」にあったという見方を、網野氏は「事実に反する」ものとして徹底的に批判する。そして、すでに縄文時代から九州と朝鮮半島に交流があったこと、十七世紀には日本人が南米に渡っていたことなどをあげて、日本を孤立した「島国」とする見方を否定する。

そして網野氏は、奥能登の分析によって、まず第一に能登と松前、つまり今日の石川県と北海道が、古くから海路によって結ばれていたこと、そして、いままで貧しい辺境の土地と考えられていた奥能登が、実は海上交通によって繁栄していた豊かな都市を含む地域であったことをわかりやすく説明している。

いままで日本の歴史は農業を中心に考えられてきたのであるが、「海に視点を合わせて奥能登や時国家（ときくにけ）を見直して見ることを通して、これまでの歴史像を大きく変える」ことができると著者は書いている。海は人と人を隔てるものではなく、「人と人を結びつける非常に重要な交通路」でもあるのだ。「常識的に皆が思い込んでいること」を疑問とし、「おかしいなと思ったことを大事にして」、それに関心をもち続けていくと、「今まで誰にも見えなかったものが見えてくる」という網野氏の指摘はきわめて重要である。

また網野氏は奥能登の時国家が、上時国家と、下時国家とに分かれていったことに関連して、この分立を、天皇と上皇、首相と元老、社長と会長といった、日本の社会に古くからある権力の二元的構造と重ねあわせて考えようとしているが、これも興味ある見解であるといえよう。網野氏は、この『海から見た日本史像』によって、奥能登の時国家という小さな世界を厳密に見ていくことを出発点として、日本の歴史像というもっと大きなものの転換を求めようとしているのである。

『東は東、西は西』　藤木強著

東アジアではコメが主食であるが、西アジア、ヨーロッパでは、ムギが主食である。当然のこととして受け止められているこの事実が、本書のなかで東と西の社会・文化の違いと深い関係をもっていることが明らかにされている。それは、あたかも謎解きのように読者の興味をそそる。

東アジアでは自然環境が主として森林と湿地であり、そこでは狩猟が十分に発達せず、獲物を得るためには罠（わな）という「待ち」の方法が用いられることになる。また、集落のかたちは自己完結的になる。これに対して、西の世界では、草原が主な自然環境であり、そこでは、見通しがよいので、狩猟によって獲物を得ることができた。そのために、西では早くから石器が多様に発達し、また集落や都市は外に向かって開かれたものになる。

このように、自然環境の違いによって、食べるものが異なり、その結果として、石器を初めとする道具に差異が生じ、やがては集落・都市の形態にまで東西で違いが出てくる。著者はこのプロセスを、豊富なデータによって説得力をもって記述している。

「春に播種し、秋に収穫する典型的な夏作物である」コメと、「秋に種を播き、初夏に収穫する冬作物の代表である」ムギは、それぞれ調理法も異なっている。コメは、粒食であり、ムギは粉食である。つまり、コメはそのまま炊いたり、煮たりするが、ムギは、粉に挽いて、パンやめん類、まんじゅうなどのかたちにして食べる。「草原のムギ。湿地のコメ。ムギは粉にして焼く。コメは粒のまま煮る」。これが東と西との基本的な差異である。この違いを出発点にして、東と西との社会・文化の差異について縦横無尽に論じて行く著者の手腕は並大抵のものではない。

ムギのばあいは、粉に挽くという仕事が重要なものになる。「西アジアの新石器文化の発展は、製粉具の開発をめぐる展開であったといっても過言ではない」。

エジプトの王家の墓には粉を挽いている奴隷の像があり、無理な姿勢の粉挽きの仕事によって、足の骨が変形した者もいたらしい。またローマの軍隊は、粉に挽くための臼を持っていたといった、興味ある史実が列挙されている。

食物の違いが、食物を加工するための道具の違いとつながり、さらに集落のあり方や、都市・国家のかたちの差異にまで影響してくる。コメとムギがこのように大きな問題へと展開されて行く。

長いあいだの自分の考古学研究にもとづき、最新の学問研究の成果を十分に取り入れて書かれた本書は、東と西の文化・社会の差異を、旧石器時代にまでさかのぼって考えた、きわめてスケールの大きな著作であり、読者の知的好奇心を満足させてくれる力作である。

『中世知識人の肖像』アラン・ド・リベラ著　阿部一智／永野潤訳

本書の著者であるアラン・ド・リベラは、ヨーロッパ中世思想史の専門家で、その著作のうち、すでに『中世哲学』（白水社刊、クセジュ文庫）が翻訳されている。この『中世知識人の肖像』においてリベラは、最近のヨーロッパの中世史研究が、中世のひとびとの日常生活をこまかく分析することに終始していると批判し、哲学・思想の役割を考え直すことを主張する。そのときに現れてくるのが、中世の知識人の問題である。それは単に中世の知職人がどのように形成されたかといった単純な問題設定ではない。

リベラの意見によるならば、十三、四世紀が、どうして思想上の「大変動」になるかというと、その時代に「壁の外への哲学の流出」があったからである。ことばを換えて言えば、それは「大学の社会への氾濫」の時代であり、具体的には「知識人の誕生」の時代であった。リベラは「十三世紀における知識人の出現は、西欧の歴史において決定的な契機であった」と考えている。それはリベラが「知識人」というものについて特別な見方をしているからである。リベラによると、近代の知識人の仕事は「批判」であり、彼らは「社会変化に参加する役者」であって、「この芝居の無関心な観客」である大学人とは区別されるのであるが、この分離が生じたのが十三世紀である。リベラは、そのような意味での中世の知識人の典型としてダンテとエックハルトをあげている。特にダンテは「知識人の高貴さを高く持ち上げた」ひととして評価されている。リベラによる知識人と大学人の区別は、現代の大学人に対する批判としても読むことができるであろう。

中世の知識人というテーマは、現代のアクチュアルな問題からはかけ離れたものであるように見えるかもしれない。しかし、著者は中世の問題を遠い過去の問題として扱おうとはしない。中世の知識人は、「十三、四世紀の変動」の時代に登場したひとたちであるが、そこにリベラは、イスラム思想の圧倒的な影響力を認めているのであってダンテもその例外ではない。いま注目を集めている世界の諸問題の多くもまたイスラム世界と関連しているのであって、リベラは本書においてもつねにそのことを意識しているように見える。キリスト教思想を中心とする西欧思想史の理解では、イスラム世界は、十三世紀の西欧世界に対して、「有害な理性をもたらした」というのが、通常の理解である。十三、四世紀を歴史の転換点と見るリベラは、西欧における知識人の誕生とイスラム思想の関係を明らかにしようとしたのであるが、それが現代の問題と密接につながるものとして考えられているのが本書の特徴である。

『一九三〇年代のメキシコ』中原佑介著

本書は芸術の世界で特に注目すべき時代であるメキシコの一九三〇年代を、そこで活躍したさまざまなひとたちの肖像を描きながら語った著作である。

リベラ、シケイロスなどによって始められていたメキシコの壁画運動について、著者は次のような見解を提示している。「ヨーロッパ美術の影響は一掃できないが、それを土台に、ヨーロッパとは異なる美術を作りたいとするのが、一九二一年に始まるメキシコ壁画運動のもっとも基底にある思想だったといえよう。脱ヨーロッパということでは、メキシコがアメリカよりはるかに先んじていたのである」。つまりこの時代のメキシコ美術はアメリカよりもはるかに進んでいたのであって、シケイロス、オロスコ、リベラという三人の代表的な画家の活動によってその最盛期を迎えていた。

本書を読むと、リベラがシケイロスとは政治的にも理論的にも対立していたことがわかるが、そのリベラは一九三〇年にアメリカでの活動を始めていた。本書はニューヨークのロックフェラー・センターのビルを飾る大壁画の制作を依頼されたリベラが、そのなかにレーニンの顔を入れようとして、その仕事から降ろされた事件の記述から始まっている。つまりこの時代のメキシコ美術を、政治的なものと深くかかわっていたものとして考えようとする著者の視線が、すでに最初の部分で示されているのである。

一九三七年にメキシコにやって来たトロツキーは、一九四〇年に、暗殺者のピッケルの一撃によって殺されるが、リベラの妻で、イサム・ノグチとも関係があったとされるフリーダ・カーロと、トロツキーとの「恋愛事件」も語られている。このあたりは、芸術と政治の領域が絡み合った、読む者を興奮させる部分である。

また本書を読むと、一九三〇年代のメキシコがヨーロッパ、アメリカの芸術家にとって、非常に魅力に富んだ国と思われていたことがわかってくる。「この国に夢中」になったエイゼンシュテインは、未完成に終わりはしたが、「メキシコ万歳」を作ろうとし、アントナン・アルトーはインディオの儀式に参加することによって、新しい体験をしようとしてメキシコにやって来る。アメリカの写真家ウエストン、ストランドもメキシコの魅力に取りつかれたひとたちであり、本書では、彼らがどれほどメキシコという国に引き寄せられ、メキシコを愛したかが、豊富な資料をもとにした考察と、メキシコでの著者自身による調査をもとにして語られている。最後に付言しておきたいが、リベラを描いた山本容子による装丁は、この魅力的な書物を飾るのにふさわしい。

『東京のラクダ』 西江雅之著

西江雅之氏が書くものはいつも読む者をとりこにし、魅惑する特別な力を持っている。それはこれまでに刊行された『花のある遠景』や、『異郷の景色』といった西江氏の著作の読者なら、誰でも認める事実であるはずだ。

この『東京のラクダ』にも書かれているように、西江氏は言語についてのある事典に、百以上の言語について執筆した、異様なほどの語学の才能を持った言語学者・文化人類学者である。しかし西江氏は、単に多くの言語をあやつることのできる「語学の天才」などではない。彼は、東アフリカを初めとする世界のあらゆるところへでかけていって、その土地の人たちと、彼らの言語で語り合い、その自然と接触する。それは、あくまでも「旅」であって、「旅」は行き先も予定もはっきりわかっている「旅行」とはまったく違ったものとして意識されている。この本はそうした「旅」の体験の報告であり、それが読む者を惹きつける見事な文章で書かれている。

この本には写真は一枚も収められてはいないが、西江氏の描写を読んでいくと、いつのまにかわれわれは、そこに描かれている情景をはっきりと想像できることに気づくのである。たとえば、アフリカにある「秘密の温泉」を訪ねようとして、車で出かけて、やがて、「見事な外輪山の頂上」に立つことになるが、そのはるか下の方に「ピンクに染まった火山の底」が見えてくる。それは「湖面をほぼ埋めつくしている無数のフラミンゴ」であって、鮮明に読者の脳裏に残るイメージである。また、ラクダの白い骨がちらかっているソマリアの砂漠は「見るものの心をひきつける果てしない画廊」として描かれている。

さらに西江氏は、自分の子供のときなどの体験も語っているが、それは単なる思い出の記録ではない。子供のころから、何とかして自分自身が動物になることを求め、たとえば猫になろうとして、「猫の通路を調べて、自分も猫並みの生活ができるようにと垣根の穴をくぐり抜け、塀の上から舞い下りる訓練をした」のである。

そのような訓練の効果であったのか、西江氏は非常なスピードで歩くことができるひとであり、極度の近視であるにもかかわらず、アフリカのサバンナでは、目のいい人よりも先に、遠いところにいる野生の動物を発見して、アフリカの友人たちを驚かしたという。

このように、西江氏はどこでも自然と接触し、外国のひとと交わって生活する。人間と人間、人間と自然の相互の浸透を語った本書は、そうした経験を失いつつあるわれわれに対して、本当に人間的なものの存在を教えている。

本書の読者は何かすがすがしいものを感じ取るに違いない。

『マルク・ブロック――歴史の中の生涯』　キャロル・フィンク著　河原温訳

マルク・ブロックは、フランスの歴史家で、リュシアン・フェーブルとともに、いわゆる「アナール学派」を作ったひとである。主著は『封建社会』（みすず書房）であるが、そのほかに『歴史のための弁明』（岩波書店）や、第二次大戦初期のフランスの敗北を論じた『奇妙な敗北』（東京大学出版会）などの著作によって、わが国でも知られている。

東部フランスのユダヤ人の家庭に生まれたこの歴史家は、フランス中世社会史の研究者として業績を上げたが、二度の大戦に軍人として実際に参加し、現代史を直接に体験した。本書のサブタイトルは「歴史の中の生涯」であるが、マルク・ブロックは、学者として、軍人として、そして最後はレジスタンスの一員として、文字通りに二十世紀の「歴史の中に」生きたひとである。

著者のキャロル・フィンクは、アメリカの歴史家で、現代ヨーロッパ史の専攻であるということであるが、マルク・ブロックの未公刊の手紙を初めとする多くの資料を調べ、激変するヨーロッパの政治情勢とマルク・ブロックの行動とを重ねながら、この歴史家の生涯をたどっていく。

フランスでは、コレージュ・ド・フランスの教授になることが、学者としての最高の名誉であるが、マルク・ブロックがその地位を得るために熱心な運動をして、結局は失敗してしまういきさつや、同僚であり、またライヴァルでもあったリュシアン・フェーブルとの長年にわたる確執も描かれていて、フランスのアカデミズムの内情の一端を見ることができる。

しかし他方では、つねに家族のことを思いやっていた、家庭のひとりとしてのマルク・ブロックの姿もていねいに描かれている。マルク・ブロックが、第二次大戦の途中にアメリカへの亡命を試みながら実現できなかったのは、家族全員のアメリカ行きを望んだためである。

しかし著者はただ単にマルク・ブロックの生涯を追いかけているのではない。その著作や論文についても、そのつど細かく検討し、ばあいによっては厳しい批判もしている。つまり、単なる伝記ではなく、歴史家の生活と学問とを同時に論じ、しかもそれを同時代の現実の動きと絡めて考えるという、たいへん困難な作業がなされているのである。

ドイツに協力的であったヴィシー政府のユダヤ人に対する政策の一部も描かれているが、そのために大学から追われたマルク・ブロックが、やがてドイツ占領軍に対するレジスタンスの運動に参加し、最後は逮捕されて銃殺されてしまう場面は本当に劇的である。

『化物屋敷』　橋爪紳也著

「化物屋敷」はすでにわれわれの視界から消え去りつつある。今日の子どもたちは、もはやお化けの存在を信じていないであろうし、説話や芝居でお化けの姿に接する機会も少なくなってきた。われわれの想像的世界から、お化けはしだいに姿を消しつつある。著者は消え去りつつあるお化けへの「レクイエム」として本書を書こうとしたと述べているが、それと同時に建築史の立場から、お化けが「遊戯化される恐怖」の主役として登場するお化け屋敷の歴史と構造を考察する。

著者によると、お化け屋敷には「場面型」と「迷路型」という二種類のものがある。場面型のお化け屋敷は、説話や怪談などによって、あらかじめ観客の記憶のなかにある怖い場面を再現しようとするものであり、「知性で解釈して怖く感じる場」である。たとえば番町皿屋敷とか、四谷怪談といった、説話や芝居によってひとびとの集団的な記憶に刻み込まれているものを再現しようとするものであり、著者のことばを借りるならば「メディアが創作した怪異談を追体験する場がお化け屋敷」ということになる。これに対して、「迷路型」のお化け屋敷では、その場での観客の感覚に訴える方式が取られる。

本書では、このようなお化け屋敷の二つのタイプがかたちを変えながら現代にも引き継がれていることも考察されている。たとえば、「場面型」のお化け屋敷の変形のひとつは、最近になって各地で登場した恐竜展や恐竜館である。つまり、映画「ジュラシックパーク」などを観客が追体験する場所としてこのような恐竜の展示が行われる。他方、感覚に訴える「迷路型」のお化け屋敷につながるものとして、ジェットコースターがあり、その歴史も論じられている。

著者の直接的な関心の対象は、見せ物小屋のような「都市に仮設される建築」であるというが、しかし本書はお化け屋敷の建築史に留まるものではなく、建築の領域を越えた、もっと大きな問題につながる可能性を持っている。最近の英米の社会学・文化論のなかには、レジャーや旅行やスポーツ、さらに郊外での生活などを「文化」として見直そうとする動きを認めることができる。おそらく化物屋敷も恐竜の展示もまた「文化」の形態として考察することができるはずであり、そのとき本書は有効な示唆を与えてくれるだろう。

お化けに対する意識の変化は、われわれの意識の想像力の変化を象徴的に示している。その意味で本書は、日本人の想像力論でもあり、また新しい意味での「文化」についての考察でもある。文献に広く当たるだけではなく、実際に化物屋敷を調査するなど、周到な準備によって書かれた本書を出色の化物屋敷論として高く評価したい。

『洛中洛外の群像』 瀬田勝哉著

洛中洛外図はさまざまな機会に論じられてきたイメージである。最近も京都国立博物館で、多くの洛中洛外図を展示した「都の形象、洛中・洛外の世界」というタイトルの展覧会が開かれ、話題になった。

他方、最近の美術史においては、「見ること」と「読むこと」との関係という問題がしばしば論じられている。それは、「絵」と「物語」の関係の問題でもある。著者は日本中世史の専門家であるから、読む側に力点を置いているのは当然のことであるが、洛中洛外図についての著者の読み方は、いままであまり注目されていなかった細部に目を向けていることが特徴的である。しかも、史料を綿密に検討し、これまでの日本中世史研究の成果を十分に踏まえた上での考察であって、説得力に富むものである。

たとえば、上杉本洛中洛外図には、有名な「米屋に馬」の場面がある。著者はこのイメージについて、「この絵が描かれた応仁の乱後の京都における米穀流通のあり方」を押さえながら読もうとする。また著者は、少なくとも四点の洛中洛外図で、鴨川の五条の橋が二つ描かれていて、そのあいだに中島があることに注目する。著者はこの中島には、法城寺という寺があって、鴨川の治水を祈願するための聖なる地域であったとする。「五条橋は清水観音に詣でる信仰の道の起点であり、鳥辺野に向かう死者の道の始まりでもあった」と考える著者にとって、この五条の橋のなかほどにある中島は、「鴨川治水を祈る聖地であり」、安部晴明の徒である声聞師たちの活動の拠点であったということになる。

さらに、「弁慶石の入洛」の章では、力石を持ち上げようとしている場面に関連して、著者は弁慶石の考察をする。弁慶石とは、弁慶が衣川で立ち往生をしたときに足下にあったという石であるが、それが弁慶がかつて牛若丸と戦ったという京都の五条のあたりに移動することを求めたという伝説がある。洛中洛外図で弁慶石が描かれているほぼその位置に、現在弁慶石町という名の町があり、そこに弁慶石といわれている石が置かれている。著者はこのように弁慶の時代と現代とを、一気に結び付けることもしている。この石には呪術的な力が込められていたのであり、著者はつねにそのような非日常的なものを視野に入れている。

本書は、論文集ではあるが、けっして堅苦しい文章を集めたものではない。いたるところで想像力が行使され、イメージの世界と、史料という言語の世界とがつねに相互に参照される。「失われた中世京都へ」というサブタイトルの本書が、絵を読むことに関心のあるひとにも、中世の京都に関心のあるひとにもきわめて面白い書物であることを保証する。

『挫折の昭和史』　山口昌男著

著者は、本書に収められた論考を書き始めた動機が、試写会で見たベルトルッチの『ラスト・エンペラー』のなかのひとつの場面だったと、繰り返して書いている。この映画のなかで、坂本龍一が演じた甘粕正彦の執務室の壁画がアール・デコ調であったことに触発された著者は、「大正から昭和初期にかけての都市モダニズムが、何処から来て何処へ行ったか」を考えようとしたのだという。

その時に、著者が中心において考えたのが、石原莞爾である。早くから日蓮に傾倒し、ベルリンで軍事史やナポレオンについて学び、また日本人としては早い時期にライカを入手していた石原の精神形成のプロセスを、著者は念入りに追いかける。そのときに著者が用いた方法は、「人間同士の直覚的反応」を見いだしていくことにある。たとえば、石原がいた一九二〇年代のドイツには、羽仁五郎、三木清、村山和義、千田是也などが滞在していた。石原に彼らと直接の交流があったわけではない。しかし著者はそこに「同時代的感性」の存在を推測し、「石原には一種のモダニズム、特にダダ感覚が備わっていたような印象を受ける」と書いている。

著者はまた、石原の蔵書目録をも調査し、彼が人類学の文献やラブレーさえも読んでいたことに注目して、「世界的視野を備えた並々ならぬ読書人であった」と評価する。しかしモダニズムの感覚を持った石原のような軍人は、まったくの少数派にすぎなかった。ここには世界を見る目を持たない、視野の狭い軍部の指導者たちが、無謀な戦争へと国民を駆り立てていった過程がおのずから描かれている。もとより著者の本来の意図は、近代の都市モダニズムの系譜と、横へ横へとつながっていく人間の関係をたどっていくことにあるが、読む側はここに昭和史の本質的な側面を見いだすに違いない。さらに著者は、名取洋之助と岩波書店、竹中労の父で絵師であった竹中英太郎と平凡社とのつながりを初めとして、いたるところで人間相互の関係を発見していく。梅原北明について論じた「知のダンディズム再考」では、著者自身の書物への偏愛が、どのように日本のモダニズム研究と結びつくかが語られていて興味が尽きない。ライトの弟子で、北海道で多くのモダニズム建築を残した田上義也を論じた「モダニズムと地方都市」では、著者が五歳のときに見た網走市郷土博物館の印象が出発点になっている。それは「幼少時の最も鮮烈な出遭い」であり、著者はこの体験を呼び戻して、そこから建築家としての田上の足跡をたどり始める。このように、いたるところで著者自身の個人的な体験が、日本のモダニズムの問題と重ね合わせて論じられているのである。

著者は、「あとがき」のなかで、「昭和モダニズムを含めて、日本近代で一度政治的に敗北したか、あるいは近代の隊列から横へ足を踏み出した人物たちの中に、日本人の生き方のもうひとつの可能性を探り出せる鍵が秘められているのではないか、という目的を設定して書き進めたのが、本書である」と書いているが、本書はその目的を十分に達成した「知のオデッセイ的冒険の所産」であり、「近代日本の歴史人類学」の成果として高く評価されなくてはならない。

『日本の都市は海からつくられた』上田篤著

日本の文化・社会を考えるときに、いままで一般に通用していた考え方は、日本人は農耕を中心として生活してきた民族であるという立場であった。著者は、それに対して、漁業を中心にして、つまり人間と海との関係を中心にして考え直すことを求めている。「日本人は、いまなお農耕民族として律しきれない、多くの生活様式をもっている」からである。たとえば日本人は刺身をはじめとして「なまもの」を好む。生水、生野菜、生魚、生卵を好んで口にする日本人の生活は、著者の考え方では「農民と違って漁民の文化」が残っている証拠と考えられている。このような食生活は、「縄文時代から始まった漁民的行動様式」の名残とされる。

日本人がこのようになまのものを食べていたのは、集落が海岸にあって、人間が海と密接な関係を持っていたからである。海辺には漁民が航海や漁労の目標とした目印があったはずだと推測し、著者はそれを「海辺聖標」と名づける。それは岩や森であったり、巨大な柱であったりした。

本書では直接には言及されていないが、いま話題になっている三内丸山遺跡にあったという巨大な六本の栗の木の柱も、本書を読むと「海辺聖標」の一種であったように思われてくる。

なまのものを好む日本人の食生活についての検討から、著者は日本の建築物が明治以降の百年を除くと、まったく例外無しに「木の建築」であったことを改めて問題にする。数千年にわたって木の建築にこだわり続けたというのは、世界の建築の歴史でも珍しいことであり、著者はそこに日本の文化の特性の一つを見出そうとする。木の建築であるということはしばしば火災に遭うということでもある。しかし、火災で焼けることによって、また新しい木の建物が作られるのであり、著者はそれを浅草寺を例にして論じている。浅草寺は伝承によると奈良時代に建てられたが、その後しばしば火災に遭い、その度ごとに大きく建て直されたという。いまの浅草寺は第二次大戦後に鉄骨鉄筋コンクリートで再建されたものであるが、著者はそれが不燃になったことを内心残念に思っているようにさえ見える。生の魚を食べるのと同じようにつねに新しいものを求めるのが日本人の精神の根底にあるものとして捉えられているからである。

日本人のこのような「木へのこだわり」が、海辺に暮らしていて、つねになまのものを食べていた日本人の生活と深い関係があるという著者の指摘は新鮮である。豊富な現地調査によって裏打ちされ、多くの文献にあたって書かれた本書は、いたるところで独創的で興味ある論点を示している。「海から作られた都市」という視点から様々な問題を相互に関連させて論じた本書は、ユニークな日本文化論として最近特に印象に残る著作である。

『象徴としての庭園』ヴォルフガング・タイヒェルト著　岩田行一訳

庭は人間と自然とが交わる場所である。庭は、純粋な自然ではなく、人間の手が加わって造られるものである。それにもかかわらず、著者のことばを借りるならば、庭は「昔さながらの母性的なくつろぎを与えてくれる避難所」である。本書は、そのような人工の楽園としての庭についてのきわめて興味ある考察である。もっとも著者は、実際に存在している庭園について考察しているのではない。本書で扱われているのは、聖書やコーランや、古典文学などに記されている限りの庭である。また、エミール・ノルデの「レモンの庭で」、モーリス・ドニの「墓場の聖女」、ボッスの「快楽の園」など、何らかのかたちで庭が描かれている絵画も考察の対象にされている。

著者は庭がまず何よりも「聖なる空間」であると考える。しかし庭は聖なる空間として人間から分離されてしまっているのではない。庭は「恋する者の愛の作法が示される場所」であると著者は主張する。もちろん庭は、愛する者が愛のことばを語り、互いに見つめあう場所である。しかし著者はそれ以上に庭を愛の「作法」の場所として提示しようとする。

庭はまた教育の場所でもある。ソクラテスは、アテネのアカデメイアの庭で青年たちと対話をしていた。それは「哲学する場所」にほかならなかった。ドイツの教育学者フレーベルは、幼い子どもたちを遊ばせ、作業させる場所を「子どもの庭」（キンダーガルテン、幼稚園）と名付けた。フレーベルは、庭が教育の場所であるというギリシア以来の伝統に忠実であったともいえよう。

しかし本書は、庭についての美しいイメージだけを追いかけているのではない。最後の章である「詩人の庭」のところまで読み進むと、おそらく読者は急に違った世界が現れてくるのに気づくであろう。大都市の中心に住んでいた市民は、庭がないので「都心を離れた田舎の庭」へと逃走する。しかし、「たとえその逃走がどこへ向かおうとも、遅かれ早かれ庭と逃亡者は、文明の進歩という荒廃に追いつかれてしまう」のである。そこでは、エンツェンスベルガーの詩の一節が引用される。「煤煙が、脂のしたたる布が、庭をおおっている。真昼、コオロギはいない。」

著者は、コオロギのいなくなった「瀕死の庭」について、詩人たちが抗議の声を高めるか、あるいはこの庭を熟視するという二つの可能性があると述べ、庭の回復を祈願する。雪の中のサクラの園を描いたエンツェンスベルガーの詩の引用で終わる最終章「詩人の庭」を読み終わると、本書が周到に構成されたものであることがよくわかる。

『地獄のマキアヴェッリ』　S・デ・グラツィア著　田中治男訳

十五世紀末から十六世紀初頭にかけて活躍したマキアヴェッリについては、すでに多くの著作がある。一般的には、「マキアベリズム」というと、手もとにある辞書でも、「国家の維持発展のためには、個人的には不道徳とされる便宜手段も許すべきであるとする思想、転じて目的のためには手段を選ばぬ主義」と説明されているように、権謀術数主義の同義語と考えられている。われわれがマキアヴェッリについて持っているイメージは、このような「マキアベリズムの思想家」であることが多い。グラツィアの『地獄のマキアヴェッリ』は、このような既成のマキアヴェッリ像とは異なった見方を与えるものである。

十五世紀末のフィレンツェは、フランスのシャルル八世の軍隊の侵入、「武器なき預言者」といわれた修道士サヴォナローラの活動と火刑など変動のさなかにあり、マキアヴェッリも政治的暗殺事件にかかわったとして、逮捕され、拷問を受けている。グラツィアは、まずマキアヴェッリをこのような同時代のフィレンツェの歴史と政治的状況のなかに位置づける。また本書の読者は、ドゥオーモをあおぎ見つつ、アルノ川の川岸を歩いていくマキアヴェッリの姿を想像することができるであろう。著者は、マキアヴェッリの行動のあとを丹念に追いかけているからである。

そしてグラツィアによるこのマキアヴェッリ論の特色は、いままでつねに言及されてきた『君主論』を初めとして、『フィレンツェ史』『ローマ史論』など、マキアヴェッリの政治的・歴史的な著作だけではなく、戯曲作品である『マンドラゴーラ』、詩、書簡なども考察の資料として使っているところにある。ことばを換えていうと、グラツィアは、マキアヴェッリの現実世界についての考察と、想像世界での言説とを、対等に結びつけて論じているのである。『マンドラゴーラ』のせりふが、想像的世界のものであると同時に政治的な意味を持っていることが明らかにされる。したがって、ここで描かれているマキアヴェッリは、国家論をローマの歴史とフィレンツェの政治情勢とを重ね合わせて考えている「権謀術数」のひとであるだけではなく、女性に手紙を書き送り、詩を書く、生きた人間でもある。マキアヴェッリの著作を丹念に検討して書かれた本書では、共通善、平等、自由な生活が、国家の理想であり、「共和国」がその実現の場であると考えられていたことが強調されている。それはけっしていわゆるマキヴェリズムではない。したがって、本書で描かれているマキアヴェッリ像は、やや理想化されすぎていて、「毒」の部分が欠けているという感じを持つ読者もいるかもしれない。

本書は一九九〇年に、伝記部門のピュリツアー賞を受賞した。著者はアメリカの大学の教授であるが、フィレンツェ大学の客員教授としてしばしばフィレンツェに滞在しているという。そのため、マキアヴェッリが生活し、活動した舞台についての記述がいきいきとしているように思われる。マキアヴェッリに対する熱情的な関心に支えられ、彼の著作を綿密に分析することを基本的な方法として書かれた本書は、伝記的な要素も含んだ、マキアヴェッリの思想と生活についてのすぐれた案内書である。

『レジャーの誕生』 アラン・コルバン著 渡辺響子訳

レジャー産業、レジャー人口など、「レジャー」ということばがしばしば使われている。かつてこのことばでは「閑暇」などと訳され、「レジャー・クラス」は「有閑階級」と訳されていた。ヴェーブレンの代表的著作の邦訳は、今日でも『有閑階級の理論』というタイトルで刊行されている。今では死語かもしれないが、「有閑マダム」といった表現には、「レジャー」に対する軽蔑の意識がある。つまり、「レジャー」には何かしらうしろめたいものが含まれてきたのである。「レジャー」に積極的な意味を持たせ、それを「カルチャー」の一つとして考え直そうとするのは、カルチュラル・スタディーズの一つの特徴である。フランスでは、カルチュラル・スタディーズは一向に話題にならないが、それにもかかわらず、伝統的な意味での「文化」を追いかけているだけでは、本当の人間のカルチャーを理解できないということは、フランスの知識人のあいだでも暗黙の了解事項になっているように思われる。実際、この『レジャーの誕生』に収められている論文を読むと、もはや従来の伝統的・保守的な「文化論」が破綻し、レジャーや遊びを含めた日常生活を対象とする新しいカルチャー論がフランスにおいても展開されつつあることが感じられる。この論文集の監修者であるアラン・コルバン自身が、すでに『においの歴史』『浜辺の誕生』『音の風景』『娼婦』（いずれも藤原書店から翻訳が出版されている）といった著作を刊行していて、彼の関心が具体的な日常生活に向けられてきたことがわかる。

本書によってわれわれは、近代のヨーロッパ人が、どのようにして「レジャー」についての考え方を変え、それをどのように獲得してきたかを知ることができる。それが本書ではイギリス、フランス、イタリアなど、それぞれの国について具体的な考察がなされている。レジャーを楽しむことは、最近の言い方を使うならば、「グローバル」なものではあるが、それにもかかわらず、それぞれの国で独自の展開をしてきたのである。また、レジャーは「遊び」と密接にかかわっている。レジャーの時間にすることは基本的には「遊ぶ」ことである。遊びの中で、もっとも重視されてきたのは「旅行」である。本書でも、近代のヨーロッパ人がどのようにして、レジャーを過ごすものとしての旅行に熱中してきたかが豊富なデータとともに、論じられている。そして、イギリスのトーマス・クック旅行会社の仕事がアルコール中毒の撲滅運動と関連していたことなどが説かれている。つまり、レジャーの問題は、道徳の問題とも関連し、鉄道をはじめとする交通手段の発達ともつながっていることが明らかにされている。

暇な時間に何をするかということは、「自由」の問題と絡んでいるのであり、「遊び」というテーマと直接につながっている。この論集はそのような問題を考えるためのヒントを与えている。

『遊戯する神仏たち』　辻惟雄著

すでに『奇想の系譜』『若冲』など、江戸時代の美術についての優れた業績を重ねてきた著者は、本書において、そうした仕事を踏まえた上で、日本の宗教美術についての独自の考察を行っている。著者の基本的な考えは、日本の宗教美術を支えているものが、一種のアニミズムであるという立場である。

たとえば著者は、京都の神護寺にある薬師如来立像の「異様な迫力」の源泉が、この像の素材である樹木そのものにあるという井上正の見解をさらに展開させて、日本の宗教美術の素材である樹木・石に霊的なものを認めようとする。これがアニミズムの立場である。この考え方を展開させると、北斎の作品にも「自然界のすべてに魂が宿る」という思想が根底にあることがわかってくる。

長野県の諏訪神社の春宮の近くに「万治の石仏」と呼ばれる異様な石仏がある。この石仏には眼がない。著者は、そのことについて、「石が仏に化現する過程をあらわすため、あえて眼を彫らなかったのではなかろうか」と推測している。石そのものが神聖であって、「仏頭や前面の加工はそれに仏格を与えるための表象にすぎない」という考え方である。

樹木や石という「物」に霊的なものが存在していて、人間に対して語りかけるという考え方は、「日本人のアニミスティックな心性」そのものである。この基本的な立場によるとき、たとえば若冲の動植物を描いた作品についても、新鮮な解釈が示される。若冲の「薔薇小禽図」に描かれている薔薇の花について、著者は「どの花も真正面を向いていて、見ているところが逆にバラに見つめられているような感じに襲われる」と書いている。これは、対象の側に眼があって、主体を見つめているという、メルロ゠ポンティやジャック・ラカンの見解ときわめて近い。また、樹木や石といった「物」に意識があり、それが人間に対して働きかけるというアニミズムの思想は、最近しばしば話題にされるアフォーダンス理論とも共通している。江戸時代の宗教芸術論でありながら、そこで論じられていることは現代思想の最先端とつながっている。

さらに本書には、円空、木喰の作品についての現地調査に基づく案内、風外慧薫、天竜道人源道といったわれわれの知らない人たちの作品を掘り出してくる仕事の報告も収められている。

『天国と地獄』神原正明著

人間は死んだあとどうなるかということは、人類が古い時代から抱えていた問題であり、宗教というものはそこから始まったとさえいえるであろう。キリスト教では、それは「最後の審判」という考え方と深く結びついている。最後の審判のあとに、人間が行くところが天国もしくは地獄である。（十一世紀になって、「煉獄」という考えが生まれたことについては、フランスの中世史研究者ジャック・ル・ゴフが『煉獄の誕生』で詳しく論じている。）

神原正明の『天国と地獄』は、キリスト教美術において「最後の審判」がどのように図像として描かれてきたかを、念入りな現地調査に基づき、美術史学と図像学の方法を駆使して論じた著作である。図像化されたものとしての「最後の審判」は、ミケランジェロの作品が最も有名であるが、著者はまずイタリアに残されている数多くの「最後の審判」を綿密に分析し、そこからメムリンクなどによる北方ヨーロッパの「最後の審判」へと視野を拡げていく。そのときに著者が特に留意するのは「アンチキリスト」の概念である。アンチキリストという考え方は、たとえばドストエフスキーの作品にも、ニーチェにおいても見いだされるが、著者は長い歴史を持つこの考え方が、どのように図像として示されているかを考察する。

そして、著者が最も力を込めて論じているのはスペインのプラド美術館にあるボスの代表的な作品「快楽の園」である。著者は次のように書いている。「私がこれまで〈最後の審判〉の図像学をつづってきた一つの理由は、ボスの〈快楽の園〉を何とか理解したいがためだった」。著者によれば、「天国と地獄をここまで明確に意識させてくれる作品はない」のである。実際に、ボスのこの作品に対する著者の熱情を込めた打ち込みようが、活字の間から伝わってくる。したがって、「快楽の園」を論じた第六章「楽園幻想」は、本書のクライマックスになっている。

その章を読むならば、著者がどれほどこの作品をていねいに見ているかが理解できるであろう。たとえば、著者は「快楽の園」には、五〇〇人以上の人物が登場することを自分で確認し、さらにそれらの人物が四人、七人、一二人という集団を作っていることを発見する。この数が、季節・週・月に対応しているのではないかというのが、著者の解釈である。そのほかいたるところに著者独自の見解が示されている。『天国と地獄』は、図像化されたものとしての「最後の審判」について、直接に作品をていねいに見た上での豊富な情報を示すだけではなく、そのデータに基づいたユニークな解釈を示している点で、たいへん興味深い「最後の審判」論になっている。

『家屋（いえ）と日本文化』 ジャック・プズー＝マサビュオー著 加藤隆訳

自分が日ごろ見慣れているものも、他人の目から見ると新鮮に見えることがある。日本の家についてのフランス人によるこの考察は、そのような印象を与える著作である。著者はすでに四〇年近くも日本で暮らしているフランスの地理学者で、すでに『日本の地理』『日本の家』などの著作がある。その著者が、日本に住み、また各地を訪れて、日本の家の特徴を観察した成果が本書である。

日本の家についての考察といっても、家だけを対象にしているわけではない。著者は日本の社会の構造に家の構造が対応していると考える。たとえば著者は、日本の社会の中心には「影の領域」があるとする。日本では空間が「タマネギ状に構成されている」が、この空間には「軸とか方向といえるものが存在しない」のである。これが日本の空間と、中国・西洋の空間の違いであると著者は主張する。

日本の空間には「核心」はあるが、それは「影の領域」であって、そこには近づくことができない。

「神社の本殿には入ることができないし、誰かの家を訪問した時に、客は奥の間に入ることができない」のである。神社の本殿や家の奥の間が「影の領域」と考えられていることがわかる。これは、東京の中心に一般のひとが入ることができない皇居があり、それが東京の「空虚な中心である」ことを論じたロラン・バルトの日本論『表徴の帝国』の一節を想起させる。西欧的な思考では、「中心」というものがつねに必要なのである。

また著者は、日本の家を家長が支配する家族共同体の生活の場として捉え、家の構造がそれを成り立たせていると考える。そして、「個人的な私生活の完全な拒否が、日本の家建築の特徴」であるという結論にいたる。ここまでの紹介で推測できるように、著者が分析しているのは、「訪問客が靴を脱いでいる間、女中か女主人が床の上に伝統的な座り方で控えている」ような時代の日本の家である。著者はこのような伝統的な日本の家がしだいに消滅していく状況を見つめている。そして、「西洋化し国際化することによって日本の家は、かつて住人が享受していた魅力と晴れやかな力との秘密を捨て去ることになった」と指摘している。

たしかに都市に住む日本人は、もはや本書で考察されているような伝統的な日本の家には住んではいない。

住居が社会構造に対応するという著者の考え方に従うならば、都会の現代人がすむマンションやアパートには、現代日本の社会のあり方に対応するものがあるはずである。

フランス人である著者は、日本の家とフランスの家の違いについても、いくつかの興味ある指摘をしている。本書は、日本の伝統的な家について考え直す機会をわれわれに与えてくれるし、フランス人のものの見方の一面も理解させてくれるであろう。

『木の語る中世』瀬田勝哉著

著者はすでに室町時代の京都が、どのように図像として表現されたかについて考察した『洛中洛外の群像――失われた中世京都へ』（平凡社）において、絵画を史料として使い、そのときに図像学・記号学の方法で解読した。このたび刊行された『木の語る中世』においても、図像学・記号学的な分析の方法が随所に用いられている。これが本書の大きな特徴である。

たとえば、本書の第二章に当たる「春日山の木が枯れる」においては、中世にしばしば奈良周辺の山の木が枯れたことが考察される。科学的にいえば、それはどうもカレハガの虫害であるらしいが、著者はそうした科学的な理由も押さえた上で、日本人が「青」と「枯」を二項対立として捉えてきたことに注目する。「青」は「正の価値、正常、秩序」を示す記号であり、「枯」は「負の価値、異常、混乱」の記号である。「青の世界が、季節の自然な循環とは関わりなく、突然枯れることとは異常な事態であり、秩序は混乱へと変じ、それが神に異変が起こったこと」を意味するのである。そして著者はこのような推理を、葉のついた榊を捧げ持つ大勢の神人（じんにん）が描かれている「春日祭礼興福行事」を仔細に検討し、またさまざまな史料を用いて行っている。その謎解きは、推理小説を読むような印象を読者に与えるであろう。

また、室町時代の「洛中洛外図屏風」のなかで、祇園社（いまの八坂神社）の前に奇妙なかたちの木が描かれているのに注目する著者は、同じかたちの木が鎌倉時代の「春日権現験記絵」などにも描かれていることを発見し、文字史料にそれを説明できるものを探す。そして、その奇妙な木が「シュロ」であると断定する。その断定までのプロセスの記述もまた面白い。しかし著者は「神前になぜシュロか」という問いに対しては、「結論を急がず、一つ一つ事実を引き出したいものだ」と述べるにとどまる。非常に印象的な一行である。

また本書は、図像表現、文字史料の解読に終始するものではない。著者は、たとえば檜の皮をはぐ職人の仕事に関心を抱くと、ただちに彼らの仕事場におもむき、実際にどのような作業が行われているのかを調べる。木材がどのように使われているかを調べるために、建築会社の倉庫を訪れる。学生たちとともに、木曾で木がどのように加工されているかについて研究する。松や楠が日本人の名前としてどのように使われてきたのかを考察する。要するに、本書は「木」というテーマで、日本の中世を考えるだけではなく、日本人にとって「木」がどれほど大きな意味を持っているのかを多様な方法を使って考察したユニークな論文集である。

『十字架とハーケンクロイツ——反ナチ教会闘争の思想史的研究』 宮田光雄著

本書は、ナチス・ドイツの時代における国家とキリスト教の関係を論じた力作である。

ナチスは、ヒトラーに対する個人的な崇拝をドイツ国民に求め、各家庭にヒトラーの写真を飾ることを強制した。一九三四年にニュールンベルクで開催されたナチスの党大会は、リーフェンシュタールによって、「意志の勝利」としてして映像化されたが、その冒頭のシーンでは、ヒトラーは飛行機で会場へと向かう。それは「空から降りてくる神」として、ヒトラーをカリスマ化・神格化しようとする試みであったとされている。このように、ヒトラーを「天から遣わされたキリスト教的な指導者」に仕立て上げようとするナチスと、キリスト教会が衝突するのは当然のことであった。「あとがき」のことばを借りるならば、「政治的な救済論を掲げるナチズムは、伝統的な教会の精神的価値に対する正面からの挑戦者として登場した」のである。

評者にとって特に興味深く感じられたのは、『20世紀の神話』の著者で、ナチスのイデオローグであったアルフレート・ローゼンバーク（「意志の勝利」にも姿を見せている）とキリスト教会の側が、論争をするくだりである。それは、国家権力と宗教との闘争の具体的な現れである。もちろん、ナチスの側は最終的には暴力で対応する。つまりアルチュセールのいう「抑圧的国家装置」が作動することになるが、その前段階での「イデオロギー的国家装置」の争奪戦がナチスの御用哲学者と教会のあいだで繰り広げられた。

国家権力と宗教の対立が、ドイツとは異なったかたちで展開されたのが、ノルウェーとデンマークの場合である。この二つの国はいずれもドイツの武力に屈して占領されたが、両国のキリスト教会は、それぞれ独自の仕方でナチスに抵抗した。著者はその抵抗の原理がルターの宗教思想であったことを、さまざまな資料を用いて論証する。著者は、当時ノルウェーのキリスト教会を指導する位置にあったベルグラーフの行動を高く評価するが、ベルグラーフは「ノルウェーにおける占領権力に対する闘争の主要な武器」がルターだと言い切っていたのである。そしてルターの思想の根底にあるのは、「人間に従うよりも神に従うべきである」という使徒の教えであった。ヒトラーの言いなりになるよりも、信仰を守るという鉄則であり、ノルウェーとデンマークのキリスト教会の指導者たちは、この教えに忠実であろうとした。たとえばデンマークでは、キリスト教会の尽力によって多くのユダヤ人がナチスの弾圧から逃れることができた。

「人間に従うよりも神に従う」という原理の実践は、非常な困難を乗り越えなければできるものではない。本書はきわめてアカデミックな論考である。それにもにもかかわらず、評者はその困難な行動を記述した本書を、感動をもって読み終わったのである。

『歴史・レトリック・立証』　カルロ・ギンズブルグ著　上村忠男訳

カルロ・ギンズブルグは、現代イタリアの代表的な歴史家で、『チーズとうじ虫』『闇の歴史』などの邦訳によって、わが国でもよく知られている。ギンズブルグの歴史叙述の方法は、過去のできごとを現在から照射し、またつねにギリシア・ローマの古典に立ち戻って、思考の原点を確定するところにある。たとえば本書の序論では、歴史とレトリックと立証の問題が考察されるが、そこではまずプラトンの思想が検討され、そこから始まってニーチェが再検討されることになる。

本書は、ギンズブルグの「歴史」についての見方を明確に示したものである。過去に起こった「事実」をどのように「立証」し、それを「レトリック」を使ってどのように効果的に記述するかという問題である。そのときにギンズブルグが、思考の重要な準拠枠として使っているものが、フランスのいわゆるアナール学派の代表的存在であったリュシアン・フェーブルの歴史観である。フェーブルの「史料はそれだけでひとりでに語ることはなく、正しく問いかけられた場合にのみ語る」という見解が本書に引用されている。また、フェーブルとともにアナール学派の創設にかかわったマルク・ブロックの「歴史を後ろ向きに読む」ということばも引用されている。

ギンズブルグの歴史叙述は、こうしたアナール学派のひとたちの方法を忠実に守っているように思われる。評者のいまの関心に引き寄せて述べるならば、ギンズブルグの歴史観は、ベンヤミンの歴史観とつながる。ベンヤミンは、「事実としての過去」と「記憶された過去」とは異なるものであるとし、「過去の真のイメージは、一瞬の光のなかにのみ現われる」とした。記憶が残されている「屑」を集めることが、ベンヤミンにとっての歴史である。それは、現在から過去を照射することにほかならない。実際にギンズブルグは、ベンヤミンに対する深い敬意を抱いているように思われる。

さらにギンズブルグは、歴史叙述においてバフチンのいう「ポリフォニー」の概念が重要であることを説く。バフチンは、「多かれ少なかれ隠された作者の声によって支配されるモノローグ的テクスト」ではなく、「相対立する世界観が衝突しあっており、そのなかにあって作者自身はどの味方もしていないようなダイアローグ的（モノローグ的）テクスト」として、ドストエフスキーの作品を捉えた。ギンズブルグが求めているのも、このようなポリフォニー的な歴史であり、本書の第三章「他者の声　近世初期イエズス会士たちの歴史叙述における対話的要素」は、バフチンを踏まえて書かれたものである。

本書で論じられている対象は、一五世紀イタリアの人文学者ヴァッラやイエズス会士の記録などである。しかし、そこで用いられている方法はきわめて現代的な問題意識に満ちたものであり、その意識を前提とする読者にとっては、本書は限りない魅力を持つであろう。

『浅草十二階――塔の眺めと〈近代〉のまなざし』細馬宏通著

本書は、「以前からエレベーター内における人間行動に興味を持っていた」という著者が、「日本初のエレベーターが設置された」凌雲閣（浅草十二階）のエレベーターのことを調べようとして始めた考察が出発点になっている。しかし、著者の構想力はエレベーターの内部に閉じこもっていることができなかった。凌雲閣に関わるあらゆる問題がそこから噴出したように見えるのであり、読者はいたるところで思いがけない事実を知らされる。

たとえば一八九〇年に建てられたこの「明治一の高塔」の設計者に、東京駅を作った辰野金吾が加わっていたことは、評者が本書で初めて知ったことである。（本書によると、辰野金吾は浅草国技館も設計したという。）凌雲閣は、東京のランドマークとして機能していたらしいが、「高さ」にあこがれる東京人の好みに応じて、イギリス、アメリカから「風船乗り」がやってきて、気球と落下傘を使ったショウを披露する。「風船」とは気球のことであり、当時の子供たちのあいだで「紙風船」がはやったのは、「風船乗り」の影響であると著者は推理する。

この風船乗りのショウを見てたいへん感心した菊五郎は、黙阿弥に頼んで「当世評判の風船乗りスペンサーと凌雲閣を題材にした散切物」の新作を書いてもらう。（「散切物」とは、時代の風俗を題材にした出し物のことである。）それが「風船乗評判高殿（ふうせんのりうわさのたかどの）」で、菊五郎は外人の風船乗りに扮して、英語で演説するが、その英語を書いたのが福沢諭吉だったというエピソードも添えられている。

歌舞伎座でのこの芝居の上演によって凌雲閣はさらに有名になり、「その姿を描いた絵双紙は飛ぶように売れた」という。さらに凌雲閣に登っていくことを図像化した双六（すごろく）も作られる。つまり、凌雲閣はイメージ化され、神話化されていく。また凌雲閣で、当時の「美人写真」が展示されていたことについても、著者は豊富な資料を使って論じている。日清戦争の時に戦争の写真がどのようにして撮影され、印刷されていたかは映像ジャーナリズムの問題の出発点になる。

さらに著者は、凌雲閣と文学との関連についてもきわめて興味ある指摘をして田山花袋、島崎藤村などの作品が論じられている。特に凌雲閣をテーマにした石川啄木の作品の解読を進めていく途中で、『ローマ字日記』を子細に検討し、啄木が凌雲閣に時々登って自分の孤独を慰めたという俗説を批判しているあたりは、新たな文学論としても非常に面白い。

そして、いたるところに珍しい図版を挿入した本書全体が「十二階」（十二章）から成り立っていることにも、凌雲閣への著者の関心をうかがい知ることができる。

『ローマ文化王国―新羅』 由水常雄著

本書は、四世紀から六世紀までの新羅の文化を論じた文字通りの労作である。五世紀の新羅の王家の墓から出土した多数の遺物の中から、著者はとくに特異なデザインのトンボ玉（ネックレスの先端に付けるもの）と華麗なデザインの宝剣に注目し、その由来をたずねていく。著者の記述は驚くほどの博引傍証に基づくものであり、世界中の美術館・博物館から資料を集め、『日本書記』のなかの新羅についての記述から、ケルト人について記したカエサルの『ガリア戦記』にいたる東西の文献を渉猟し、それに著者独自の推理を加えていく。そして、ローマ的なデザインのトンボ玉と、ケルトの余韻が残る宝剣の来歴を徹底的に追い求める。

この探求は、単にトンボ玉と宝剣の由来に限定されるものではない。それと同時に、新羅という国の特異性が浮かび上がってくる。同時代の高句麗・百済とは異なり、新羅が六世紀までは中国文明の影響を受けていなかったことが明らかにされる。新羅は、おそらくはフン族を媒介にして、ローマの文化、さらにはその基底にあるケルト文化とも接触していたのである。したがって本書は東と西の世界を、あたかも鳥瞰するように一望に収め、いままで孤立して語られていた新羅の文化を、ことばの本来の意味での「グローバル」な立場から考察する。本書の構想は三〇年以上も前から具体化される時を待っていたのであり、読者は著者の熱気を感じないわけにはいかないはずである。

読者は、新羅の王家の墓から出土した宝剣の模様と、ダブリンのトリニティ・カレッジに展示されている八世紀の『ケルズの書』のデザインとが、あまりにも似ていることを知って驚くに違いない。読者を驚かせるそのような記述は本書のいたるところに存在している。豊富で華麗なカラー図版は、本書の内容に即して箇所に用いられているが、それだけでも読者の眼を楽しませるに違いない。

『マキアヴェッリ——転換期の危機分析』ルネ・ケーニヒ著 小川さくえ／片岡律子訳

マキアヴェッリは、政治の世界で、目的のためには手段を選ばない「権謀術数」的なマキアヴェリズムの元祖と思われている。本書の著者ルネ・ケーニヒは、そのようなマキアヴェッリ伝説を捨てるべきだと主張する。それにはマキアヴェッリの本当の姿をあらわにしなければならない。マキアヴェッリの真の生涯は、著者が「内的伝記」と名付ける方法によって可能になる。その作業によって見えてきたマキアヴェッリの姿は、マキアヴェリズムの唱道者、あるいは冷酷な政治家ではなく、現実よりも美を重視する芸術家であった。

ケーニッヒの解釈によると、「いったんマキアヴェッリの手にゆだねられた政治は、意志そのものがたんなる美的現象とみなされるような普遍的美学の一部」である。政治・外交は、マキアヴェッリにとって、フロイトの分析治療と同じような意味での「経験」であった。マキアヴェッリは、この経験を材料にして、サン・カシアーノ近くの小さな領地で著述に専念する。そのときのマキアヴェッリを動かしていたものは、「倦むことなく自分の作品に磨きをかけ細工をほどこす美的衝動」であった。

マキアヴェッリを伝説からこのように解放するとき、マキアヴェッリの『君主論』は、政治論ではなくなる。ケーニヒは、『君主論』が「政治技術の教科書として役にたつものではなかった」ことを論証していく。『君主論』は、「死にゆくイタリアの物語」である。『君主論』は、芸術作品として、ミケランジェロのダヴィデのようにあらゆる時代を通じてトスカーナ精神の記念碑でありつづける」。これがケーニヒのマキアヴェッリ解釈である。

『南仏ロマンの謝肉祭――叛乱の想像力』 E・ル・ロワ・ラデュリ著 蔵持不三也訳

南フランスにロマンという小さな都市がある。本書はこの町で一六世紀末に起きた事件の詳細な報告である。謝肉祭では、日常的な世界が一時的に失われて、さまざまな価値の混乱と転倒が行われ、非日常的な時間と空間が実現される。ところがそこに現実世界の反乱が加わると、もはや日常と非日常の区別がなくなり、特別な世界が生まれる。フランスの著名な中世史研究者であるル・ロワ・ラデュリが、祭りと反乱がこのように同時に起こった瞬間の前後を捉えて記述したのが本書である。

そこでは、豊富な資料が歴史家の研ぎすまされたまなざしによって徹底的に分析され、一六世紀の人物たちが生き生きとした表情で描き出される。ロマンの貴族・有力者と手工業者・農民、富裕な者と貧しい者、カトリックとプロテスタントといったさまざまな対立関係がからみあう。訳者のことばを借りるならば、「カルナヴァル（謝肉祭）という伝説的な民俗慣行を舞台」として、それらの登場人物たちが争うありさまが歴史的想像力を駆使する著者の手によって、次々に明らかにされていく。訳者がいうように、それはまさにバルザックの小説を読むような興奮を読者に与えるであろう。

ル・ロワ・ラデュリには、十三世紀のピレネー山中の農村の生活を細かく記述した『モンタイユー』（刀水書房）がある。それと同じように、この『南仏ロマンの謝肉祭』でも、著者の歴史的想像力は遺憾なく発揮されている。著者の記述の特徴の一つは、登場人物が生きている人間として描かれている点にある。

訳者は、祭りと反乱の舞台になったロマンを訪れ、本書で記述されている場面を一つ一つ探して歩く。その記録が、本書の巻頭に収められた「訳者まえがき　ロマン逍遥」であるが、この「まえがき」それ自体が、すぐれたエッセーとなっている。

『見ることの塩』　四方田犬彦著

本書の著者は二〇〇四年の前半をイスラエルですごし、そこからしばしばパレスチナに出かけて、現地の状況をつぶさに見つめた。同じ年の後半はベオグラードを根拠地として、異なった民族・宗教・言語の交錯する旧ユーゴスラビアを歩きまわった。本書はその間の記録であるが、もとより単純なルポルタージュのたぐいではない。どこにいても著者は自分の専門とする映画研究を忘れることなく、さらに朝鮮半島での生活体験を随所に生かし、またつねにその土地の人々と話をして、彼らの呼吸を感じ取ろうとする。

たとえば、私たちはともすれば「イスラエル対パレスチナ」といった単純な対立図式で中東の問題を考えようとする。しかし著者は、イスラエルに住むユダヤ人が、実際には非常に複雑な構成になっていることを現地で実感する。東欧から来たユダヤ人と、北アフリカから来たユダヤ人は、もとより異なるが、そのほかにロシアから来たユダヤ人は自分たちだけで固まる傾向があり、エチオピアから来た肌の黒いユダヤ人は差別に苦しむ。一方パレスチナ人の側もけっして一枚岩ではない。イスラエルに住むパレスチナ人は、パレスチナに住むパレスチナ人とは反目している。

旧ユーゴスラビアを構成するクロアチア人・セルビア人・モスレム人などの対立についても、著者は無理をしてさえもいたるところに出かけていき、話を聞き、写真を撮り、映画を見る。もちろん文献による予習も怠ってはいない。著者が出かけたこの二つの地域は、民族相互の血なまぐさい抗争の舞台であり、多くの人命が失われてきたところである。本書のタイトルは「私の見ることは塩である　私の見ることは癒しがない」という高橋睦郎の詩の一節から取られているが、著者の意識は、このタイトルに凝縮されているといえよう。また、本書の内容はきわめて政治的であるが、そこで用いられていることばは限りなく文学的である。読者は、書かれてあることの厳しさと、そこで使われている言語表現の魅力とのなかで身動きできなくなるであろう。

『ヨーロピアン・ドリーム』 ジェレミー・リフキン著 柴田裕之訳

ジェレミー・リフキンは石油に代わるエネルギー源としての水素の役割を論じた『水素エコノミー』などの著者として、わが国にもよく知られているアメリカの文明批評家である。いま思想の世界で活躍しているスラヴォイ・ジジェクも、そのレーニン論『迫り来る革命』のなかでリフキンの仕事に注目している。

リフキンは「個性、私利の追求、自律、排他性」を原理とするアメリカン・ドリームが危機に陥ったとする。そしてアメリカ人は貧困に苦しむ地域のことを考えず、家畜の餌となる穀物を生産し、食肉を多量に消費している。アメリカ人の三〇％が肥満しているのはそのためである。アメリカ人は排気ガスをまき散らす車に乗り、農地の半分を遺伝子組み換えの農産物の生産に使っている。

アメリカ人は広い家に住み、隣人とは距離を保っている。これに対してヨーロッパ人は集合住宅の狭いアパルトマンに隣人と接して暮らし、「他者との無数の相互依存」を求めている。アメリカ人がショッピング・モールでの買い物を楽しむのに対して、ヨーロッパ人は田舎での生活をレジャーと考えるが、それは彼らの環境重視の思想の表現でもある。

したがって本書は、アメリカ人の自己批判である。しかし、リフキンは手放しでヨーロッパを肯定するのではない。ヨーロッパはいま深刻な人口減少に直面している。EU域外からの移民がないと、ヨーロッパは「巨大な老人ホーム」になるおそれがある。しかし、移民を受け入れれば、犯罪が増加し、政治的には排他的な右翼の台頭という事態を招くことになる。

リフキンは、アメリカとヨーロッパがそれぞれ抱える問題を「世界市民」の立場から考えようとする。そして、アメリカ人には「集団思考の責任感」を、ヨーロッパ人には「個人としての責任感」を求める。そして個別の地域を超えた、世界規模の「グローバル社会」の未来について熱をもって語っている。

『サルトルの世紀』 ベルナール＝アンリ・レヴィ著 石崎晴己監訳／澤田直他訳

二〇〇五年はサルトル生誕百年にあたる。著者はそのサルトルを「同時にすべてのジャンルを動員した、彼の世代で唯一の人物」だとする。それはサルトルが哲学者であり、作家であり、世界中のさまざまな政治的問題について発言した人であるというだけのことではない。サルトルは複数のサルトルであった。つねに「自分に逆らって、自分の頭の骨を折る」ような「自己解体」

の人であった。著者はそのような矛盾だらけのサルトルを、多様な視点から描く。

しかも、サルトルひとりを解明しようとするのではない。サルトルに多大な影響を与えたヘーゲルをはじめとして、ベルクソン、フッサール、レヴィナスなどの哲学について著者独自の解読もなされる。実存主義哲学者ハイデガーについては、特に非常に綿密な検討がなされている。『存在と時間』によって二十世紀の思想に圧倒的な影響を与えたハイデガーは、ナチズムと深くかかわりがあった哲学者であり、彼の哲学をどう考えるかは、現代思想の大きなテーマの一つである。そこではサルトルは一時棚上げにされ、ハイデガーの思想の意義が念入りに検討される。「ハイデガーなしには思考できないが、ハイデガーとともに思考することもできない」という現代思想の板挟み状況が描き出される。

本書が一般の読者にとっても面白いのは、著者が師事したフランスの著名な哲学者アルチュセールの研究室の乱雑なありさまが描かれていたり、サルトルに影響を与えたユダヤ系の思想家レヴィナスのアパルトマンを訪ねたときの逸話などが報告されているからでもある。サルトル自身も何度か顔を見せる。したがって本書は、サルトルの世紀である二十世紀の思想史であり、思想家たちの生きた姿も見せてくれる。また思想の書物でありながら、小説のような面白さを持っている。

『アメリカの眩暈』 ベルナール＝アンリ・レヴィ　宇京頼三訳

本書の著者ベルナール＝アンリ・レヴィは、フランスの「新しい哲学者」のひとりで、数多くの著作がある。最近では、サルトルを同時代の思想のなかに位置づけた『サルトルの世紀』が邦訳され、話題となった。『アメリカの眩暈』は、一八三〇年代にアメリカを旅行し、その時の経験をもとに『アメリカの民主政治』を書いたフランスの政治家アレクシス・ド・トクヴィルの足跡をたどった著者の報告書である。

著者はアメリカの刑務所にも行き、キューバにある悪名高いグアンタナモの収容所も訪れる。アリゾナ州サンシティにある「ゲート付きの共同体」と名付けられた「金持ち・老人用の特区」の描写も印象に残る。「百歳まで生きるに足りるだけの十分確かな財力を証明する夫婦だけが入れる」安全で高級な施設である。それはアメリカでも極端なほどの「格差」が拡がっていることを示している。

また他方では、廃墟になってしまったバッファローやデトロイトのような、かつての工業都市の姿が描かれる。三人の大統領を生んだバッファローについて、著者は次のように述べる。「車のいない長い大通り。食事するレストランひとつなく、ホテルもほとんどない。破損したか、壊されつつある閉鎖された摩天楼。」さらに、イースト・デトロイトは「無人のバビロンの塔か、住民が逃げ出して滅びかけた未来都市」である。それは同時に、日本の地方都市の未来を先取りした情景のようにも見える。

著者はヘミングウエイ、フィッツジェラルドなどについて語り、ノーマン・メイラーには直接会う。彼らの文学に描かれているアメリカと、著者の見るアメリカとが重なって描かれる。さらに多くの政治家と会い、アメリカの国際政治のあり方について考察する。結局、著者にとってアメリカは「素晴らしいが狂った国」であり、「最良なものと最悪なものとの実験室」であった。現代のアメリカをどう見るかについて示唆を与える著作である。

『ポスト・デモクラシー』コリン・クラウチ著　山口二郎監修

本書の著者コリン・クラウチは、イタリアでも研究活動をしていたイギリスの社会経済学者である。そのため、クラウチの考察の材料はヨーロッパのものが多いが、グローバリゼーション、ネオリベラリズムという国際的な動きを視野に入れたクラウチの見解には、そのまま日本に当てはまるものがある。クラウチは、一九九〇年代後半において、先進工業国では「富める者の利益になるように」という政策が主流になり、大企業の利益を優先する傾向が強くなったことを指摘する。その原因は、今日のグローバリゼーションとネオリベラリズムである。

グローバリゼーションの影響として、大企業間の吸収・合併、あるいは乗っ取りが行われ、そのため現代の典型的な大企業の所有者は、「たえず顔ぶれの変わる、持ち株を電子取り引きする資本家の一群」になる。そのため企業の「アイデンティティ」は不明瞭になる。こうした大企業の所有者たちは、さまざまなかたちのロビー活動によって、政府・政権政党に影響力を行使し、税制を中心とする国の政策が大企業に有利になるようにする。他方、それらの企業は「正規の労働者を雇う必要性を回避する」ことになる。大企業に利益が上がっても、労働者の収入は減少し、また正規に雇用されない派遣社員のような労働者がふえる。このようなグローバリゼーションがもたらしたものが、まさに今日の日本の状況である。「格差」の問題についての広い視野からの考察がここにある。

クラウチはこのような経済の危機が、そのまま「大企業による権力支配」という現代政治の危機になっていると警告する。ここには「格差」の問題の本質がある。経済の問題と政治の問題の密接なつながりをクラウチは豊富なデータを使って明らかにした。今日の危機的な「ポスト・デモクラシー」の状況を明確に暴いた本書は、そこで描かれていることが暗いものであるにもかかわらず、読者に一種のエネルギーを与えてくれる。

『知識人の時代』　ミシェル・ヴィノック著　塚原 史他訳

大河小説という形容は月並みとは思うが、本書はまさにそういう感じを与える。二〇世紀フランス知識人の群像が描かれ、彼らの思想と行動の歴史が語られる。「知識人」ということばは、ドレフュス事件のときから使われ始めたとされる。フランス現代史の権威といわれるミッシェル・ヴィノックは、それ以降の「知識人」の典型として、バレス、ジッド、サルトルの三人に焦点を合わせ、彼らの周辺で徒党を組んだり、対立したり、方向を転換したりする多数の知識人を豊富な資料を駆使して描いた。

「知識人の時代」といっても、もちろんこの時代は知識人だけで作られるのではない。そこには現実の政治的・国際的な状況が密接に絡んでいる。現実のさまざまな状況が知識人を結束させたり、対立させたりする。ドレフュス事件は知識人を、したがってフランス全体を、ドレフュス派と反ドレフュス派、つまりユダヤ人を擁護する立場と反ユダヤ主義とに分裂させた。分裂どころかそれは「抗争」にほかならなかった。

フランスの強力な右派組織であるアクシオン・フランセーズを指導したシャルル・モーラスは、最後はヴィシー政権に荷担し、戦後の裁判で国籍を剥奪される。しかし彼の修辞に満ちた言説がどれほど当時の若い人たちにとって魅力的であったかは、ベルナノス、ラカン、アルチュセールといった人たちのモーラスへの傾倒から想像できる。彼らはいわばモーラスの呪縛から逃れて自分の思想を形成していったのである。そのモーラスの登場は、ドレフュス事件なしにはありえなかった。ヴィノックはモーラスのことを「ドレフュス事件によって生まれたナショナリストのプリンス」だとしている。

また、ロシア革命、ナチスの政権獲得は、フランスの知識人を左右に分けた。一九三六年にジッドは招かれてソ連に行くが、そのあとに書かれた『ソビエト紀行』『ソビエト紀行修正』が特に重視されるのは、ソ連によって「歓待」されたこの「大知識人」の発言が、当時の民衆の意識を方向付ける役割を演じたからである。「ヒトラーかスターリンか」というきびしい二者択一に迫られた当時のヨーロッパ人は、「知識人」がどう反応するかを、判断のひとつの基準にしていたのである。一九三六年から三九年まで続いたスペイン内乱によっても「フランスは二分された」とヴィノックは分析する。

フランスの敗戦、ヴィシー政権の成立にあたって、モーラスはそれまでの反独的の立場を捨てて、レジスタンスを否定するにいたる。これもまた現実の重さを感じさせるできごとである。そして、アルジェリア戦争のときのフランス知識人の態度決定も重要な場面である。一九六七年のいわゆる「六日間の中東戦争」についての知識人の行動には注目すべきものがある。そこには「ユダヤ人問題」が絡んでいるからである。ヴィノックによると、当時のフランスの知識人の多くはユダヤ人に味方し、その結果「フランス人の大多数がイスラエルを支持した」のである。ドレフュス事件以来の反ユダヤ主義と、それに反対するゾラに始まる思想が、中東戦争を契機に激突したのではなかった。ユダヤ人ともパレスチナ人とも友好的だったサルトルが立場を決めかねて苦しんだというが、ユダヤ人に味方する意見が大多数だったというのは、きわめて興味ある指摘であった。それはドレフュス事件以降の知識人の言説がユダヤ寄りであったことも一因であろう。

ヴィノックは「知識人」を「現代人の先頭に立つ者」と規定する。そうであればこそヴィノックは、フランス大企業による「現地人の搾取」を『コンゴ紀行』において非難したジッドの思想に特に注目することになる。そしてこの二〇世紀知識人史からわかってくることは、彼らがつねに言論の場を作っていたことである。モーラスは日刊紙「アクシオン・フランセーズ」を発行していたが、一九三四年にその発行部数は二〇万部に達したという。ヴィシー政権下でさえ、対独協力派は「コメディア」という機関紙を作っていた。サルトルは一九四五年、戦争が終わるとただちに「レ・タン・モデルヌ」を発刊した。二〇世紀がまさに「活字の時代」であったことが理解される。モーラスの影響力は、その魅力的な文章にあったといわれている。ヴィノックによると、彼の声は通りが悪く聞きにくかったというから、テレビの時代ではアクシオン・フランセーズは発展しなかったかもしれない。

一九六八年の「大混乱の日々」は、「プラハの春」がソ連の介入によって終わった年であり、「共産主義の威信に新たな打撃を与えた」年であった。サルトルは一九八〇年にこの世を去るが、おそらくすでに一九六八年から「知識人の終焉」が始まったと見るべきであろう。そのころから、バレス、ジッド、サルトルという「大知識人」の系譜がそろそろ弱体化し始めた。本書の終わりのところで述べられているヴィノックの結論はきわめて印象的である。時代を先導する者としての思想は、すでに「数人の知識人の独占物」ではなくなった。「無名の知識人たちの日々の仕事」こそ、「民主主義社会の中心部において、批判的であると同時に組織的でもある真の対抗権力」であるというヴィノックの結論は、「大知識人」への批判であるが、この批判は二〇世紀知識人の歴史を書き上げたヴィノックにおいて初めて可能になったというべきである。本書の考察の対象はフランスの知識人である。しかし、そこで論じられている問題は、われわれ自身の問題と直結している。知識人と権力の問題はその一つである。権力に迎合する「知識人」が本当の知識人でないことが、本書の読者には伝わってくるであろう。

第五章　文学・芸術

『日本の世紀末』 岡田隆彦著

本書は、明治末から大正にかけてわが国の美術の世界で活躍した、村山槐多、関根正二、竹久夢二、萬鉄五郎、長谷川利行といったひとたちの仕事をたんねんにたどり、そこに「日本の世紀末」を見出そうとした第一部、中原中也、富永太郎といった詩人たちの仕事を論じた第二部、それに「日本の世紀末」という、第一部の補論となる独立した論文から成っている。全体として、著者の熱意が伝わって来るような労作である。ここでは、主としてその第一部に焦点を合わせて、本書の特徴の二、三について述べておきたい。

「日本の世紀末」とはどういう考え方であろうか。岡田氏は次のように書いている。明治三十年代に「詩人や画家たちが、きわめて日本的な感覚の世界を展開し、土俗的とさえいっていいような幻想を発見してゆくのはたいへん興味深いことである。こうした傾向が顕著になるのは、明治末から大正初期にかけてであって、年代的にみれば、およそ十余年おくれた日本の世紀末といえる」。つまり、日本の世紀末とは「近代日本美術の自律」が成立した時期にほかならない。岡田氏はこの概念を示すために、それぞれの画家・彫刻家に関してきわめてこまかい論証を試みた。このディテールのつみ重ねによって、かえって著者の主張がおもてにあらわれない傾向があり、また日本美術の転回の時としての「世紀末」という概念を示すためには、それまでの美術の流れとの結びつき、断絶が十分に書かれていないという不満が残りはするが、それにもかかわらず、岡田氏のこの著作は十分に読ませる力を持っている。

おそらくそれはこの著作が、美術だけを抽出して論ずるのではなく、「時代との関連にひきつけながら作品を考える」という立場を基盤にして書れているからであろう。もちろん、その社会的視角は歴史学者の眼から見れば不十分なものに違いないが、著者の史的な観点は常に意識的に存在しており、本書は芸術社会学のひとつの試みとしても読まれることができるだろう。

また本書では、美術は文学との関連においても把握されている。その志向は、たとえば白樺派と京都画壇の関係、パンの会における文学者と画家との交流といった現実生活での関連の記述においてのみならず、詩と美術との具体的な相互の影響関係の記述においても認めることができる。岡田氏はそのような美術と文学との相互関係の存在様態を「文化のるつぼ」であると規定した。この「文化のるつぼ」をよく見るならば、そこから日本の近代文化への批判の道が開かれるに違いない。

本書の第一部でなされている「日本の世紀末」の美術の再検討は、それぞれの画家・彫刻家についての作家論のかたちをとっている。そこで用いられている方法はそれぞれの芸術家の生活から作品へさかのぼるという方法と、作品そのものに接してその印象を語るという方法との混合である。従来の美術史家の仕事を十分に理解し批判した上で、自分の眼で見た作品の印象を語る岡田氏の文章を、私は興味をもって読むことができた。それが単なる印象批評のつみ重ねに終っていないのは、すでに述べたように「時代との関係にひきつけながら作品を考える」という基本的な立場が本書に一貫して存在しているからにほかならないと言えよう。

『夢みる力』 岡田隆彦著

『夢みる力』は、昨年刊行された『日本の世紀末』（小沢書店刊）に続く、岡田氏のエッセーであり、数年前に『美術手帖』に連載された「こちら精神覚醒科」をその主な部分としている。そしてまさに読む者の精神を覚醒させてくれるような書物である。『日本の世紀末』も、美術と詩という二つの領域を結びつけた、世評の高かった力作で、私もその書評を書いたが、今回の『夢みる力』は、もっと広い視野を持つ、脱領域的なエッセーであると言えよう。

『夢みる力』のあとがきのなかで岡田氏は、本書の主題は「想像力の営みの諸相」であると述べているが、ガラス・鳥・水・猫・犬といったテーマを扱うそれぞれの章は、そのようなひとつひとつのテーマにかかわる自由な連想的記述であり、そこに『夢みる力』としての想像力の営みの軌跡を読みとることができる。異なった世界が思いがけない仕方で結び合わされ、いわばコラージュ効果といったものを感知することができる。たとえば、「水族館的・水晶体的感覚」の章では、通りから見えるガラスばりの喫茶店のなかで、自分たちの姿を他人の眼にさらしている若者たちのすがたを、水族館になぞらえて語っているうちに、やがて筆はおのずからエリュアールの詩にふれ、さらにライトの建築が論じられる。あるいはまた、マラルメの詩とデュシャンの作品とが、ガラスを媒介にして結びつけられる。『日本の世紀末』のばあいと同じように、言語芸術と視覚芸術との境界は消滅してしまう。岡田氏自身も、「扱う対象のジャンルにこだわらず自由に語りたい」と書いているが、私はこういう一種の多次元的エッセーに非常な共感を覚える。

山崎昌夫氏は『旅の文法』（晶文社刊）を、「引用のモザイク」とでもいうべき手法を用いて書き上げたが、この『夢みる力』もやはり数多くの、しかも異なった領域のテクストからの引用で構成されるモザイクである。たとえば、「鳥狂い」の章では、鳥をめぐってホルンストの絵画、雁を詠んだ飯田蛇笏の句、ブランクーシの彫刻、リルケの詩、レオナルド・ダ・ヴィンチの飛行機械の構想、それらが岡田氏の詩的なリズムを持った文章のなかに散りばめられている。

引用のモザイクとは言いながら、「猫いらず」の章などでは、さりげなく岡田氏の夫人の句などが引用されたりして、私小説的な色彩もないとは言えず、要するに本書はきまりきったジャンルのなかに組み入れることのできないエッセーである。そうかといって、本書はけっして気ままに読み捨ててよい軽い読物のたぐいではない。たとえば、建築におけるガラスの機能を論じた「欲ばりなガラス病」の章では、現代芸術において、作品の物質性が捨てられて、そのイメージ・

観念だけが問題にされていることを、ガラスと結びつけて論じ、また、「遠近法の幻像」、「諸感覚が織り成す空間へ」の章では、遠近法という考え方の批判を通して、空間そのものに対するわれわれの見方の変化を求めるといった所説も見出すこともできる。岡田氏は、このような作業を通して現代芸術、あるいは現代というものをはっきり見きわめようとしているように思われる。

『水　土地　空間』大岡昇平著

本書は、ここ数年にわたる大岡昇平氏の対談を集めたものであるが、最近これほど刺激に富んだ、読みごたえのある対談集を見出すことは困難である。まず第一にこの対談集では、大岡昇平氏の文学の背景になっているのは、いわゆる「原光景」と言われているものがいくつか明らかにされ、また大岡氏の文学の方法や、影響を受けた作家については数多くのことが語られている。たとえば、『幼年』がドゥルーズの『プルーストとシーニュ』の方法を使っていることなど、意外な事実が明らかにされる。

対談相手が多様であることは深い意味を持つことになるだろう。埴谷雄高氏との対談では、同じ年に生まれたこの二人の作家の共通の体験――関東大震災など――が語られ、丸谷才一氏との対談では、大岡昇平氏の文体の由来が熱っぽく話される。武満徹氏との対談では、水のイメージにからんでバシュラールへの言及もあり、清水徹氏との対談ではマルト・ロベールやフロイトの思想が話題にされる。すでに言及したドゥルーズについて、大岡氏はかなり深い関心を持ち、最近ではその根茎（リゾーム）というイメージ的概念に特に注意されているようであるが、この対談集を読んで行くと意外なところへ大岡氏の触手のようなものがのびていることがわかり、いわば大岡氏自身が一箇の根茎であることが感知される。

大岡氏はこの対談集のなかでしばしば土地や場所について語っており、そのことは『水　土地　空間』というこの本のタイトルそのものによっても示されている。「いつだって私には野原も森も岩壁もひとつの空間でしかなかった。そして恋人よ、おまえはそれらを『意味のある』場所にする」――これはボルノウの『人間と空間』に引用されたゲーテの詩であるが、大岡氏はこの詩に言及しつつ、空間の意味を語っている。そして、そのような意味での空間・場所を重視した作家として、独歩と一葉の名をあげていることに私は注目したい。

今、ドゥルーズやボルノウの名をあげたが、この対談集を読んで気付くのは、大岡昇平氏が驚くほど多方面にわたって本を読んでいるということである。欧米人の著作だけではなく、同時代のわが国のひとたちの仕事にもたえず眼をくばっている。その眼くばりはきわめて適確であり、それらを評価し、吸収し、そのことを通して自分の作品の意味を再発見し、また創造の方法として役立たせていることに注意すべきであろう。

しかしこの対談集では、単に大岡昇平氏の文学が語られているだけではない。たとえば渡辺格氏との対談「科学・生命・文学」は、現代の分子生物学の成果から与えられている、ほとんどペシミスティックとしか言いようのない人間観についての対談である。当然のことながら、そこでは人間の死というもの、特に老人の死というものが語られている。そしてこの対談は、もっとなまぐさい現実世界のことを語り合った、小田実氏との対談「一兵卒の視点から」とつながっている。そしてそのなかで語られている『俘虜記』は、そのまま『レイテ戦記』とつながり、『レイテ戦記』は、水や土地や場所の問題とつながっていて、武満徹氏との対談「水・音楽・ことば」のところへ戻って来る。つまり、この対談集全体が、ばらばらなようでありながら、たがいに結び合わされているのである。

このように、対談の相手はさまざまな領域のひとつでありながら、大岡氏はそのいずれの領域のなかへも深く入りこんでいる。そしてそれらの対談はたがいに異なった世界のことを語っているにもかかわらず、どこかでつながっているのであって、これはドゥルーズ＝ガタリが『カフカ』などで示した「鎖列」のような構造になっている対談集だと言えるだろう。

『批評の解剖』　ノースロップ・フライ著　海老根宏他訳

今回訳出された『批評の解剖』は、カナダで活躍してきたノースロップ・フライの代表的な文芸批評の著作である。といってもそれは個別的な作品についての批評ではなく、批評の原理を探求する、理論的レヴェルにある著作である。

原著の刊行は一九五七年で、それはフランスを中心とする構造主義の盛期にあたっている。『批評の解剖』もこのような、ヨーロッパ文化の傾向と遠く離れるものではなく、人間主義的な要素はそこにはほとんど見出すことがない。ジャック・デリダたちのいう「人間の終り」は、この『批評の解剖』のなかにも感知することができるだろう。

ひとことで『批評の解剖』の原理を示すならば、それは形式主義である。フライは本書の結論の部分で、「批評の出発点は本文の検討であるが、その終局目標は全体的形式としての文学の構造である」と書いている。批評の目的は文学の形式・構造の解明であるから、作品の内在的価値の探求や、作品の歴史的・社会的な背景の解明などは、本書ではほとんどなされない。その点でこの『批評の解剖』ほど形式主義批評の原則を徹底的に示した著作は、ほかには数少ないというべきである。小説を読むときに、「われわれは人生の反映としての文学から自律的言語としての文学へと進まねばならない」ともフライは書いている。文学を人生論的・人間主義的に読む立場は完全に否定されているのである。

評者にとって興味があるのは、フライのこのような形式重視の思考が、フライにおいては、さまざまな批評の立場を総合していこうとする立場と共存している点にある。フライ自身、この著作について「総合的理論」という評価を与えており、またこの著作の目的は「批評家たちに新しい綱領を示すことではなく、既存のさまざまな綱領に対して、新しい展望を与えること」だと述べている。こういう総合性は本書の長所であり、それと同時に短所にもなっている。なぜなら、このような総合的理論はたしかに文芸理論としては成立するが、ポレミックな要素を含むことができないからである。評者は本書を読んで多くのことを教えられたが、他方では学問的な文学批評の限界、つまり何らかの意味での共感や反感を与えるものがないという限界をも改めて感じないではいられなかった。フライは、「創造と知識、芸術と科学、神話と概念、これらの間の失われた連鎖を回復しようとする仕事こそ、私が心に描く批評である」と書き、『批評の解剖』はある程度このような批評のあるべき姿を実現してはいる。しかし、ギリシャ劇、シェークスピア、現代文学、ラジオドラマを通貫して存在する文学形式の探求は、あまりにも同一性の探求であり、個々の時代と社会における個々の作品の差異性が、この同一性のなかに埋没してしまうおそれを評者は否定できない。しかしこれはあくまでも個人的見解であり、そういう限界がありながら、本書がきわめて重要な文芸理論の書物であることを評者は否定しない。

評者が『批評の解剖』の原著を入手したのはすでに十数年前のことである。しかし、さまざまな理由、特に読む側の教養の不足から、この原著を読み通すことができなかった。いま、『批評の解剖』は訳者たちによる念の入った翻訳、親切な訳注によってわれわれのものになった。月並な言い方になるが、これは英米文学・文芸理論に関心を持つひとにとっての「必読の書」である。

『行為としての読書——美的作用の理論』W・イーザー著　轡田収訳

数年前、本書と同じ訳者によるヤウスの『挑発としての文学史』(岩波書店)が刊行され、われわれは《受容美学》と呼ばれる理論の一端を知ることができた。このたび刊行された『行為としての読書』はヤウスとともに受容美学の理論の構築につとめてきたイーザーの考えを知るのに適切な書物である。

昨年末、フランスの書評誌『クリティック』は「ドイツ思想の二十年」というタイトルの特集を行なったが、その「文学理論」の部分はヤウスとイーザーの論文を掲載している。またイーザーはアメリカの大学でも講義をしており、国際的に評価されている学者というべきであろう。

さて、この『行為としての読書』のなかでイーザーが提出している最も重要な考え方は、《文学作品と読者との相互作用》という考え方である。この考え方は唐突に提示されたものではない。一読されれば了解できるように、イーザーはこの著作のほかに現象学・構造主義・フォルマリズム・ニュークリティシズムといった現代のあらゆる理論を吸収・展開させている。イーザーは過去の批評が「意味の発見を目的」としていたとする。たしかに伝統的な批評は、作品を媒介にしてその作品が示している実在にアプローチしようとする傾向を持っていた。ニュークリティシズム、そしてやや時間を置いてのそのフランス版と言えるヌーヴェルクリティックは、文学作品を媒介にして実在に向かうという態度を否定し、作品をそれ自体として評価しようとするものであった。これに対して、ヤウス、イーザーを中心とする「受容美学」は視点をさらに読者の側へと移動させて、作品と読者の相互作用という考え方に到達したのである。

それではこの相互作用はどのように具体化されるのか。ここでわれわれはイーザーが「虚構テクスト」という用語を使っていることに注意しなくてはならない。これは実在と対応しないテクストという意味である。虚構テクストの読者は、テクストのこの虚構性に直面しなくてはならない。虚構テクストが実在を表象するということはもはや問題にならず、読者が自ら対象を構成するということが問題になる。イーザーはこのことについて次のように書いている。「テクストはそれが伝えようとしている対象を正しくとらえているか、それとも誤っているか、適切であるか逸脱しているか、などと吟味する代りに、読者は自ら〈対象〉を構成しなければならず、しかも多くの場合、テクストによって喚起された既知の世界に対立や矛盾を発見する」。

この引用の終りの部分が重要である。イーザーは読書が自ら対象を構成することを生産行為と呼ぶが、それは虚構テクストを否定としてのテクストとして体験することを意味しているからである。虚構テクストを読むことによって読者は、「自己の発見と旧来の慣習とのディレンマに陥る」。このことをイーザーは、虚構テクストが「できごと」として体験されることだと述べている。読者が虚構テクストをできごととして体験するというのは、それを自分に対する否定として受け取るということであり、そこに生ずる矛盾・葛藤を克服して行くことが読者の生産行為なのである。この考え方には、E・モランが『時代精神II——できごとの社会学』(法政大学出版局)のなかで強調している、「できごと」の概念と共通しているものがある。

現代思想は、主体=客体の関係を中軸とする表象概念の崩壊という問題に直面している。文学の領域でも、「芸術作品をその時代の支配的思想ないし社会システムの代弁者と見るようなパラダイム」は完全に破壊されたのであり、イーザーの試みはそれに代わる新しいパラダイムの探求である。したがってこの『行為としての読書』は、そのよう現代思想の転回のまさに先端にある問題を文学理論の面において考察したダイナミックな著作である。

『日用品のデザイン思想』　柏木博著

いま広告に注目しない者はいない。広告の増大と比例して広告談議も増大している。しかし、われわれの周囲を日々飾る日用品の具体性、そのデザインに貫かれている近代特有の思想性を見究める作業はほとんどない。この欠落を柏木博氏は『日用品のデザイン思想』でじつに入念に追求し、デザインや広告を通じ根底的で批判精神にうちぬかれた現代思想の尖端を切り拓いている。

われわれは物に取り囲まれて暮している。われわれが道具として使い、いらなくなると捨てたり壊したりしてしまうそうした物を、われわれは自分たちの支配下に置いているつもりである。柏木博の『日用品のデザイン思想』は、ひごろわれわれが抱いているこのような常識的な道具観、物についての見方を転倒させてしまう。

家庭用の電気製品で、個電と呼ばれる小型・軽量のものが増えている。通常の感覚で捉えるならば、いわゆるシングルの生活をするひとが多くなったために個電が生産されるということになるだろう。「しかし」と柏木博は書いている。「ひょっとすると事態は逆なのではなかろうか。「シングル」が増えているから、「シングル」用にデザインした「家電製品」やその他様々なものが増えているのではなく、「シングル」用にデザインしたものが出現して来たから「シングル」

が増えて来たのではないか」。

この認識を前提とするならば、日用品のデザインにとって、思想がどれほど重要なものかが理解されるはずである。人間が道具を支配しているのではなく、人間がデザインする道具や物が逆にわれわれを支配していることに気付かなくてはならない。そのことに気付けば、デザインの重要性だけでなく、われわれを取り囲むあらゆる存在物について、もっと批判的な眼が必要なことがわかるだろう。

たとえば、このごろ作られる大学の学生寮には食堂がないものがあるという。これは食堂が集会の場所に変化するのを不安に思う当局側の意図が働いているからだと言われている。つまり、建築物が現代人の行動を規定してくるのだ。われわれが住み、働いている空間である都市も同じことである。或る都市が巨大産業の資本の論理のもとに徐々に改造されて行く現象を私は身近に見ている。

物がわれわれの生活を規定するということは、物がわれわれの思想を支配するということである。そこにデザインの重要性がある。しかし、柏木博の思考は単にその段階にとどまってはいない。柏木博はデザインにおけるイメージを重視する。今日のラジカセやデジタル時計やカメラが、どの製品も互いに非常に似ていて、デザインも機能もほとんど差異がなくなっている事実に注目しなくてはならない。「思考や感性の「オリジナリティ」はもう不必要になっているのだ。いかなる「オリジナリティ」も必要とせず、「中心」も「象徴」も消滅した状態、それが一九七〇年代半ば頃から、家電製品のデザインに明確になっているのだ。そして、それが戦後デザインの出来ばえでもある」。ここで柏木博は、同一性が支配する現代のデザインの状況に対する批判をしているのである。

そして柏木博はそうしたデザインの危機を、一九三〇年代にまでさかのぼって検討する必要があると指摘し、近代デザインが「生活とものを分断したがゆえに、いかなる生活様式とも無関係なものをつくり出すという奇妙な結果を生み出した」と批判する。こういう近代デザインの危機が、現代の日用品のデザインに極度の形式となって現象し、同一性を原理とするイメージが氾濫することになる。そうしたイメージが、差異を含まない人間の集団を作りつつあるのだ。

さらに柏木博は、今日の日用品のデザインの主流がコラージュの方法によっていることに注目し、「あらゆるもののデザインは現在、「複製」と「接合」の作業でしかなくなっている」と指摘する。そのためにオリジナルな思考や感性の存在が疑わしくなり、「デザインする主体の消滅」という現象が生じつつある。私自身もデザインの領域でのこうした傾向には早くから注目してきたつもりである。そしてそのような状況のなかで、マイナーな価値を持ったものを寄せ集めて作る「キッチュ」に積極的な意義を認めるべきであると主張してきた。デザインにおける「キッチュ」的なものについての著者の見解を聞きたいところである。

なぜならば、デザインにコラージュの手法が多用され、デザインの主体が見えなくなってきたということ、イメージに差異がなくなり、同一性が支配するようになってきたといった現象は、柏木博の表現を用いるならば、「無意味な状況（生活）」を生み出しているからである。われわれの生活の無意味な状況は、管理する側、資本の論理を行使する側にとっては最も好都合な状況である。

こうした「無意味な状況」を破壊して行くためにはどうすればよいか。柏木博は「現状への根底的批判」を求めているように見える。私は柏木博が、これからの仕事でこの根底的批判を続けることを期待している。

『ドビュッシー——生と死の音楽』 V・ジャンケレヴィッチ著　船山隆／松橋麻利訳

V・ジャンケレヴィッチはユダヤ系のロシア人で、フランスで活躍した哲学者であり、ユダヤ的な思考という点で共通性のあるベルクソンについての研究は高く評価されているが、それとともに音楽批評の領域でもいくつかのすぐれた業績を残している。この『ドビュッシー——生と死の音楽』は、大著ではないが、ジャンケレヴィッチの思考の美しさと鋭さが見事に結合されている著作である。

ジャンケレヴィッチは、まずドビュッシーの時代の芸術の一般的な雰囲気から書いているが、それは「世紀末」の時代であり、あらゆるものが「落下」する時代であった。ジャンケレヴィッチはそこでバシュラールの理論を援用しつつ、ドビュッシーとエドガー・アラン・ポーとに共通のコンプレックスを見出そうとする。ポーの作品には、深淵に落ちて行ったり、沼に吸い込まれたりする「落下」のイメージがある。バシュラールは、ポーにおけるこうした深淵の潜在意識、墜落の想像力について語ったが、ジャンケレヴィッチはドビュッシーにも、こうした落下していくコンプレックスを見出す。そこで、たとえば「ペレアスとメリザンド」は、「黄泉の国へ沈下していく実在の姿」として示されることになる。「沈める寺」も「海」も、いずれも深淵の想像力と直接にかかわっている。こうした解釈は、ドビュッシーの作品を単に音のレヴェルで考えたり、時代精神と関連させて見るだけではなく、そこに作曲家の想像力の作業の重要性を認めようとするものにほかならない。

またジャンケレヴィッチは、ただ単に哲学者の概念を使ってドビュッシーの作品を規定しようとしているのではない。同時代の作曲家とのつながりもまた視野に入れられているのであって、たとえばサティの「グノシェンヌ」はドビュッシー的な作品であるとされ、また逆にドビュッシーの「仮面」はサティ的な作品だという評価をしている。

さらに、ドビュッシーの音楽が運動によって活気づけられるとしながら、その運動は移動としての運動ではなく、運動それ自体を目的とするような運動であり、「円運動」であることを明らかにする。そして、こうしたドビュッシーの音楽の運動を、エラン・ヴィタル（生の飛躍）が物質に幻惑されて麻痺したために前進できなくなると、その場で旋回を始めるというベルクソンの考え方と結び付ける。それはジャンケレヴィッチが、ドビュッシーの音楽の本質が、「物語ることではなく、喚起すること」にあるとしていることと深く関連している。ドビュッシーの音楽は、記憶の再現でもなく、運動の軌跡でもない。それはつねに「新しい始まり」をもたらすものであり、「つねに現在である今」を現前させるものである。

ジャンケレヴィッチのこうしたドビュッシー論は、深い哲学的な思索によって裏打ちされているだけではなく、同時代の文学や絵画とつねに関係させつつ展開されている。その途中でわれわれは、ジャンケレヴィッチがドイツの芸術についてはほとんど触れることがないのに気付くだろう。訳者があとがきで書いているように、そこにジャンケレヴィッチのユダヤ性があり、ドイツの芸術に対する彼の立場がある。だから見方によってはこのドビュッシー論は、きわめて政治的な芸術論であるとも言えるだろう。

ドビュッシーの音楽に親しんでいるひとならば、いわばこの著作を通してジャンケレヴィッチが演奏しているドビュッシーの音楽を聴くような感じが与えられるであろう。また、ドビュッシーの音楽にそれほど親しんでいないひとでも、ジャンケレヴィッチのこの著作そのものに含まれた魅力に打たれないわけにはいかないはずである。

『感覚の変容』川本三郎著

川本三郎は、変容しつつある現代文化の最先端の動きを鋭敏にキャッチできる数少ない批評家のひとりである。『感覚の変容』は、マンガ・映画・写真・小説などを、それらのジャンルのなかに孤立させることなく、たえず相互の領域への通路を作りながら論じている。分類されることが困難な書物であり、特定のジャンルに限定されえない著作であって、そのこと自体がまた、現代の文化の多様なあり方に対応しているように見える。

とは言っても、川本三郎が考察の対象を選別していないというのではない。この書物では、数多くの映画や小説やマンガが扱われているが、それらの記号表現に共通しているものは、川本三郎が「ランドスケープ」と呼ぶもの、この書物のなかのことばを借りるならば、「現実が後退し、風景がたちあらわれてくる場所」への執着である。だから、川本三郎はもはや語りつくされてしまった人間と人間との感情の接触などには関心を示さない。彼が好んで語るのは、『ブレードランナー』のなかの汚れたランドスケープであり、ロバート・フランクが撮影した、「無人の、からっぽの陸上風景」である。ヴェンダースの『パリ・テキサス』についても、川本三郎は「私はあの映画のテキサスの〝からっぽ〟のランドスケープには心ひかれたが、男と女の恋愛地獄にはほとんどまったく興味が持てなかった」と書いているのである。

だから、川本三郎は、現実の風景について書いているのではない。この書物のなかで論じられているのは、あくまでもフランクのカメラがとらえた風景であり、映画のなかでの「からっぽ」のランドスケープである。「生きた現実より書かれた虚構」の方がはるかに重視されている。しかも、この「書かれた虚構」は、私小説的・日常的な世界のものではない。川本三郎が取り上げるのは、病的なもの、異常なものであるから、SF映画・ホラー映画の異様なすがたの登場人物たちが特に注目されることになる。またわが国の作家のなかでは、丸山健二、日野啓三、澁澤龍彦という、通常はマイナー作家とされているひとたちの作品を照射して、そこに虚構の風景の魅力をさぐろうとする。

要するに川本三郎はこうした映画作家や作家たちを、「人間社会の背後にあるランドスケープを見ようとしている幻視者」として捉え、彼らの「風景への感受性」を評価しようとする。評者は川本三郎のこの批評の態度に同意する。

川本三郎が論じたランドスケープは、けっして楽しいものではない。むしろ何か暗く、汚れた風景である。そのため『感覚の変容』は、読むことの快楽を与えてくれると同時に、読む者に対して言い表わしようのない暗い印象をも与える。おそらく川本三郎はこの『感覚の変容』によって、彼自身の思考の変容をも読者に伝えようとしているのだ。

『シェイクスピア・カーニヴァル』 ヤン・コット著 高山宏訳

ヤン・コットといえば、読者はただちに『シェイクスピアはわれらの同時代人』（白水社）の著者として想起されることであろう。そのヤン・コットの新著『シェイクスピア・カーニヴァル』が、高山宏氏の好訳で刊行された。ヤン・コットは、本書において、ソ連の文学理論家バフチンの考え方を導入し、シェイクスピアの作品にさらに新たな解明を行なっている。

ヤン・コットが特に重視するバフチンの概念のひとつは、クロノトープ（時空一如と訳されている）であって、時間と空間が一体化した特別な場を意味している。シェイクスピア演劇の舞台はまさにこのクロノトープであって、そこにさまざまな要素が、るつぼのなかのように攪乱され、沸騰する。ヤン・コットはそのことをシェイクスピアのいくつかの作品、時に『真夏の夜の夢』と『嵐』を材料にして熱っぽく論じている。

さまざまな異質な要素が対話し、衝突することによって新しいものが生まれてくるというのがバフチンの理論の根底にある。ヤン・コットはこのバフチンの考え方をまず『真夏の夜の夢』について適用する。『真夏の夜の夢』では、新約聖書のなかのパウロの書簡、アプレイウスの『黄金のロバ』がいたるところで引用されているが、ヤン・コットはシェイクスピアの作品の素材を考証的に探索するのではなく、引用されてきたそれらのテクストが、シェイクスピアの作品のなかでどのように新たなテクストへと構成されていくかを、具体的に論じている。

しかもヤン・コットは、さまざまな引用がシェイクスピアの特異な演劇的時空間を作り上げていることを論証しているだけではない。たとえば、『真夏の夜の夢』とランボーの『イリュミナシオン』が結び付けられるが、しかもそれはフランス革命前夜に『真夏の夜の夢』をテーマに描かれたフュスリの絵を媒介にして考察されているのである。

そのほかにもヤン・コットは、のちの時代の画家たちがどのようにシェイクスピアの作品をテーマにして描いたのかについて論じている。これは、シェイクスピア図像学と呼ばれるものであり、数多くのイメージ表現とシェイクスピア演劇とを関連させている。

また、十五世紀の『コロンブス、インド諸島に上陸』という版画で描かれた情景と『嵐』とを結びつけて考察するなど、シェイクスピアの作品を、映像的にも解読しようとする試みもなされている。

このように、『シェイクスピア・カーニヴァル』は、シェイクスピアの作品をカーニヴァル的なものとして捉えて、われわれ読者に示すというだけの著作ではない。たしかにシェイクスピアの演劇が多様な要素のカーニヴァル的な構成によって作られているものであることは、本書によって充分に理解できるが、ヤン・コットはそのことを客観的に、つまりシェイクスピアを完全に対象化して論じているのではない。ヤン・コットは、本書のなかに新約聖書やヴィルギリウスの『アエネーイス』や、ジョルダーノ・ブルーノといったあらゆる素材を投げ込むことによって、『シェイクスピア・カーニヴァル』というこの書物それ自体をひとつのカーニヴァルにしてしまったのである。

ヤン・コットは、「あらゆる神話を遺産相続した者、それがシェイクスピアである」と書いている。このシェイクスピア観は、そのままヤン・コットにもあてはまるはずである。かつてシェイクスピアが、当時のヨーロッパのあらゆる要素をその作品に導入したように、ヤン・コットはポーランド出身というその特異な位置もかかわって、同時代の「あらゆる神話」を継承しているのであり、「ヤン・コットはわれらの同時代人」と呼ぶことに評者はいかなるためらいも感じない。

シェイクスピアとヤン・コットの二人の魅力を充分に感知できる出色のシェイクスピア論である。

『光のドラマトゥルギー』飯島洋一著

ベンヤミンが一九三六年に発表した『複製技術時代における芸術作品』は、五〇年以上も過ぎた今日でも、しばしば引用され、言及される論文である。私は、ベンヤミンのこの論文は単なる芸術論ではなく、極めて政治的な論文だと考えている。それは、当時パリにいたベンヤミンが、常にドイツの情勢を見つめていたことが、この論文から感知されるからである。

飯島洋一氏の『光のドラマトゥルギー』もまた、ベンヤミンが鋭い目で見ていたナチズムの世界を、考察の中心に置いている。もちろん、エッフェル塔も、レントゲンによるX線の発明も、現代建築も視野に入れられてはいるが、飯島氏のいう「光のドラマトゥルギー」は、ナチスドイツの文化政策でクライマックスに達したのであり、現代の文化はそのシミュレーションになっているとさえ言えるかもしれない。ナチスドイツの「光のドラマトゥルギー」のひとつの典型的な具体例は、一九三四年に行われたナチスのショー的な大会での、一三〇台のサーチライトによる光のドームである。さらに、リーフェンシュタールがつくった『意志の勝利』『民族の祭典』は、政治・スポーツを映像で表現しなおすことによって、権力が大衆を支配するための基盤をつくるものであった。

飯島氏はまた、敗戦が決定的になった頃のヒトラーが、ベルリンやリンツの都市計画の模型に熱中したり、『コルベルク』という映画をつくるために軍隊を使ったりしたことに言及し、「ヒトラーの世界や建築は、現実ではなく実は映像の中にこそあった」という結論に達する。そして、実在よりも映像を重視するヒトラーの立場が、現代文化の至る所に再現されていることが指摘される。例えば飯島氏は、現代アメリカの建築家リチャード・マイヤーの真っ白で四角な住宅について考察して、それが一九七〇年代初期の人々の意識にある空洞・不在感を表していると述べるとともに、「メディアの時代、複写の時代にあって、もはやオリジナルなどはありえず、すべては幾度となく繰り返される複写の産物」だという考え方を示すものだとしている。飯島氏がここで指摘していることは、ベンヤミンが『複製技術時代における芸術作品』の中で、いち早く感知していたことである。ただ、ベンヤミンの時代には、今日ほど現実のシミュレーション化が進行してはいず、ベンヤミンはそれを直観的に把握していたのである。飯島氏は、一見すると永続性を特徴とする建築が、今日ではかえってエフェメラルなものになっているというパラドックス的な状況を、豊富な材料の分析によって、あざやかに指摘した。したがって本書は単純な建築論ではなく、現代文化に対する批判の作業にもなっていると考えられる。

なお飯島氏は、本書に続いて『37人の建築家』（福武書店）も発表された。本書と併せて読むならば同時代の建築の動向を、飯島氏がどのように把握しようとしているかが了解されよう。

『テレビ視聴の構造』 P・バーワイズ／A・エーレンバーグ著 田中義之他訳

われわれは、ベンヤミンのいう「複製技術時代」の映像に毎日接しているが、現代的な映像である映画・写真・テレビ・広告などについての理論的な考察が十分になされてきたとは言いがたい。このたび訳出された本書は、理論的考察が特に遅れていると思われるテレビの映像についての基本的なデータを提供するとともに、単にそれだけではなく、いくつかの興味ある論点を提示している。

著者たちは、「本書は全体として、テレビを視聴している人々に関心を向けているのであって、受像機や家庭そのものに関心を向けているわけではない」と書いているが、そこに本書の基本的な方法が示されていると見ることができる。つまりここでは、テレビの映像を単に対象として扱うのではなく、テレビを見ている視聴者との関係が考察の対象とされているのである。

著者たちが考察の対象としているのは、主としてアメリカ・イギリスのテレビ映像であるが、もちろん日本を含むその他の国々の問題も視野に入れられていて、豊富な材料が分析の対象とされている。そして著者たちは、現代のテレビ視聴に次のふたつの特徴を見いだしている。ひとつはテレビの視聴量の多さであり、もうひとつは、テレビを見ているとき、「ほとんどのばあい、主体的なかかわりが少ない」ということである。特に、ここで挙げられている二番目の特徴に注意しておくべきであろう。つまり、主体とテレビ映像との関係のあり方が、「少ない自我関与」とか、「単純接触」といったタームで説明されているのである。これはきわめて重要な指摘であると考えられる。現代の人間はさまざまな映像に取り囲まれて日常の生活をしているが、本書の著者たちは、テレビの映像と人間との関係をその他の映像とは区別して考えているからである。つまり、著者たちはテレビの映像を見ている人間に関しては、映画のばあいに見られるような「のめり込み視聴」が存在しないと指摘する。テレビでは「自我関与」が少ないために、長時間にわたる関心の薄い視聴が可能であるが、映画では「のめり込み」が生ずるために、それが困難になる。このように本書では人間とテレビ映像との関係の特殊性がはっきりと示されているのであって、これは本書の所論の中で、最も注目すべきものであると考えられる。

また著者たちは、テレビの放送があくまでも「ブロードキャスティング」であって、「ナロウキャスティング」ではないと主張する。「テレビは、特殊な目標をもったグループの、専門化したコミュニケーション（ナロウキャスティング）には役に立たない」というのが著者たちの意見である。テレビは多量の映像を伝達し、それを見る側は、自我を深く関与させることがないという特質を持っているからである。このようなテレビ映像の特徴は、当分のあいだ変化することはありえないというのが著者たちの予測である。

われわれは、いままであまりにも単純に現代映像について語ってきたような気がする。本書によってわれわれは、テレビの映像の特殊性をはっきりと認識することができるだろう。本書の著者たちは、けっして問題を哲学的に捉えようとしているわけではない。むしろ、現代のテレビに関する多くの問題をあまりにも一般的に、全体的に捉えようとしすぎているようにさえ見えるところがある。しかし、本書で示されている多くの事実は、現代のわれわれが正面から考察しなくてはならない問題ばかりである。

われわれは、さまざまな映像に囲まれて生きている。それならば、その映像のそれぞれについて、積極的に考察する必要があるはずであり、本書はそのための多くの手がかりを与えてくれる、特に注目すべき著作であると言わなくてはならない。

『建築のアポカリプス——もう一つの20世紀精神史』飯島洋一著

本書は異色の建築論である。それは、この著作で論じられている「建築家」が、ウィットゲンシュタイン、キースラー、ヒトラー、バックミンスター・フラーといった、通常の建築史にはけっして登場しないようなひとたちであるからである。本書には、「もう一つの20世紀精神史」というサブタイトルがつけられているが、それは文字通りに受け取られなければならない。

飯島氏は、ウィーンの哲学者ウィットゲンシュタインの建築が、同じウィーンで夢の世界を探究していたフロイトの思想と深くつながっていることから論じ始める。そして次に、人智学の創始者シュタイナーの構想を実現した建築であるゲーテヌアムが語られるが、それは人間の「意識の奥底に潜む霊性の顕現を喚起しよう」とする目的を持つものであった。

また飯島氏はヒトラーを「建築家」であると規定し、ヒトラーのすべての行動は建築のためのものであったと主張する。「すべてがヒトラーにとっては〈建築〉だったといってもいいすぎではない」のであり、人間さえも建築の要素と考えられていた。ナチスの集会の構成と、ヒトラーがナチスの建築家として有名なシュペアーに命じて作らせた「ベルリン計画」が非常に似ていることが指摘されている。この部分は飯島氏の前著『光のドラマトゥルギー』（青土社）とつながっている。

さらに飯島氏は宇宙的な世界観を具体化したバックミンスター・フラーの球形建築や、ベンヤミンのメスカリン体験とも関連する想像的な建築など、いわば意識の「闇の部分」とつながる建築について、豊富な資料を引用しながら、また数多くの写真などを用いて論じている。

いままでも、現代の建築それ自体を対象として論じた著作は数多く書かれてきた。しかし、現代の建築を「闇の精神史」との関連で捉えようとする作業はほとんどなされていないのであり、その意味で本書は高く評価されなくてはならない。

『ガウディ』ファン・バセゴダ・ノネル著　岡村多佳夫訳

わが国では、ガウディの建築に関心を持つひとはかなり多く、またこの特異な建築家についての書物も、すでに数多く刊行されている。本書の著者は、長年にわたってガウディの建築を専門的に研究してきたバルセロナ建築工科大学の教授で、ガウディの建築を外側から見るだけではなく、その生涯をたどりながら、ガウディの創造の現場に立ち戻って考えようとしている。

著者は、ガウディの建築の根本にあるものが、「神と自然への愛と、建築史ではほとんど未見の幾何学の使用」であると考える。神への愛は、本書で詳しく論じられているサグラダ・ファミリア贖罪聖堂の建築において特にはっきりと現れているものであり、自然への愛は、ガウディが生まれ育った環境と不可分である。著者は「タラゴナ平原と地中海を通らない限り、ガウディの芸術はわからない」と書いている。

さらに著者は、ガウディの建築のさまざまな要素を探り、たとえば彼が若いときにバルセロナの工芸職人の仕事場に通って、鋳鉄、木工、ガラス工芸、型取り彫刻などの技術を学んだことを重視している。また、ガウディが早くからアーツ・アンド・クラフツの運動、インド・イスラムの建築などに関心を持っていたことにも注目している。

そして著者は、実際にガウディの建築作品を詳しく調査し、設計図やドローイングなどのあらゆる資料を探り、その上で独自の見解を示しているのである。それによって読者は、たとえばカサ・ミラのファサードの湾曲した部分が、造船所で作られたものであるといった制作過程や、この建築が完成した当時の地元の新聞の反響なども読むことができる。また、ガウディのさまざまなエピソードも添えられている。

本書を読んで感知できるのは、ガウディに対する著者の深い尊敬の念である。多数の図版も収めた本書は、ガウディの建築についてのきわめて有効な案内書であるというべきであろう。

『フーコーの振り子』ウンベルト・エーコ著　藤村昌昭訳

ウンベルト・エーコの名は、映画化された『薔薇の名前』の作者としても、イタリアの代表的な記号学者としても、すでによく知られている。この『フーコーの振り子』は、一九八八年に発表されたエーコの代表作であるが、時代も場所も『薔薇の名前』よりはるかに広くなっていて、コンピューターが支配する現代から、急にテンプル騎士団が活躍する中世へとさかのぼったり、パルチザンが戦っている第二次大戦末期の北イタリアの事件が語られたりする。また舞台も「フーコーの振り子」が置かれているパリの工芸院から始まって、ミラノやリオデジャネイロ、ポルトガルなど目まぐるしく移動する。

またこの作品では、ダンテ、シェイクスピア、フランシス・ベーコンといった古典ばかりではなく、プルースト、レーモンド・チャンドラーまでもが引用され、また「カサブランカ」から「ロボコップ」にいたる数多くの映画が言及される。

ユダヤ思想もヒトラーも含む互いに異質なさまざまな材料が、エーコの想像力によって相互につなぎ合わされ、関係づけられる。たとえばケルト人が作ったメンヒルやドルメンが、イースター島の巨石像や、中国の風水思想と結びつけられたりする。

読者は作者のこのような想像力の運動について行くことを求められ、また自分の持っているすべての知識を動員して読むことを要求される。したがってこの作品は、いわば作者が読者に対してさまざまな挑戦をし、それに対して読者が応じて行くという操作のなかで成立することになる。

この作品には、秘密結社も描かれ、殺人も、謎解きもあり、ミステリー的な要素もある。しかし作品全体は非常に複雑で時間・空間・プロットが重なり合い、複合している。どこに中心があるのかも不確定であり、いたるところに「仕掛け」がある。読者は、一気にこの作品を読むことによってのみ、この「現代的」な作品の魅力を感じ取ることができるだろう。

『重力の虹　I・II』トマス・ピンチョン著　越川芳明他訳

ピンチョンの『重力の虹』は一九七三年に発表され、邦訳が待たれていた作品である。ドイツからイギリスへ向けて発射されていたV1、V2ロケットが、「ヴォータンとその狂った軍勢のように空をわがもの顔で飛び交っている」第二次大戦末期と、それに続く戦後が、この作品の時代である。舞台は、ロンドンから始まるが、読者はいつの間にか戦争直後の占領下のベルリンや、バルト海に面したポーランドのあたりへ連れていかれる。また、時代が急にさかのぼって、ドイツ支配下の南西アフリカや、一七世紀のアメリカになったり、一九〇四年のバルチック艦隊の敗北のことが語られたりする。つまり、時間を追って記述するというような方法はまったく無視されている。

また、中心になる登場人物は、ハーヴァード出身のスロースロップというアメリカ人であるが、この人物は、イギリス英語を教えられるほど使うことができ、ドイツにいるときは、ドイツ名も持っていて、「このごろ夢までドイツ語で見てしまう」。ボルヘスから詩を捧げられたアルゼンチンの女性も、広島出身のモリツリ少尉という日本軍の士官も登場する。しかし、他人の妄想を夢見たり、皮膚の色を自由に変えることのできるカメレオンのような人物も現れる。つまり、この作品では、普通の人間のほかに、このような異常な性質を持った人間が現れ、そのほかに実在した人物も登場してきて、そのひとたちの間を区別するものがない。また、カジノ・ヘルマン・ゲーリングとか、ヒムラー賭博場というような名前のつけ方に注意すべきであろう。ナチスの時代が強く意識されているからである。

また、この『重力の虹』では、「メトロポリス」を初めとして、いたるところで映画が言及され、映画俳優の名前が出てくるし、架空の映画監督や俳優も、作品のなかに登場しているから、これは映画に支えられた作品といってもいいかもしれない。映画のイメージや俳優の声が、作品の背後にある。あるいはむしろ、映画が小説作品のなかに侵入してきてベッティ・デーヴィスが出てきたり、アイゼンハウアーの声が、クラーク・ゲーブルの声と重なって聞こえたりする。映画だけではなく、音楽も重要な役割を演じている。たとえばアントン・ヴェーベルンの死が語られたり、またいたるところでさまざまな歌が歌われているのも、この作品の特徴である。

また、この作品ではいたるところに動物が登場する。カジノ・ヘルマン・ゲーリングには巨大な蛸が飼われているし、チンパンジーたちがウオッカを飲んでいる場面もある。これらの動物と人間との境界も不明瞭である。このように、数百人に及ぶさまざまな登場人物たちが、現実の世界と空想の世界で互いに絡み合い、混在しているから、「いったいどこで何が起こっているのやら、てんでわからない」状態も生じている。「ポーランド語、ロシア語、北バルト語、低地ドイツ語で取り引きをしている」状態が描かれている場面があるが、それはそのままこの作品全体の状況である。現実の世界と想像の世界、文学と映画、生きたものと人工的なもの、スラップスティック調のものとシリアスなもの、それらがけっして単純な対立関係ではなく、相互に侵入し、破壊し合う関係で存在しているのが『重力の虹』の世界である。したがって、この作品を伝統的な二元論によって解釈してはならない。それはまた、けっして断片の集合でもない。強力な想像力が、『重力の虹』を「作品」にしているからである。

なお、巻末に付された巽孝之氏の「V2デッド・ヒート」は、この作品を一九九〇年代の問題と関連させて読もうとするもので、すぐれたピンチョン論である。

『マン・レイ』 ニール・ボールドウィン著 鈴木主悦訳

本書は、ダダイスム、シュルレアリスムの写真家として有名なマン・レイの本格的な評伝である。ロシアからの移民の子としてニューヨークで生まれたマン・レイは、最初は画家になろうとするが、やがて写真という表現方法に限りない可能性を発見していく。「油彩で描きたくないものは写真に撮る」というのがその契機であった。この評伝は、写真だけではなく、絵画・映画などの領域でも活動したマン・レイの生涯を、彼のまわりにいたブルトン、デュシャン、アッジェなど多くの芸術家たちとのかかわりとともに描いたものである。また、マン・レイのそばに現れる、キキ、リー・ミラー、アディ、ジュリエットといった美しい女性たちについても、著者は詳しく調べて書いている。特に一九四〇年代からマン・レイの夫人であったジュリエットには、直接に会って取材しており、本書はマン・レイの生涯に関心を持つひとたちにとっては多くの興味ある材料を含んでいるはずである。

著者は、マン・レイのアトリエにはつねにオブジェや作品が溢れ続けていて、それが「美術館であり、自画像であった」と書いている。彼のアトリエが「自画像」であったのは、そこには「ほかの芸術家の作品はほとんどなかった」からである。これは、マン・レイの考え方を理解するための重要な素材のひとつであろう。著者によると、マン・レイは思い出を語るときには、前後関係などまったく問題にしなかったが、「しかし、その一方で、およそ四分の三世紀にわたって制作した全作品のリストをきちんとつくりあげており、自分の作品の現状、所有者、所在地をつねに把握していた」のである。これは、マン・レイが自分の作品が自分自身と不可分であると考えていたことを示すものであろう。

マン・レイはつねに新しい表現の技法を考え、その写真作品では、ソラリゼーションといった手法が用いられていることはよく知られている。著者は、このようなマン・レイと、あくまでも伝統的な写真の技法を守っていたアッジェのような写真家とを対比させて考察している。また、マン・レイがアッジェにローライフレックスの使い方を教えようとしたとか、五十をすぎたマン・レイが、二十歳以上も年下のジュリエットに会ってその美しさに魅せられ、二時間かかって彼女のスケッチを二枚描いたといったエピソードが数多く語られている。

本書を読んで感じられるのは、マン・レイとその作品に対する著者の限りない畏敬の気持ちである。

『ロラン・バルト伝』ルイ＝ジャン・カルヴェ著　花輪光訳

ロラン・バルトが一九八〇年に自動車事故でこの世を去ってからも、その名声は衰えを知らないように見える。フランスでは、三巻からなる予定のバルト全集の刊行が始まり、それにはいままで単行本に入っていなかったバルトの数多くの文章が収められている。しゃれた五辺形の箱に入ったその第一巻は、すでに日本の洋書店でも入手できる。

カルヴェによるこの伝記では、バルトの思想形成のプロセス、友人たちとの交遊などが詳しく描かれている。その結果、本書はバルトと同時代のフランスの知的世界の歴史にもなっている。またこの伝記によって、読者はいままで書いたものだけで知っていたバルトの多くの別の姿を見ることができる。母親のアンリエットは、バルトを最後まで幼児として考えていたというが、この母親に対するバルトの限りない愛情も、同性愛者であったというバルトと「若い友人」とのつき合いのかずかずも、さりげなく語られている。この伝記では、そうしたバルトの私生活だけが語られているのではない。著者のカルヴェは、バルトの著作のひとつひとつについて、その成立状況を細かく調べて書いているので、この伝記は一種の「バルト入門」としての価値も持っている。

また、パンザーニ社のパスタの広告の分析であるバルトの「映像の修辞学」は、広告の記号論的分析の古典として評価されている有名な論文であるが、これを読んだある広告会社の男が、すぐにバルトのセミナーに参加する。それが契機となってバルトがルノー公団のために、自動車の記号論に関する研究をしたことも報告されている。バルトの広告記号論が、実際にこのような社会的影響を及ぼしていたことは本書によって初めてわかったことである。

さらにこの伝記によって読者は、バルトが「テクストの人」である以上に、「何よりもまず話し言葉の人」であったことを知らされる。バルトのセミナーは参加者で溢れてしまい、「世俗的な一大イベントの様相を呈し始める」と著者は書いている。バルトのセミナーは、「見せ物」になってしまうほど魅力的だったのである。

バルトは一九七七年にコレージュ・ド・フランスの教授になる。その年の一月に行われた開講講義には、ドゥルーズ、ロブ＝グリエ、モラン、ソレルスなど「ラカンを除いた」フランスのほとんどの知識人が参加したという。この伝記によって読者は、バルトの人間的な魅力と、当時のフランスの知的な雰囲気を十分に感知することができるだろう。

一九八〇年に、ミッテランたちと会食したバルトは、その帰途、軽トラックにはねられ、それがもとでやがてこの世を去る。それまでの六十四年の生涯を描いたこの伝記のなかに、読者はバルトに対する著者の深い敬愛の心情を読み取ることができるだろう。

『物語における読者』ウンベルト・エーコ著　篠原資明訳

ウンベルト・エーコの名は、わが国では『薔薇の名前』と『フーコーの振り子』の作者としてよく知られている。しかし、エーコはそれと同時に、あるいはそれ以上に、現代ヨーロッパの代表的な記号学者である。この『物語における読者』は、エーコが自分の記号論の概念を使って、物語と読者の関係を解明しようとした理論的な著作である。本書の原書は一九七九年に刊行されているが、エーコはその四年前に書いた『記号論』（岩波書店刊）のなかで、アメリカの哲学者C・S・パースの理論を導入して、自らの記号論を構築しようとした。『物語における読者』においても、パースの記号論が全面的に用いられている。パースにとって、記号とは「単に言葉なりイメージがあるばかりでなく、ひとつの命題、さらには一冊の書物全体さえも記号」であるとエーコは書いているが、このように一冊の本それ自体を記号と見る考え方が、パースから受け継がれている。

その結果として、たとえばスタンダールの『赤と黒』がひとつの「マクロ記号」（大きな記号）であるとされ、この小説全体が、「ナポレオンは一八二一年に死んだ」という命題の解釈になっていると考えることができることになる。つまり、ナポレオンの死がどういう意味を持つかについては、他の歴史の書物よりも、この『赤と黒』の方がはっきりと教えてくれることになるというのがエーコの意見である。

作品、あるいは物語を「記号」と見るばあい、エーコは、その記号が「百科事典」とかかわっていると考える。もちろん「百科事典」は比喩的にいっていることであるから、われわれは、そこに一種の潜在的な百科事典を想定すればいいであろう。

物語の側に潜在的な百科事典があり、読者はいつもこの百科事典を参照しなければならない。しかし、その百科事典はけっして固定されたものではなく、ばあいに応じて異なったものを用意しなくてはならない。

エーコは次のように書いている。「読者は、テクスト世界を、さまざまな指示世界に比較することができる。つまり、『神曲』で物語られている出来事は、中世の百科事典との関連では〈信じうる〉こととして読めるだろうし、現代の百科事典との関連では伝説上のこととして読めるだろう」。

作品は、開かれたものであり、読者の解釈を刺激し、また限定するというのが、エーコの『開かれた作品』のなかでの見解であった。本書では、それがさらに理論的に深められて、作品を「記号」として考える立場がはっきりと示されている。

本書はかなり難解であるが、もしもエーコの主張することが理解できるならば、彼の小説の基盤になっている作品と読者の関係についての考え方もわかるはずであり、それによって『薔薇の名前』『フーコーの振り子』を新しい目で読み直すことができるであろう。

『黄金探索者』ル・クレジオ著　中地義和訳

今日のフランス文学には、十九世紀のバルザック、スタンダール、第一次大戦後のサルトル、カミュに匹敵するようなポピュラーな作家はもはや見当たらない。そうした状況のなかで、ル・クレジオは、わが国にも熱心な読者のいる数少ない現代フランスの作家のひとりである。しかし、ル・クレジオは、フランスの内側だけを描いている作家ではない。彼は、メキシコの伝統的な文化に深い関心を持っていて、メキシコの神話の翻訳である『チチカカ神話』、メキシコの伝統的な文化、アルトーとメキシコの関係などを考察した『メキシコの夢』（いずれも新潮社刊）など、すでに邦訳のある著作によってもわが国に知られている。さらにル・クレジオは、昨年の秋に、今世紀メキシコの代表的な画家としてよく知られている、ディエゴ・リベラとフリーダ・カーロを論じた『ディエゴとフリーダ』を発表した。

このように、ル・クレジオは、メキシコに深い関心を抱いているが、それと同時に、十八世紀末にブルターニュからモーリシャスに渡った先祖についても濃い愛情を持っているのであって、それがこの『黄金探索者』に表現されている。

『黄金探索者』の舞台は、モーリシャス島、それに隣接するロドリゲス島、第一次大戦中のヨーロッパなどであり、時代は、一八九二年から一九二二年までに設定されている。訳者の解説によると、この作品の主人公はル・クレジオの父方の祖父をモデルにしているという。「黄金探索者」とは、海賊が隠した財宝を捜す者のことであるが、その探索が作品の筋になっているのではない。主人公の母と姉、そして、現地の若い女性であるウーマが主な登場人物であって、美しい自然のなかでの彼らの生活が、文字通り絵巻物のように語られる。読者は、インド洋に浮かぶパラダイスのような島々での彼らの生活の描写に限りない魅力を感じるに違いない。

しかし評者はこの作品がエドワード・サイードが繰り返し批判している「オリエンタリズム」のひとつの典型的なケースであることも感じないわけにはいかない。「オリエンタリズム」とは、ヨーロッパ人が、ヨーロッパ以外の世界のひとびとを優越感をもって見ることである。主人公の姉で、最後には修道院に入るロールが「ブルジョワの娘」であるのに対し、どこまでも

「野生の娘」であるウーマが、「私たちを奴隷のように売り買いした人たち」を批判的な目で見ていることに読者は気づくであろう。したがって『黄金探索者』は、けっして単なる牧歌的なユートピアの物語ではない。それは「銀行や商店やプランテーションのオーナーである白人たち」が支配していた世界の物語なのだ。

『神話なき世界の芸術家』 多木浩二著

この著作で論じられているバーネット・ニューマンは、一九七〇年に死んだユダヤ系アメリカ人の画家である。著者によると、ニューマンは「叙情や幻想の好きな日本人には比較的馴染みにくい芸術家」であるが、「今世紀半ばのアメリカの抽象表現主義のなかでももっとも偉大な画家のひとり」である。しかし著者は、このバーネット・ニューマンについて、通常の美術批評や美術史の概念を用いて論じようとしたのではない。

ここにも述べられているようにニューマンの作品は、抽象表現主義であって、写実や幻想は一切排除されている。それは、「驚くほど単純化されたイディオム」によって作られている。たとえば、ニューマンの代表的な作品には、ひとつの色の画面に縦にストライプが入っただけのものがある。そのような作品について考えること自体が、たいへんな作業であることはいうまでもないであろう。しかし著者は直接にニューマンの作品に接した体験をもとにして、あえてこの困難な作業に取り組んだ。そしてニューマンが、同時代に現象学が解明したような人間の新しい知覚を、美術の領域で展開させただけではなく、それを超えたものとしての「感情の形而上学」に到達したことを力を込めて論じている。

また著者は、一九三〇年代から活動を始めたニューマンの仕事が同時代の歴史の体験と一体になっていると考える。「彼は三〇年代から四〇年代にいたるツァイトガイスト（時代精神）のなかで自己を形成した」のである。

また著者はニューマンについてユダイズムの視点からだけ考えることを排除しながらも、彼のユダヤ性についての配慮も忘れてはいない。著者は「どこかの国にいながらいつも異邦人でありつづけた」ユダヤ人の「歴史の無意識」を想定しているからである。たとえばニューマンは、一九六三年にシナゴーグ（ユダヤ教会）の計画案を作り、その建築模型を、「最新アメリカ・シナゴーグ建築展」に展示した。それは「シナゴーグの内部を野球場のように配置していた」ものであった。著者は、この計画案のなかに、野球場というアメリカの世俗的なものとシナゴーグという崇高なものとを相互に浸透させようとするニューマンの思想を感じ取っているように見える。

著者はニューマンの「アンナの光」を見ることが「人間の生で稀にめぐりあう一種のアクシデントであり、しかもそれは説明も表現もできない幸福感を私のなかに残した」と書いている。この経験が、『神話なき世界の芸術家』の出発点にあることは確かである。そのために本書は、ニューマンと絡み合いつつ考えた、著者の思考の報告書になっている。

『平民芸術』平岡正明著

ブラジルの多才な芸術家ヴィニシウス・ジ・モライスの死を悼む「さらば、ヴィニシウスよ」から始まるこの分厚い『平民芸術』が扱っている対象は、きわめて多様である。美空ひばり、中森明菜の歌とともに、河内音頭、ブルース・リーの映画、そして、戦争中に起こった「花岡事件」をテーマにした版画、それにくわえて、中国で活躍したカナダ人の医師ノーマン・ベチューンの業績が論じられる。しかし、そこに一貫して存在しているのは、「平民」の芸術に対する著者の限りないほどの愛情である。ここで扱われている「芸術」は、横浜・野毛での大道芸人の活動、刺青の世界、団鬼六の仕事など、普通の文化史や芸術史には登場しないものばかりである。著者は、実はそれらの「平民芸術」こそが、時代を動かし、時代の精神を表現しているものであることを、ほとんど直感的に感じているように見える。

著者がいう「平民芸術」は、いままで通用していた「教養文化」と「大衆文北」といった区別を超えたものである。著者は、鶴見俊輔の「限界芸術」という概念を高く評価しているように見えるが、平民芸術という考え方は、それをさらに明確にしたものであると思われる。

このような意味での現代の平民芸術を、著者は二つの視点から考察している。ひとつは、日本の伝統的なものとの関連においてであって、たとえば著者が愛してやまない横浜の大道芸は、幕末にフランスなどへ興行に出かけてもいた江戸の大道芸人たちの活動と重ねあわせて考察されている。また、日本と外国の平民芸術が比較して論じられてもいるのであって、たとえば、浪花節についての考察では、「上州博徒国定忠治とブラジル北東部の匪賊ランピオン兄弟の伝説」が「比較盗賊論」として論じられることになる。

そして本書では、それらの「平民芸術」が抽象的に論じられているのではない。著者は横浜の大道芸に直接にかかわっているし、平民芸術のさまざまな「芸術家」とのつながりが深いこともすぐにわかる。それと同時に著者は、数多くの文献を参照し、また研究会を組織して多くのひとたちとの討論を重ねている。

また、細部を徹底的に描くことによって平民芸術に迫ろうとする著者の記述の仕方も、その文体もきわめて魅力に富んだものであり、たとえば、横浜の大道芸人たちの活動を描いた「三人大スケその一人、野毛とおり雨の舞踏論」を読むならば、あたかも実況中継に接しているような印象が与えられるであろう。本書の巻末に詳細な「索引」が添えられているのもユニークな試みであるが、この索引を見れば、六百ページを超えるこの『平民芸術』にどれほど多くの人物が登場し、どれだけ多くの文献が引用されているかが理解できる。

本書は、「平民芸術」に対する平岡正明氏の情熱が伝わってくる力作である。

『強迫の美』ハル・フォスター著

シュルレアリスムとフロイトの思想との関連については、これまでしばしば、さまざまな角度から論じられてきた。フォスターはこの問題を、たんに芸術と思想との同時的なつながりといった次元に還元してしまうのではなく、「高度資本主義のポストモダン的世界」の問題として、つまり現代の問題としてさらに拡大して捉え直そうとしている。その場合に出発点に置かれているのが、フロイトの有名な「不気味なもの」の概念である。「不気味なもの」は一九一九年に発表されたもので、フロイト自身の体験をもとにして、反復強迫と不気味なものとのつながりが考察されている。「死への衝動」というフロイトの考え方を準備するものでもあるこの論文に深い関心をもっているひとは少なくなく、デリダもそのひとりである。

フォスターも、フロイトのこの「不気味なもの」の概念の重要性に注目し、たとえばハンス・ベルメールの「人形」は、「死体」と見ることが可能であって、そこに「不気味なもの」としての一種の「変形」の存在を確認する。しかしフォスターは、シュルレアリスムを、たんに精神分析の理論で解釈したり、美術の領域のなかだけで考えようとするのではない。ベルメールの「人形」をファシズムへの攻撃であるとするなど、シュルレアリスムをナチズムとの関連で見ようとする態度に現われているような、社会的・政治的な視点が存在している。

フォスターは、エルンストにもベルメールにも、ボードレールを先駆者とする「生と死との混交」を発見する。シュルレアリスムは、マネキン、ロボット、人形などのイメージをしばしば用いているが（チャペクにも言及している）、フォスターはそれらのイメージがまさに「生と死との混交」の具体的な表現であると考える。シュルレアリスムの時代は、ギーディオンのいう「人間の断片化」が進行した時代であり、フォスターは、この時代のそれらのイメージと、ヘンリー・フォードのアッセンブリー・ラインとの深いつながりを考えている。つまりフォスターは、シュルレアリスムの問題を、つねに政治的・社会的な問題と関連させようとしているのである。

またフォスターは、シュルレアリスムを理論化したひととしてのベンヤミンの仕事を高く評価している。「生と死との混交」と「不気味なもの」とをつなぐのにはそれほどの困難があるとは思えないが、フォスターはそこにベンヤミンの「アウラ」の概念も関係させて考えている。アウラにとって、「不気味な距離、異化効果が本質的」であるからである。さらにこの「アウラ」は、マルクスとフロイトのいう「フェティッシュ」とも関連させて考察されるとともに、キリコ、エルンスト、ベルメールなどの「不安」とも結合される。つまり、フォスターは、これまでシュルレアリスムについてしばしばばらばらに考えられてきたさまざまな問題を、フロイトを中心にして、バタイユ、ベンヤミン、ラカン、ボードリヤールといった、同時代のあらゆる思考を横につなぐことによって、また、現実の政治的・社会的状況と関連させることによっても考えようと試みたのである。

『恋する虜』ジャン・ジュネ著　海老坂武／鵜飼哲訳

ジャン・ジュネは、わが国でも『花のノートルダム』や『泥棒日記』などの著者としてよく知られているフランスの作家である。哲学者のサルトルは、すでに一九五二年に、『聖ジュネ』においてジュネの仕事を高く評価した。また、フェリックス・ガタリもその晩年の著作『分裂分析的地図作製法』で、『恋する虜』について熱っぽく論じている。

母親に捨てられたジュネは、幼くして盗みを覚え、少年院・監獄で「過酷な」体験を重ねる。本書はヨルダンにあったパレスチナ人の「解放区」に、一九七〇年から七二年にかけて滞在したジュネの「回想」であるが、青年期の著者の体験が、『恋する虜』の背景にある。いたるところで抑圧され、排除されてきたパレスチナ人、「墓地さえもないパレスチナ人」への激しいほどの共感が本書に一貫しているからである。

しかし『恋する虜』はヨルダンのパレスチナ人についての客観的なルポルタージュではない。ヨルダン北西部のイルビトで、ハムザというパレスチナ人とその母親に出会ったことが、ジュネにとっては決定的な意味を持つできごとになる。「定点、私が行動の指針とするあの北極星のようなもの、それはつねにハムザだった」とジュネは書いている。つまりジュネはパレスチナ解放運動の全体について書こうとしたのではなく、ハムザというパレスチナ人の青年とその母親とのつかの間の出会いという、きわめて個人的な体験を出発点にしたのである。「このカップルが、パレスチナ革命から私に残った深いもののすべて」であるとジュネは書いている。

ジュネは「この本を書く前に、私はこの本のなかで真実を語ることを自分に誓った」のであり、「自分の自で見たこと、自分の耳で聞いたことしか注意を払うまいと心に決めた」のである。したがって、本書で書かれているのは、ジュネが自分の目で見、自分の耳で聞いたヨルダンのパレスチナ人についての真実にほかならない。また、ジュネは、「この本以外の一切が私には遠くなり、ついには見えなくなった」と述べているが、それはジュネがどれほどこの著作を重視していたかを示すものである。ここではヨルダンのキャンプにいるパレスチナ人たちの生きた姿が、まさに「作家の目」を通して描かれているのだ。

また、PLOとイスラエルとの歴史的な和解が暫定合意というかたちで進行しつつあるいま、その歴史的な背景の細部を知ろうとして本書を読む読者もいるに違いない。

『オキーフ／スティーグリッツ』 ベニータ・アイスラー著 野中邦子訳

アメリカの自然と都市を主なテーマにして、特異なフォルムと色彩とをその作品の特徴とするジョージア・オキーフは、二〇世紀アメリカの代表的な画家のひとりであり、横浜美術館で開かれた「オキーフ展」はまだ記憶に新しい。またスティーグリッツは、今世紀アメリカの代表的な写真家であり、伊藤俊治氏の『20世紀写真史』（筑摩書房）によるならば、一九一〇年代の彼の写真は、それ以前のヨーロッパ時代の牧歌的な写真と比べるとき、「新しい都市のリズム」を第一のテーマにしているという。スティーグリッツは、二〇世紀のアメリカの都市の変貌を敏感に感じ取ることができた写真家であった。つまり、この二人の芸術家は、いずれも二〇世紀前半の時代の変化を、自分たちの芸術に直接に表現することができたのである。

オキーフは、二〇才以上も年上のこのスティーグリッツによって、その芸術的才能を発見され、しだいにすぐれた画家へと成長していくのであるが、ふたりの関係はけっして平坦なものではなかった。一般的に、年上の男性と年下の女性が、芸術や学問の領域で結ばれるときには、前者が後者を保護し、指導するという関係になる。しかし、スティーグリッツとオキーフのばあいはそれほど単純なものではなかった。ふたりともいずれも強烈な個性の持ち主であり、相手の芸術と生活のために自分を犠牲にするようなことはできなかった。本書の原書のサブタイトルは「ひとつのアメリカン・ロマンス」であり、邦訳では「愛をめぐる闘争と和解」になっているが、本書は、二人の生活が、文字通り闘争と和解の連続であったことを詳しく描いている。

本書は、このような写真家と画家の生活を描いた、一種の伝記である。しかしそれと同時に、ふたりの芸術の変化をそれとなくたどっていく面があることにも注意しておくべきであろう。たとえば、著者は一九二〇年代後半のニューヨークの建設ラッシュがオキーフの絵に現われ、またスティーグリッツの写真の被写体にもなっていることに注目する。アメリカの都市の変化が、ふたりの芸術家にとって重要な要素になっていることが指摘されている。つまり、伝記ではあるが、ふたりの芸術作品のひとつひとつについて細かな説明と分析があり、またそれと同時に二〇世紀アメリカの美的意識の変化が語られているのである。

そのため本書は、今世紀のアメリカ美術史としても読むことができる。さらに、ロレンスやシャーウッド・アンダスンのような作家の姿も見られるし、イタリア未来派のセヴェリーニの作品がアメリカでどのように評価されたかといったエピソードもいたるところにある。したがって本書は、ふたりの芸術に関心のあるひとにも、現代アメリカの文化に興味のあるひとにも、かならず満足を与えてくれるであろう。

『鏡』 ユルギス・バルトルシャイティス著 谷川渥訳

ナルシスの神話を想起するならば、人間ははるかに遠い昔から、自分の姿を自分で見たいという欲望を持っていたことは容易に推測されるであろう。しかし、鏡は、単に自分の顔をうつすという単純な機能だけを持っているのではない。鏡は、政治的権力の象徴として用いられたこともあり、文学・神話・伝説のなかでしばしば大きな役割を演じてきたものでもある。本書において、リトアニア出身の美術史研究者であるバルトルシャイティスは、多くの文献にあたって、鏡に関する問題を考察しているが、その根本的な発想は、著者のことばを借りるならば、「科学と神話の和解」であるように思われる。

たとえば、バルトルシャイティスは、アルキメデスがシュラクサイの防衛のために考案したという集光鏡の伝説を詳しく分析する。それは、鏡を使って太陽熱を集め、それによってローマの艦隊を焼きはらったというものである。バルトルシャイティスは、この伝説を荒唐無稽なものとして否定してしまうのではない。あくまでもそこに人間の想像力の豊かな展開の跡を発見しようとする。その上で、今度は、太陽のエネルギーを集めて利用しようとする、現代の太陽炉に言及する。

また、古代から人間は鏡を使って遠いところにあるものを見ようとしていたが、たとえばカエサルは大きな鏡を使って、ブルターニュの住民たちの野営地や町の配置を見ていたという。バルトルシャイティスは、伝説のなかの鏡によるこのような望遠鏡を、現代の天体望遠鏡と結びつけて考える。アレクサンドレイアの灯台も、その視点から考え直されることになる。「古代は、現代の知識人の眼には、そうした成果の進歩につれて、それらの先をいっているように見える」のである。つまり、古代人が想像力の世界で考えていたことを、現代のひとたちが実現しているのだという考え方が示されているのである。したがって、現代の都市の道路にある反射鏡も、古代人の想像力の延長上にあることになる。

これが「神話と科学の和解」にほかならない。したがって、バルトルシャイティスのこの著作は、単に好奇心を満たすだけの、文献の引用だけを方法としているものではなく、きわめて現実的な意識によっても書かれている。つまり、鏡の過去と現在とが、固く結び付けられて論じられている。「鏡は、その形態と用途がどんなものであれ、つねに現実と錯覚とが接し混じり合うひとつの奇蹟である」とバルトルシャイティスは書いている。

ことばを換えて言うならば、鏡は想像力と現実とが交わる場である。バルトルシャイティスは、鏡が持っている、幅の広い、そしてさまざまな力を解明しただけではなく、鏡を媒介にして想像力と現実の関係という問題を考えようとした。

『ダンテとヨーロッパ中世』　ルードルフ・ボルヒャルト著　小竹澄栄訳

ダンテはイタリアの初期ルネッサンスを代表する詩人とされている。そして、『新生』『神曲』は、イタリア語で書かれた近代文学の出発点と考えられている。詩人であり、ヨーロッパの古典・中世文学の研究者であり、またダンテの作品をドイツ語に翻訳する仕事もしたボルヒャルトは、ダンテについてのこうした見方を徹底的に否定する。「ダンテの詩はイタリア語に由来せず、イタリア詩の結果でもなく、イタリア詩からは説明がつかない」というボルヒャルトの見解に、読者は最初は戸惑うに違いない。「イタリアの詩人」というダンテについての従来の見方が徹底的に否定されているからである。

本書でボルヒャルトが提示するダンテ像は、小竹澄栄氏の「訳者あとがき」のことばをそのまま借りるならば、「いかなる言葉においてもダンテは中世のままでなくてはならない」という「厳然たる前提」によって支えられているものである。この前提はボルヒャルトの長年にわたるヨーロッパ中世文学の研究が基礎になっている。ダンテを「イタリア」という枠のなかに閉じ込めることを拒否するボルヒャルトは、ダンテのイタリア語そのものが、「生まれながらにしてすでに、一語一語、詩行を指でたどりつつ読まれることを自ら望んでいた、蒼古の中世詩の言葉」

であったと指摘する。ダンテは、イタリア・ルネッサンスの詩人ではなく、ヨーロッパ中世の詩人なのである。ボルヒャルトにとって、中世ヨーロッパ文学の中心はプロヴァンスである。ダンテをプロヴァンスと結びつけようとするボルヒャルトにとって、『新生』は「情熱的な魂による、プロヴァンス世界の、それゆえ中世世界の成就」として位置づけられる。ダンテは「その所属する民族精神に引き戻されてはならない」のであり、「歴史的に再びヨーロッパ中世の方へと引き戻されなければならない」というのが、ボルヒャルトの一貫した意見である。

他方、本書ではダンテに関するさまざまな論点が示されている。たとえばボルヒャルトは、当時のフィレンツェでは、歌付きの音楽を伴奏にした舞踊が行われていたとして、ダンテも自分の詩に曲を付けて踊るようにしていたことが明らかにされている。

ダンテはそれによって自分の詩を「最大限世間に広めようと意図していた」のであり、その結果として、『新生』がなかったとしても、これらの詩はほとんどどれひとつとして失われなかったろう」とボルヒャルトは「断言」している。ダンテについてのこのようなディテールを見いだせるのも、本書の魅力のひとつである。

本書を読むと、ボルヒャルトが、詩人として、まだ翻訳者として、限りなくドイツ語を大切に考えていたことがわかる。

『アントナン・アルトー伝——打撃と破砕』 スティーヴン・バーバー著 内野儀訳

アントナン・アルトーの影響力は、ドゥルーズ、ガタリ、デリダといったフランス現代の思想家においてだけではなく、日本の演劇の世界にも及んでいる。たとえば寺山修司の演劇をアルトー抜きで語ることは不可能であろう。アルトーは、台本を俳優が演技するという意味での上演（表象）の概念を徹底的に否定した。アルトーの「残酷演劇」の発想の根拠のひとつが、アルトーがパリで見たバリ島の演劇である。「突如として中断され放棄される断片的で暴力的な身ぶり」を特徴とするバリ島の演劇は、アルトーにとって非常なショックであった。それは「テクストのない」演劇であり、いままでの演劇の概念を覆すものであるとアルトーには思われたのである。

バーバーはアルトーの生涯をたどりながら、その思想の展開にとって重要なできごとをていねいに論じている。また、ジャン・コクトー、アンドレ・ブルトン、ジャック・ラカンを始めとして、多くの人物が登場し、アルトーとのさまざまな交流が描かれている。さらにアルトーはきわめて多元的なひとりであり、ドライヤーの『裁かるるジャンヌ』、ガンスの『ナポレオン』などの映画に出演し、メキシコでは、リベラ、フリーダ・カーロのところに滞在して、トロツキーとも会い、インディオの儀式にも参加する。メキシコから帰ってからは、ベルギー、アイルランドへも出かける。バーバーは、もちろんそのようないわゆる伝記的な事実を丹念に追いかけているが、それと同時に著者が特に注目しているのは、アルトー特有の現実の世界と想像の世界との混在である。

アルトーは、さまざまな女性に特異な愛情を抱いていた。もちろんそれらの女性は現実に存在している女性であるが、アルトーにとっては彼女たちは現実に存在しているだけではなく、想像の世界にも生きている。たとえば、アルトーはモンマルトルで十六歳の少女に出会い、彼女と仲よくなる。やがてその女性は別の男性と結婚するのであるが、アルトーは「パリに残って結婚したのは偽者で不誠実な彼女の分身」にすぎず、本当の彼女はアルトーに会いに来る途中で殺害されてしまったのだと信じている。それにもかかわらずアルトーは、パリに戻ったときに彼女に会い、「あたしが君に会える日はいつだって、私の人生で一番美しい日です」と書き送ったりしている。このように現実と想像との境界が消滅している世界、それがアルトーの世界である。ロデーズの病院のなかで、アルトーは現実界と想像界の両方に存在している女性たちを「心の娘」と考えて、「蜃気楼の家族」とともに生きていたのである。

バーバーのこのアルトー伝は、人間の想像力の領域を拡大する仕事を進めたアルトーの生涯を、綿密に調べ、情熱をもって描いた力作である。

『エリアス・カネッティ』ユセフ・イシャグプール著　川俣晃自訳

本書で論じられているエリアス・カネッティは、一九八一年にノーベル文学賞を受賞したブルガリア生まれのユダヤ人であり、われわれはその著作の多くを、岩田行一氏の精力的で、すぐれた翻訳によって読むことができる。著者のイシャグプールは、イラン出身でフランスで活躍している批評家であり、ヨーロッパ各地で「根無し草」的な生活を送ったカネッティとどこかで共通の意識を持っていると考えられる。カネッティの代表的な作品のひとつとされる『眩暈』の主人公ペーター・キーンは、祖国というもののもっとも明確な定義は図書館であると考えている。祖国のなかったユダヤ人にとっては、このように書物だけが存在の根拠であったことを、イシャグプールは特に強調して論じている。ペーター・キーンにとっては、「書物の終焉が世界の終焉になる」ことが指摘されているが、これはユダヤ人の気分を象徴的に表現したものであるが、それと同時に人間と書物の関係についても示唆するものである。このように本書では、カネッティの意識とイシャグプールの意識とが重なって見えてくるところがある。

次にこのカネッティ論で注目すべき点は、イシャグプールがカネッティだけを論じているのではなく、カネッティと同時代の思想との関連も考えていることである。たとえばカネッティは『虚栄の喜劇』のなかで、鏡を壊したり、写真を焼いたりする状況を設定している。イシャグプールは、それを映像に満ちあふれた現代社会についてのカネッティの批判であると考えるだけではない。鏡や写真の映像についてカネッティが考えていたのと同じころに、ラカンが鏡像段階の理論を提示し、ベンヤミンが複製技術時代の芸術作品について考えていたことをイシャグプールはわれわれに想起させてくれる。イシャグプールは過去の思想家としてのカネッティではなく、現代の思想家としてのカネッティをわれわれに提示しようとしている。

カネッティの代表的な著作は、いうまでもなく、三五年という長い時間をかけて書かれた『群衆と権力』(岩田行一訳、法政大学出版局)である。『群衆と権力』は、フランスでもドゥルーズ、ガタリに大きな影響を与えた著作であるが、イシャグプールは、群衆が社会と対立するものであるというカネッティの主張を特に強調して論じている。群衆とは社会の転覆であり、社会は差異化するが、群衆はその差異をなくしてしまうものである。イシャグプールは、カネッティが『群衆と権力』で描いたのは、「群衆による人間の平等と自律的な自我意識とを実現しようとするローザ・ルクセンブルク流の理想」であったと指摘する。それは、具体的には「祝祭する群衆」であり、そこでは、人間の差異はまだ存在しているが、差別はない。

カネッティがモロッコを訪れたときの体験は、『マラケシュの声』(岩田行一訳、法政大学出版局)に描かれている。イシャグプールは、この『マラケシュの声』は、カネッティによる失われた共同体の再発見の試みの記録であり、それが『群衆と権力』において追求された一種のユートピアと結びついていることを指摘している。「亡命生活に馴染まない亡命者であり、永遠の傍観者であり、余所者であり、いつも怪訝な目で見られる旅人」であるカネッティが、マラケシュにおいて「見も知らぬ人々と自分とがひとつの共同体によって結ばれていること」を体験するのである。このようにイシャグプールは、カネッティのいくつもの著作を相互に関連させて論じているが、その根底にあるのは、カネッティに対する深い畏敬の念であり、われわれ読者は、この畏敬の念に導かれてカネッティの世界へと入っていくことができる。

『エーコの文学講義』ウンベルト・エーコ著　和田忠彦訳

本書は、イタリアの記号学者であり、また、『薔薇の名前』『フーコーの振り子』などの小説も書いているウンベルト・エーコが、小説の面白さを語った書物である。本書のもとのタイトルは『フィクションの森の中の六回の散歩』であって、小説の面白さについての六回の講義をまとめたものである。この小説論の特徴のひとつは、小説を映画と関連させて考えていることである。たとえばエーコは、次のように書いている。「一九世紀の作者だから映画のテクニックを知らなかったなどとは言わないで下さい。映画監督たちのほうが、一九世紀の小説技法に通じているのです」。いたるところで「カサブランカ」や「駅馬車」や、あるいはアンディ・ウォーホルの「エンパイア・ステート・ビルディング」の映像が、小説と重ね合わせて論じられる。映画の技法と思われているフラッシュバックなどが実は小説においても使われてきたのであり、映画を小説とからめて考えることによって、小説世界の特徴がはっきりと見えるようになる。

われわれが小説を読むことによって作られる世界は遊びの世界である。「この遊びを通して、過去・現在・未来にまたがる現実世界の無限の事象に意味を与えることを学ぶのです」とエーコは書いている。本書でエーコが終始一貫して説いているのはまさにこのことにほかならない。エーコが読者を案内していくのは、「小説の森」という虚構の現実である。それは実際の現実世界とは異なった想像力の支配する世界であるが、それ固有の秩序を持っている。エーコは本書の最後のところで、自分はできるものならこの森から「二度と抜け出したくない」と思うと述べている。虚構である小説の世界にいつまでもとどまっていたいということである。しかしわれわれはいつかはこの森から出て、「わたしにとっても、そしてみなさんにとっても、なんとも残酷な」人生へと戻らなくてはならない。

エーコが本書で述べていることは、けっして特異なことではない。しかしそれを語っていくエーコの語り方は、小説と似ている。訳者の和田忠彦氏は、「訳者解説」の最後のところで、「読み終えて、なにか一篇の物語を読んだような気がしたとしたら、エーコは本望でしょう」と書いているが、評者はまさに一篇の物語として本書を読んだ。エーコはさまざまな小説作品から巧みな引用をし、適確に小説の筋を解説をする。それを読んでいるだけでも楽しくなってくる。もちろん難解な読者論や、テクスト論が用いられているために、あるいは言及される小説作品を読んでいないために、読者がついて行けなくなるばあいもあるであろう。それにもかかわらず、本書は読んで面白い小説論として出色のものである。小説の面白さを語る書物それ自体に小説的な面白さがある。これは小説家でもあるエーコによって初めて可能になったことだと言えよう。

『文化とレイシズム』三島憲一著

本書は、一九九五年にベルリンに滞在していた三島憲一氏が、主としてドイツの知識人の考え方について書いたエッセーを集めたものである。三島氏はドイツの雑誌・新聞をていねいに読み、多くのひとと対話をし、ドイツの「知的風土」がどういうものかを明らかにしている。この方法は、すでに三島氏の『戦後ドイツ——その知的歴史』(岩波新書)において存分に用いられていたものであったが、この『文化とレイシズム』では、それがさらに徹底化され、ドイツ以外の領域へも視野が広げられている。

本書では、直接的にはドイツのことが論じられているが、それはしばしば日本についてもあてはまるものである。たとえばドイツ人は、自分たちのアイデンティティを一九世紀の国民国家にさかのぼって求めようとし、建築家シンケルが一九世紀初頭に作ったノイエ・ヴァッヘという建築物がその象徴とされるが、それは「ドイツの理想主義のうら侘しい姿」にすぎないというのが三島氏の感想である。ナショナル・アイデンティティをそのような過去にさかのぼって求める態度は、日本にも存在する。

つまり三島氏は、遠いドイツの問題を論じているように見えるが、実はそれと同時に現代の日本の精神状況の分析も行っているのである。たとえば「保守へ転向したリアリストたち」は、ドイツにも日本にも共通した存在である。

三島氏は、「あとがきにかえて」のところで、「文化論をするときには、日本に対する西欧とか、東洋と西洋などという明治以来の知識人を深く悩ませてきた対立図式を捨てねばならない」と書いている。ドイツの知識人についての三島氏の批判は、ほとんどそのまま日本についても当てはまる。「日本もヨーロッパも、同じ近代の一員として、近代の諸問題のそのつど傾斜のついた出現と分布を経験している」からである。ヨーロッパでも日本でも、知識人が先頭にたって「文化的ナショナリズム」に傾いていく。「自文化についても恐るべき先入見を持ち、他者からの目を一向に自己像の修正のために受け入れようとしない」のは、欧米の知識人だけではない。三島氏は、日本では「エリートが一番西洋化しながら、また一番西洋に対抗意識を持つ」と指摘しているが、ドイツの知的状況についての考察をしながら、それと重ね合わせた日本の知識人に対する批判には強い説得力がある。

知識人がどれほど「ナショナリズムに弱いか」か、具体的な例によって示されているからである。

また三島氏は「はじめに」のところで、「戦後西側で維持されてきたリベラル左派のコンセンサスがさまざまな理由から無力化したり、崩壊している事態」を重く見ている。日本でも同じ状況が進行していると見るべきであろう。

『恐竜のアメリカ』　巽孝之著

本書をタイトルだけで判断すると、アメリカにおける恐竜の化石の発掘史と思われるかもしれない。もちろんそのような関心から本書を読み始めることも十分に可能である。しかし本書で著者が論じているのは、恐竜をめぐる人間の文学的想像力の問題である。著者はそれを特にアメリカ的想像力と関連させて論じている。著者自身のことばを借りるならば、「アメリカ的恐竜の成り立ちをめぐる文学的想像力」についての考察である。ただし著者は、大原まり子の作品や、映画「ゴジラ」を中心とする日本人の想像力についての考察も忘れてはいない。恐竜をめぐる想像力は、国境を超えるものである。

本書では、文学だけではなく、いたるところで映画も論じられている。一九世紀のアメリカ文学のなかで、著者が重視するのはメルヴィルの『白鯨』である。そして、著者はヒューストンによるこの作品の映画化についても言及する。そこに描かれている白鯨を、著者は「限りなく恐竜に近い巨鯨」であると規定する。近代の欧米の想像力では、「クジラはドラゴンと必ずしも明確に区別されていなかった」というのが著者の判断である。文学的想像力は、現実をはるかに超えて行使される。アメリカの古生物学者のなかには、「根本的にかぎりなく幻獣に近い非在の恐竜の捏造」をしたひともいた。しかしそれは、実在を超えていく人間の想像力の展開なのだ。「人々が見たいものを見せる、足りなければデッチあげても見せる」のが、アメリカ的想像力の根源にある考え方である。その延長線上にあるのが、マイクル・クライトンの『ジュラシック・パーク』である。

この作品が、リゾート開発、テーマパークの建設と関連しているという指摘もおもしろい。スピルバーグによるその映画化も、「今世紀初頭の暗黒大陸探検がもたらした植民地主義的興奮を再生」するものと解釈される。この「最高の仮想現実的エンタテインメント」は、観客を「疑似コロニアリスト」に仕立てる。文学的想像力は、同時代の精神的状況とどこかでつながっているのである。

また、「白鯨からゴジラへ」の変化を、著者は「近代的植民地主義から脱植民地主義」への変容であるとする。ゴジラについては、すでに多くのことが論じられてきたが、本書のゴジラ論は、いわばゴジラをアメリカ文化との関連のなかで論じた出色のものである。とくにゴジラをマーク・ジェイコブスンの『ゴジロ』と重ねて論じたあたりは、著者の力量が存分に発揮されたところである。

本書は著者の思考を縦横無尽に広げたものであり、しかも精神史的な目配りが明確になされていて、読者はいたるところで新しい発見をするであろう。

『文学の皮膚』 谷川渥著

本書にはいくつかの論点があり、それらは相互に密接につながっている。その中心にあるのは「皮膚」の問題である。本書のタイトルにも含まれている「皮膚」ということばには、文字通りの意味のほかに、現代思想にとって深い意味があると考えられる。著者は、谷崎潤一郎の初期の作品である「刺青」から論じ始めるが、それは谷崎潤一郎が「表層に、表層の美に憑かれた作家」であり、この作品が、刺青をテーマにすることによって、「皮膚を物語のトポス」とする作品として成立しているからである。皮膚が「物語のトポス」であるというのは、直接的には、皮膚の美しさをたたえることが谷崎のこの作品の中心にあるということである。しかし、いうまでもなく、著者は単に皮膚の美しさを描写している谷崎潤一郎の作品を論じているわけではない。内と外の二元論の否定が著者の出発点である。三島由紀夫の作品に見える肉体の問題を論じつつ、著者は一七世紀のイタリアの彫刻家ベルニーニの作品について、次のように書いている。「ベルニーニの作品に特有の、男女を問わずほとんどすべての人物像に見られる恍惚たる表情は、彼らの肉体が内と外の二元論を無効にするまさしく襞にほかならぬことを証言しているのではないだろうか」。ベルニーニの作品を著者は皮膚の彫刻として捉えているのである。彫刻作品において、内と外とを分離することは不可能である。

「皮膚」は、このようにして特権的な役割を与えられることになるが、それはけっして著者の独断ではない。著者は安部公房について論じた章では、マクルーハンの文明論も、「まず衣装を、次に家屋を、さらに都市を、そしてついには地球全体を皮膚の各位町として論じた」ものであると考える。

また著者は、オスカー・ワイルドの『ドリアン・グレイの肖像』を論じた「表面と表象」の章で、この作品が「なによりも表面の物語」であると指摘している。ここでいう「表面」とは皮膚のことであり、その表面・皮膚がこのワイルドの作品では「肖像画」として存在する。『ドリアン・グレイの肖像』は、バジル・ホールウォードという画家の描いた美青年の全身像を、ヘンリー・ウォットンが「観相」するところから始まる。著者によると、重要なことは、その「観相」

が実在する人物についてなされるのではなく、「肖像画」というイマージュについてなされているということである。著者はそのことから「一九世紀的な観相学的知識を暗示する言葉は、モデルではなくコピーに向けられているのだ」と指摘する。おそらくここに本書の中心的なテーマがある。著者は続けて次のように書いている。「コピーがモデルに先行する。モデルとコピー、本物とそのうつしとの伝統的な位階秩序は、はじめから危うくなっている」。極端にいえば、本物とかモデルというものは最初から存在せず、コピー・うつしが先行するということになる。これは、表面的に解釈するとボードリヤールのシミュレーション理論になるが、著者はその方向に向かっているのではない。そこには、最近になって再検討されつつある「ミメーシス」の問題が絡んでいる。

著者は、「表面を真理として受け入れる」と書いているが、もしも真理もしくは美が求められるとするならば、ベルニーニの作品についてすでに明らかにされたように、それは表面以外の場所ではありえない。谷崎潤一郎の初期の作品に「皮膚」が重要な位置を占めるのは、この作家が美の所在について直感的に正しい認識をしていたからである。このように「皮膚」は本書のキーワードである。「すべては外観の問題であるべきなのだ」というのが、著者の基本的な立場である。おそらく、残されている問題はこの外観・表面・皮膚が偽の外観、偽の表面、偽の皮膚ではないかということである。

その問題との関連で考えるとき、著者が皮膚とともに、第二の論点として、「影」もしくは

「分身」の問題を追求していることがどういう理由によるのかがわかってくる。影の問題は同時に分身の問題である。それは本書の第二章にあたる梶井基次郎論において示されている。しかし、評者の見るところでは、影もまた実は皮膚であり、表面である。

影は分身であるが、著者はそれを特に「死の影」として捉える。これは、『神話と人間』のなかでカマキリの擬態を死の本能の表現としても考えようとしたロジェ・カイヨワの思考とつながるであろう。カイヨワの考察がラカンの鏡像段階理論に影響を与えたことはよく知られているが、評者はここにもカイヨワの影響があるように感じる。というのは、本書の著者も、「影を追うことは、死へと傾動することだ」と書いているからである。梶井基次郎の作品を追いかけていくと、影が「物の陰翳として、みずからの〈分身〉として、実体化した〈闇〉として、〈暗黒の絶望〉として」現象していることがわかってくるのである。著者はそのことを媒介としながら、影・分身が死とつながっていることを見て取る。うつしが実は死とつながっていることが、しだいに明らかにされていく。

死の問題は、凝視の問題とからんでいる。本書の第三の論点は、今日いたるところで問題にされつつある「凝視」であるが、それは「川端康成の逆ピグマリオニズム」というサブタイトルの付いた「見ることの狂気」の章で論じられている。このタイトルは、著者の以前の著作である『見ることの逸楽』と、著者の翻訳によるクリスティーヌ・ビュシ＝グリュックスマンの『見ることの狂気』を想起させる。この『文学の皮膚』では、当然ながらそれらの著作の延長線上にある考察がなされている。本書では、川端康成の作品が考察の対象にされるが、最初に川端康成のエッセー「末期の眼」が論じられる。末期の眼とは、「死にゆく者が世の中を眺める眼差し、死の自覚をもって対象を見据える眼差し」のことであり、「生への執着を断った純粋な眼差し」のことである。著者はこの眼差しを単なる「凝視」として捉えてはいないのであって、鏡の中の像が凝視の対象とされる。鏡の中の像は、必然的に自己の分身であり、自己それ自身ではない。そしてここでは、当然のことながら「分身の端的な表現としての双子の物語」が言及される。鏡の中の像は、すでにのべた「うつし」である。凝視の問題が、分身・うつし・皮膚の問題とつながっていることが示されている。

見ること、凝視の対象は、対象の「本質」などではない。われわれは表面・皮膚しか見ることができない。著者は、川端康成の「それを見た人達」に言及しているが、そこでは次第に腐敗していく女の死体を見つめることが語られている。その女の死体は徐々に腐敗し解体していき、最後には「大体の輪郭から女であることが認められた」という状態になる。これは仏教でいう「不浄観」である。それは「見ることの逸楽」の極限であり、「見ることの狂気」にほかならない。われわれは皮膚しか見ることができないが、その皮膚は腐っていくものであり、消滅していくものである。凝視が死とつながっていることが示唆されている。著者は、川端康成の作品においては、「見ることの狂気」が、「死んでいない女を死んだ女のように見る」までになっていることを強調する。そして『掌の小説』のなかの「合掌」では「眼差し女を死なせるモティーフがすでに結晶している」と指摘する。凝視は対象を石にしてしまうメドゥーサの眼であり、ここでも凝視は死と結びついている。

本書は文学を考察の材料にしてはいるが、単なる文学批評ではない。著者の考察の背後に、深い理論的な思考が存在することは、少なくとも評者には十分に推測できる。本書で論じられている「皮膚」は、現代思想の基本的な問題と深く絡んでいる。われわれにとって、抽象的な思考と同時に、このような具体的な対象に即した考察が必要なことを本書は強く示唆している。

『ファッションの文化社会学』ジョアン・フィルケンシュタイン著　成美弘至訳

本書は、ファッションが現代人のアイデンティティ形成にどれほど大きな役割をしているかを論じたものである。「ファッションは取るに足りないどころか、主体性を何度も構成するのであり、アイデンティティを形成する」ものである。著者は、本書の意図について「性的アイデンティティ、女らしさ、男らしさやファッションを、ポストモダン的視点から再検討する」ことであると書いている。それでは、「ポストモダン的視点」とは何か。それは、ファッションを一種のメディア・カルチャーと見る、カルチュラル・スタディーズ的な視点であると考えられる。

衣装やファッションの意味については、すでにロラン・バルトや鷲田清一の仕事があるが、それが人間のアイデンティティ形成についてどのような役割を持ちうるかという問題については、まだ十分な検討がされてはいない。この問題の解明のためには、「ポストモダン的視点」、カルチュラル・スタディーズ的な視点、特にファッションをメディア・カルチャーとして考える立場が必要であろう。メディア・カルチャーとはアメリカの社会学者ダグラス・ケルナーが提示している概念であるが、そのばあいのカルチャーは、すでに「文化」ではなくなって、一種の「環境」になっている。現代の人間は、マスメディアを中心とするメディア・カルチャーによってそのアイデンティティを形成していくというのが、ダグラス・ケルナーの考え方である。この考え方の背景には、おそらくラカンの鏡像段階理論、アルチュセールのイデオロギー的国家装置の概念といったさまざまな理論が存在すると思われるが、フィンケルシュタインは、それらの理論を統合したところにあるケルナーの考え方に同意し、ファッションがアイデンティティ形成に計り知れぬほどの力を持つことを、具体的な例を示しつつ論証しようとする。ファッションは、一人だけの力で作られるものではない。ひとつの社会集団のなかでの何らかの共通の了解が前提とされているものであり、またファッション・ジャーナリズムと深い関係を持っている。その意味では、ファッションはケルナーのいうメディア・カルチャーに含まれるものと考えることができるであろう。

ファッションは、模倣もしくはミメーシスを原理とするものである。フィンケルシュタインはミメーシスの概念を使ってはいないが、ファッションを動かしているのはミメーシス的なものにほかならない。自分の身体を飾るものとしてのファッションに自分自身を同化させていくことによって、自分のアイデンティティを形成していくプロセスは、女性のファッションにおいて特に顕著である。フィンケルシュタインによると、女性には「長い間、不安定な自我概念しかなかった」のであるが、ファッションによって、その不安定な自我が統一され、確定されることになる。これはアイデンティティにおいて、女性の立場を特に意識したものであり、注目すべき論点であるが、それは通俗的な意味でのラカンの鏡像段階理論の応用であるといえよう。つまり、自分の外側にあるものに、自己を同化させることによって、自己のアイデンティティを作っていくプロセスであると考えられている。

フィンケルシュタインは、ラカンのほかにも、ジンメルの文化哲学、ヴェブレンの『有閑階級の理論』といった古典的な理論の基礎を自分の思考に組み入れるだけではなく、ボードリヤールの記号的消費という考え方、ファッションを一種の「文化資本」と見るブルデューの思想など、同時代のさまざまな理論を駆使している。

本書で、もっと深く追求してほしいと思われたのは、ファッションが虚構のものであるという認識である。フィンケルシュタインは、「ファッションが虚構であるという厳然たる事実」を認めなくてはならないと述べている。そうすると、ファッションによって作られる現代人のアイデンティティもまた虚構ということになるだろう。ことばを換えていえば、ファッションによって作られるアイデンティティは、「束の間のアイデンティティ」にほかならない。ファッションが失われれば、つまり、自己との同一化の対象としての衣装を脱ぎ捨てたならば、その人のアイデンティティは消滅してしまうのではないかという問いが残るであろう。ファッションは現代人にとっての「仮想現実」のひとつにほかならず、それはメディア・カルチャーとアイデンティティの関係を考えるとき、避けて通ることのできない問題である。本書は、この問題を考えるための、またとない材料を提供している。

『E・モラン自伝』 エドガール・モラン著 菊地昌実／高砂伸邦訳

本書はフランスの思想家エドガール・モランの自伝である。自伝といっても、自分の生涯を記憶を頼りに時代を追って記述したものではない。モランの思想の生成のプロセスと彼の思考の方法が明確に示された著作である。モランの思想の根底にあるのは「複雑性」の概念である。複雑性は、モランの考え方によれば「全体性」と対立する考え方である。モランがそのときに念頭に置いているのは、アドルノの「全体性は非真理である」という見解である。全体性は閉ざされたものであり、広がりを持たないものである。これに対して、モランは「結びつける意識、それが複雑性の認識である」というテーゼを提出する。現在の自分とは対立するもの、ばあいによっては敵対するものをも自らのなかに吸収していこうとする強力な意識がモランの思考を支えている。この方法は、かたちを変えて、ポスト構造主義から、今日のカルチュラル・スタディーズにも伝えられているように感じられる。

モランは、「教養とは多角栽培（教養）」であるとして、高い教養を、「情報と知識を、その意味を明らかにする文脈の中に位置づけ、それを含む全体の中に位置づける能力を持つ」ことであると規定する。この自伝を読むとモランがさまざまな問題について、この能力をつねに高めていこうとしていたことがよくわかる。たとえば若いときにモランはベートーベンの音楽や、『三文オペラ』『人生案内』などの映画によって自分の思想を作りつつあったが、やがてスペイン市民戦争や人民戦線の結成など政治的な状況の中に自らを置くことになる。そのときモランは「政治上の立場をはっきりさせることを迫られる」のであるが、それは「迫られる」というよりも自分でそのような状況を作っていったというべきであろう。自分の存在している状況に対決し、自分の立場を決定していく態度に学ぶべきものがある。モランが、戦争中レジスタンスにどのように関わったか、戦後、フランス共産党とどのような関係にあったのかといった具体的な問題の記述にも興味あるものがある。

モランのようにアカデミズムとは離れたところで活躍してきた思想家は、少なくともわが国のアカデミズムの世界では排除とはいわないまでも、あまり歓迎されない。これは、モランと同じようにスペインから追放されたユダヤ人の末裔であるエリアス・カネッティや、イギリス生まれのアメリカの思想家グレゴリー・ベイトソンについてもいえることである。彼らについての「研究」はほとんどされていない。しかし、少なくとも評者にとって、ベイトソンやモランは非常に大切なことを教えてくれた思想家である。ベイトソンはエコロジー的な思考のあり方を教えてくれたが、モランは、「複雑性」の重要性を教えてくれたといえよう。

モランの先祖はスペインに住むユダヤ人であり、一五世紀末にそこを追われてテッサロニキに移り住んだが、そこはトルコ領であり、モランの父親の時代にはギリシアに含まれる。しかし、だからといってモランはトルコ人でもなければギリシア人でもない。そしてモランの思想の根底にはパスカルの哲学がある。このように、モランの存在それ自体が、複雑性そのものであるといえよう。モランはそのことを十分に意識しているから、たとえば単純なシオニズムには与しない。モランは次のように書いている。「私はあらゆる観念を前にして、半ば本能的にその対極を探し求める。私はつねに反対の真理、反対の至上命令の要求を体験している」。これがモランの存在のあり方であり、思考の態度である。

「複雑化」という、対立するものを結びつけていく方法は、モランが何かをテーマにして考え、著作をするときにも遺憾なく発揮される。たとえばわが国でもかなりよく読まれているモランの著作のなかに『人間と死』があるが、その準備をするにあたって、モランはフランスの国立図書館に二年間こもり、「当時未知だった領域（死は生物学的にも社会学的にも人類学的にも扱われていなかった）と、きわめて多様な分野（死の生物学から来世に対する神話上、宗教上の信仰まで）に踏み出す」のである。つまり、一つの問題についてあらゆる分野を横断して考えようとする。「学際的」という考え方は、モランを典型とするとさえいえよう。また、モランが「知識階級と大学による高等な愚鈍化」を痛烈に批判していることに注目しておきたい。

『メタファーはなぜ殺される』　巽孝之著

アメリカの文学だけでなく、『恐竜のアメリカ』などひろくアメリカの文化について刺激的な論考を発表してきた巽孝之が、熱情を傾けて書いた本書は、現代アメリカの文学批評についての広い視野からの力作である。

今日、文化のヨーロッパ中心主義は色あせて、批評の領域でもアメリカがもっとも活発な動きを示している。たしかに現代アメリカの文学批評の主な準拠枠は、デリダ、ラカン、バフチンであり、それらのヨーロッパ的所産への参照なしには、アメリカの文学批評が成り立ちえないことは事実である。そして、月並みないい方とはいえ、古くから「民族・文化のるつぼ」といわれていたアメリカでは、文学批評もまた旧大陸伝来のさまざまな理論を消化吸収し、アメリカ文学という素材を料理してきたのである。

本書は、現代アメリカの文学批評の単なる展望ではなく、また個々の批評作品についての断片的な紹介でもない。このようなアメリカの文化的状況をしっかりと把握した上で、個別的な批評作品についての念入りな書評を積み重ねるというかたちで書かれている。読者はこのすぐれた読み手の手引きによって、彼がその重要な論点をえぐりだしている著作のそれぞれを読んでみたいという誘惑にかられるであろうし、またそのような誘惑を体験しない者は、本書の読者としての資格がない。

たとえば、「ヘンリー・ルイス・ゲイツ・ジュニアの『黒の修辞学』」を読めば、読者はゲイツを「戦略的批評家」として位置付ける理由を知らされずにいることはできない。ゲイツは、「したたかなまでに白人系文学批評を再利用し、ひいては文学批評のイデオロギーそのものを再構築しようとする政治学」を構築するからである。著者がゲイツのような批評家を特に取り上げるのは、そこに黒人文学批評の最前線にある「黒人系アメリカ文学のみならずアメリカ文学そのものを根本から問い直す」作業を認めているからである。

これはほんの一例にすぎない。読者はどの章を読んでも、著者がどれほど緻密に対象とする批評作品のなかに入りこみ、そして一歩ひいて全体的な構図のなかにそれを位置付けようとしているかを認識するはずである。

したがって、本書はけっしてアメリカ文学批評という特殊な領域の専門的研究といったたぐいのものではない。全体を読めば、現代アメリカの「教養文化」の動向、それを支えているアメリカ文化そのものの特異性が浮かび上がってくる。そしてそれとともに見逃してはならないのは、かつて『椿説泰西浪漫派文学談義』などいくつかの名著を残した由良君美、卓抜なメルヴィル論を展開してきた千石英世、日本の批評界でまさに「紅一点」の斎藤美奈子、また『アメリカン・ヒーローの系譜』の著者である亀井俊介、さらには志村正雄、富山太佳夫、筒井正明といった日本のアメリカ文学研究者たちの仕事についての目配りも忘れてはいない。必読の一冊として高く評価したい。

『ル・コルビュジエと日本』高階秀爾他編

本書は一九九七年に東京で開催されたシンポジウム「世界の中のル・コルビュジエと日本」で発表されて報告を集めたものである。ル・コルビュジエは、今世紀の代表的な建築家の一人であるが、日本の建築・デザインにとっても重要な建築家だった。ル・コルビュジエが日本とかかわりがあるのは、すでに一九三〇年代からのことだった。前川国男、坂倉準三、吉坂隆正といった建築家はパリにわたって、直接にル・コルビュジエの教えを受けた建築家たちである。彼らの建築作品は、ル・コルビュジエ的なものを日本の建築のなかに残している。

また、もっと具体的には、上野にある国立西洋美術館はル・コルビュジエの設計によるものである。このことは、建築に関心のある人ならば誰でも知っている事実である。また、ル・コルビュジエの協力者であったシャルロット・ペリアンが日本のデザインに与えた影響も見逃してはならないだろう。ペリアンを媒介にして、ル・コルビュジエの思想が日本に伝えられたと考えられるからである。

ル・コルビュジエと日本とのこのようなつながりを視野に入れるとき、本書に収められた報告のなかで、注目すべきものが見えてくる。巻頭に収められた槙文彦の「ル・コルビュジエ・シンドローム」は、「日本の近代建築発展の過程」というそのサブタイトルが示しているように、日本の近代建築に対するル・コルビュジエの影響を、時代を追って分析し、また、ル・コルビュジエの影響を受けた日本の建築家について的確な解釈を示している。たとえば、同じようにル・コルビュジエに師事した建築家たちについても、「坂倉準三が身体的に師を理解しようとしていたとすれば、前川国男は彼自身のエスプリを通して理解しようとしていた」という見解を示している。

太田泰人の「ル・コルビュジエ、ペリアン、坂倉準三」もまた興味ある報告である。太田泰人は坂倉準三が設計した神奈川県立近代美術館のキュレーターとして、いわば直接にル・コルビュジエ的建築の内側にいるという自らの状況を活用し、坂倉準三の仕事がどのようにル・コルビュジエの影響下に展開されていったかを克明にたどっている。戦争直前に来日したペリアンと坂倉準三の交流を描いた部分も、きわめて具体的で、印象的である。

柏木博の「ル・コルビュジエと日本のデザイン」はル・コルビュジエのデザイン思想がすでに一九三〇年代の日本のデザインに大きな影響を与えていたことを論じた力作である。柏木博の考察は、ル・コルビュジエの影響力がけっして建築の領域に限定されるものではないことを教えている。そのほかにも、多くの興味あるル・コルビュジエ論を収めた本書は、建築・デザインに関心のある人たちにとって、必読の一冊である。

『ピカソ論』 ロザリンド・E・クラウス著 松岡新一郎訳

本書は、アメリカの著名な美術批評家ロザリンド・クラウスによる異色のピカソ論である。クラウスは、ピカソの作品のなかで、特に一九一〇年代からのコラージュの手法による作品、過去のよく知られた絵画を引用した作品、写真を利用した作品など、通常の絵画とは異なった作品を材料にして論じている。つまり、異質な要素が入り込んでいる作品を考察の対象にしている。

ピカソがコラージュに新聞を使ったのは周知の事実であるが、クラウスはそれらの新聞をあくまで「新聞」として扱うのであって、けっして「新聞紙」としては扱っていない。「新聞」として扱うということは、その記事の内容としての「情報」を問題にするということである。また、新聞を大衆的なものの記号として考えるということである。クラウスは、ピカソがコラージュの材料に使った新聞記事の情報が、作品においてどのような役割を演じているかを考える。そこにはもちろん政治的な要素が存在している。それと同時に、大衆のためのメディアである新聞が、ピカソの作品に使われていることについて、クラウスはバフチンの理論を使って論じている。

クラウスは、新聞の記事を使って書かれたドストエフスキーの小説についてのバフチンの解釈を、「作家と報道との関係がポリフォニー小説という根本的に新しい分析を鍛え上げるべく引き合いに出される、眩暈を誘うような分析」であるとして高く評価する。そして、バフチンが提示するこのモデルが、「コラージュにおけるピカソの創造と驚くべき並行関係にある」ことを指摘する。つまりクラウスは、バフチンの示したポリフォニーというフレームを使って、ピカソのコラージュによる作品が、ポリフォニー的であることを論じているのである。バフチンは、ドストエフスキーのポリフォニーを、「それぞれに独立して互いに融け合うことのないあまたの声と意識」として規定した。ピカソのコラージュなどの手法による作品もまた、ポリフォニー的な作品として見直されることになる。

クラウスは、ピカソのコラージュにおける新聞の役割を再検討したのであって、そうなると、本書のもとのタイトルである『ピカソ・ペイパーズ』は、『ピカソ論集』であると同時に、『ピカソの新聞』という意味をも含むことにもなるだろう。

クラウスは、ピカソの作品がポリフォニー的であるということによって、モダニズムの破壊者としてのピカソという見方を設定している。クラウスは、音楽の領域でモダニズムの代表者としてのシェーンベルクに対して、それを破壊したストラヴィンスキーの役割というアドルノの作ったモデルを使って、ピカソの位置を規定しようとしている。本書は、従来とは異なった視点で論じられた注目すべきピカソ論である。

『言葉への情熱』 ジョージ・スタイナー著　伊藤誓訳

ジョージ・スタイナーは、オーストリア系ユダヤ人の子としてパリに生まれ、アメリカ・イギリスで教育を受け、プリンストン、オクスフォード、ジュネーヴなどで研究生活を送ったひとである。この華麗な経歴を見ただけでも、スタイナーがどれほど深く西欧的な教養を土台にしてその批評活動をしたかが想像されよう。実際に、本書を一読すれば、そこにはホメロスを初めとするギリシア・ローマの古典文学、聖書の世界、シェークスピアといった正統的な西欧文化の伝統が前提として存在していることが感知できるであろう。

たとえばスタイナーは、『オデュッセイア』には「永続的な魔力」があるとし、「ホメロスの物語は、海の物語であり、〈黒い船〉で海へ出る者すべての物語である」として次のように書いている。「ホメロスの海は、マシュー・アーノルドがドーヴァーの海岸で耳にしたワイン色の黒い海である。コウルリッジの老水夫、ポーのゴードン・ピム、コンラッドの舵をとる水夫は、遍歴するオデュッセウスの末裔である。メルヴィルの船上の、あるいは筏にしがみつく者たちも同様である」。ここにスタイナーの批評のエッセンスがある。海を漂流する者たちは、ホメロスの後裔なのである。ホメロスというフレームがスタイナーの批評の原理のひとつになっている。

スタイナーの批評のもうひとつの枠組みになっているのは、「ユダヤ的なもの」である。それはたとえばカフカの『審判』の解読においてもはっきりと現れる。スタイナーは次のように書いている。「(『審判』の) 主要な体系が聖書と〈タルムード〉の遺産のそれであったことは明白である。ヨーゼフ・Kの拷問と消滅に刻まれているのは、カインとアベル、アブラハムとイサク、ヨブの心痛であり、彼らが苦しみ、その謎めいた、時にあきれるほどの正当化の理由付けを西洋の良心に負わせた心痛である。」

このように、スタイナーの批評は、現代文学を読む時にも、つねにギリシア・ローマの古典と聖書に、あるいはシェークスピアに戻ることを求める。おそらく、このような古典的・伝統的な教養を前提として考察する批評家は次第に姿を消していくであろう。そういう批評家の作品を読み取る読者がいなくなってきたからである。スタイナーは、いわば二〇世紀最後の古典的な意味での批評家であった。しかし、そこには自ずから限界があることも事実である。スタイナーのユダヤ性は、ばあいによっては「他者」を排除するものになりかねない。「テクスト、われらが母国」はイスラエルに対するスタイナーの思い入れを語ったものであるが、そこには、住むところを追われることになったパレスチナ人についての言及はない。おそらくそれが、ユダヤ的なものを支柱とするスタイナーの批評の限界であろう。

『水に流して』イタロ・カルヴィーノ著　和田忠彦／大辻康子／橋本勝雄訳

イタロ・カルヴィーノは一九八五年に亡くなった現代イタリアの代表的な作家のひとりである。代表作に『木のぼり男爵』『見えない都市』などがあるが、そのほかに『イタリア民話集』の編集もしている。今回訳出された『水に流して』はこの作家の評論集であるが、本書によって読者はカルヴィーノのさらに多彩な活動を知ることができる。たとえば、カルヴィーノはフランスの空想社会主義者フーリエのイタリア語版の著作集の編集もしていたのである。

本書を読むことによって、われわれはカルヴィーノの作品の基盤になっているものが何かをしだいに理解することができる。まず第一にイタリア的なものがある。同時代で、彼とともに文学運動に携わっていたヴィットリーニを高く評価するのは当然のことであろうが、マンゾーニ、モラヴィアといったイタリア文学の巨匠の作品に対する深い理解を読みとることができる。さらにガリレオさえもが「イタリアの最も偉大な作家」として再評価されることになる。またモランディのようなイタリアの画家への敬意も感じられる。本書を読んでいくと、イタリアへの限りない愛情のようなものを感じることができる。カルヴィーノの文学を育てたもののひとつがそうしたイタリア的なものである。

しかしそれと同時に、カルヴィーノの文学がイタリアという枠に閉じこもってはいないことも見えてくる。カルヴィーノは若いころにはヘミングウェイを「手本」にしていたという。カルヴィーノにとって、ドストエフスキーとカフカは「人間の姿と状況のある特別なデフォルメ」を行ない、「人間のイメージを変えた」作家として評価される。「人間のイメージを変える」ことが、作家にとって最も重要であることを、カルヴィーノは彼らから学んだはずである。カルヴィーノはこうした作家たちから学びつつ自分の文学を作っていった。

カルヴィーノの評論が面白いのは、単に文学の世界に閉じこもってはいないということである。本書に収められたエッセーのなかで評者が特に注目したものの一つは、カーニヴァルについて論じた「裏返しの世界」である。そこでは一五世紀イタリアのタロットカードの細密画に描かれたカーニヴァルが論じられているが、そのときカルヴィーノが用いている理論はミハイル・バフチンのカーニヴァル論である。パゾリーニがバフチンの影響を受けていたことは知られているが、カルヴィーノにもこのロシアの批評家・哲学者の影響が及んでいたことは評者にとってきわめて印象的であった。このようにカルヴィーノにおいてはイタリア的なものとそれ以外のものが相互に浸透し、それを養分にして彼は自分の文学的世界を構築したのである。

『ベーラ・バラージュ』 ジョゼフ・ジュッファ著 高村宏他訳

一九九九年に新曜社から刊行された『映画監督 溝口健二』(四方田犬彦編)に、溝口健二の『山椒太夫』を論じた「溝太夫」という論文が収められている。この論文の筆者ダドリー・アンドリューはアメリカの有名な映画理論家であるが、彼の主著のひとつが『主要映画理論』(The major film theories, Oxford University Press, 1976)である。その第四章『ベーラ・バラージュとフォルマリズムの伝統』の冒頭で、アンドリューは次のように書いている。「バラージュの『映画理論』は、映画芸術についての最初の入門書であり、また、疑いなく最良の入門書のひとつである」。また、バラージュの『視覚的人間』が岩波文庫に収められていることも、映画理論史のなかでの彼の重要性を示すものであろう。

今回訳出されたジョゼフ・ジュッファの『ベーラ・バラージュ』は、いままでわれわれが映画理論家としてしか知らなかったバラージュの全貌を描き出した評伝である。本書によって、われわれはバラージュが映画理論家であるだけではなく、小説家・劇作家・詩人・映画作家でもあり、政治にもかかわった多面的な人であったことを知ることができる。彼のまわりには、同じハンガリー人である理論家のルカーチ、作曲家のバルトーク、コダーイがいて、バラージュといっしょに仕事をしたり、反目したりしている。ヒトラーに協力したドイツの映画作家レニ・リーフェンシュタールも登場する。彼女とともに作った映画「青い光」についての詳しい記述もある。さらに、エイゼンシュテインの姿も見ることができる。ルカーチを弁護するとトーマス・マンの発言も引用されている。要するに、二〇世紀前半の主要な芸術家・理論家・作家がつぎつぎに現れては消えていく。バラージュは、激動するヨーロッパのなかで、こうした人たちとかかわりながら、ハンガリーを追われ、ウィーン、ベルリン、モスクワからさらにソ連の辺境の地アルマ・アタまで、亡命生活を続けることになる。

著者はこの評伝の執筆のために一〇年を費やしたという。バラージュの理論家・芸術家としての生活だけではなく、情熱に満ちた私生活のすみずみまでも、非常にこまかく記述されている。訳者があとがきで触れているように、そこには多少の「ひいきの引き倒し」がないわけではない。しかし、おそらく読者は、バラージュに対する著者の無限に近い敬愛と、本書を書くための情熱とを感じるに違いない。現代史、二〇世紀の芸術理論に関心を持つひとにとって、本書は豊富なデータを提供している。

『ヒトラーの建築家』 東秀紀著

ナチス・ドイツの歴史に少しでも関心がある人ならば、ヒトラーに協力した建築家で、彼の下で軍需相をつとめたアルベルト・シュペーアの名前を知っているはずである。シュペーアはヒトラーの信頼が厚く、最後まで彼に協力したが、そのため戦争犯罪人としてニュールンベルクでの国際裁判にかけられ、二〇年の刑に処せられた。ナチス時代の生きた証人であったから、彼の回想録は多くの読者を得たのであり、また一九九五年には、本書でも使われているジッタ・セレニーの分厚いシュペーア伝がアメリカで刊行されている。

一方、ヒトラーに対する関心が復活する傾向があり、一九九八年にその上巻が、二〇〇〇年に下巻が刊行された、イギリスのアイアン・カーショウによるヒトラーの浩瀚な伝記は、すぐにドイツでも翻訳され、ベストセラーになっている。わが国でも、最近になってヒトラーに関心を持つ人が多く、かなり多数のヒトラー関連の著作が刊行されている。このような時期に、シュペーアについての興味ある著作が出版されたことは、きわめて有意義であると考えらえる。

すぐれた建築家であったシュペーアは、ニュールンベルクでのナチスの党大会のために、サーチライトを使った有名な「光の大聖堂」を考えたり、軍需相として、意外なほどの才能を見せたり、ヒトラーとともにドイツの新首都「ゲルマニア」の設計に携わったりした。このように、本書は政治と知識人の関係という問題を具体的なかたちで示しているシュペーアの生涯を、小説という形式で描いた力作である。また、シュペーアはヒトラーとほとんど行動をともにしていたから、彼の言動を描いた本書は自ずからナチス・ドイツの歴史にもなっている。小説の形式をとっているとはいっても、周到に文献に当たり、またところどころ想像力を働かせて、面白い読み物にもしている。

また本書では、東京の竹橋にある国立近代美術館など、すぐれた建築を数多く残した谷口吉郎の姿が見え隠れする。谷口はドイツがヨーロッパで戦争を始める直前にベルリンに赴き、日本大使館の建設に幾分か関わった建築家であり、シュペーアとも会っている。著者は、この谷口吉郎を本書で時々登場させ、しかも戦争に協力しない建築家として描いている。そこにもやはり「政治と知識人」の問題が含まれている。本書は、戦争体験のない若い人たちにぜひ読んで欲しい本である。

『透層する建築』 伊東豊雄著

「透層」は聞き慣れないことばであるが、本書を読むと、このことばによって著者が言おうとしていることがわかってくる。現代が、バーチャル・リアリティー、シミュレーションの時代であることは、ボードリヤール以来繰り返して語られてきた。それにもかかわらず、実在よりも表象が先行する現代において、どのようにそうした状況に対応し、行動し、考えればいいのかについては、ほとんどだれも論じていない。

伊東豊雄は、建築というテーマで、この難問に答えようとする。彼はシミュレーションの時代である現代について、次のような認識を示している。「メディアの発達がものから言葉を引き離し、もの自体のリアリティを希薄にした」そのため、「メディアを介さないコミュニケーション不能の事態にまで至った」のである。

こうした時代において、建築家としての伊東豊雄は、「二つの難しい問題」に答えようとする。一つは、「実体としてのモノが意味を喪っていくなかで、いかに実体としての建築をつくりうるのか」という問いであり、もう一つは、「地域的なコミュニティが無化され、メディアを介したコミュニケーションのネットワークがあらわれては消え、消えてはあらわれる過程で、いったいどのように持続する建築をつくりうるか」という問いである。

この二つの問いに対する伊東豊雄の具体的な答えの一つが、「せんだいメディアテーク」である。これは図書館と美術館を含む公共建築であるが、従来の公共建築にありがちな中心性・一方向性を排除し、利用者が参加し、そこで自己表現・自己生成できるような空間を作り出そうとする建築であることが、熱っぽく語られている。

日本の建築家の書くものには、なぜか独りよがりで、自己満足に終始するものが多い。伊東豊雄の本書が印象的なのは、この建築家の「建築の哲学」の実践のプロセスが、説得力のある文章で記されているからである。

『暴力と音——その政治的思考へ』平井玄著

『暴力と音』というタイトルの本書には、「その政治的思考へ」というサブタイトルが付されていて、それが著者の立場をはっきりと示している。また著者は「あとがき」のなかで、政治も思想も法や制度であるよりもむしろ「事件」であるという考え方を提示する。そして、音楽も論文も、「作品」ではなく、「事件」として捉えるべきだとしている。その原理によるならば、たとえばベンヤミンが一九二一年に発表した「暴力批判論」も、ひとつの重要な事件であり、それが書かれた時代と状況とを十分に理解しなければ、つまり、それを「歴史的コンテクスト」のなかに置いて見なければ、この論文の意義を解明できないことになる。ベンヤミンを「思惟において豪胆なひと」と規定する著者は、「なぜ今日の優雅なベンヤミン・スペシャリストたちは、具体的な歴史的コンテクストから彼の思想の足跡を遠ざけようとするのか」と問いかける。

このように、あらゆる事象を「事件」として捉えようとする著者の方法が遺憾なく発揮されているのは、「構成的ホームレス」の章である。そこでは著者自身によるホームレスのひととの関わりが具体的に描かれていて、読む者の興味をそそる。また、新宿西口の地下街にかつて存在したダンボールハウス群（宮本隆司による写真が想起される）に描かれた「武盾一郎」の絵画についての考察も注目に値する。著者は、武盾一郎（「数名の絵描きたちの集合名詞」ということであるが）のダンボール絵画がシュルレアリスムや、リベラ、シケイロスたちのメキシコ壁画運動とつながっていることを指摘する。

また著者は、現代の「フリーター」たちによって示されているイデオロギーが、従来のイデオロギー論では規定できないものであることを感じ取っている。評者はそこで展開されている著者のイデオロギー論が、きわめて興味深いものであると考える。著者はマルクスや戸坂潤が考えていた、国家単位のイデオロギー論に代わるものを求める。マルクスのイデオロギー論の系譜にあり、グラムシの思想とも関連する、アルチュセールの「イデオロギー的国家装置」の概念も再検討されなければならない。「イデオロギー装置を国家が独占している時代は終わった」のである。著者はそれに代わるものとして、「新宿イデオロギー」とか「中央線イデオロギー」といった、ミクロな単位のイデオロギーを想定する。このような発想は、著者の現場体験に根ざしたものであり、新鮮であると同時に説得力がある。著者は「音楽と社会の新しい連帯関係」を求めるサイードの考え方にも共感を示しているが、それは音楽を事件として考える著者の立場と共通のものがあるからであろう。

本書は、読む者に思いがけない発見を与えてくれる、刺激に満ちた論集である。

『アメリカン・ソドム』巽孝之著

十八世紀末から十九世紀前半にかけてのアメリカ文学といえば、通常はホーソンやポーといった名前が連想されるだろう。ところが本書では、そうした古典的作家は、言及されこそすれ、直接には語られない。そのかわりに、われわれにとってほとんど未知の何人かの作家の作品が多様な角度から論じられる。しかも、その叙述の仕方が並のものではない。

たとえば、アメリカ最初の女性作家スザンナ・ローソンの『シャーロット・テンプル』について、著者はまず読者をニューヨークへと案内する。「マンハッタンはブロードウェイ沿いにウォール街まで下ると、その一角にそびえるネオゴシック風の建築がひときわ目をひく」。読者は、このネオゴシック風の建築であるトリニティ教会の墓地へと招かれる。その教会の墓地には、論じられている小説のヒロインであるシャーロット・テンプルの墓があり、花や手紙の灰が供えられているのを知る。

架空の人物の墓に連れて行かれた読者は、建国直後のアメリカの文学的世界に招き入れられることになる。その世界は、不倫・背徳・裏切り・怪物に満ちた「ソドム」である。本書の序章「アメリカン・ソドム」には、「楽園都市の魑魅魍魎」というサブタイトルが付されている。本書はアメリカ小説についての考察であるが、それと同時に、アメリカの都心文化史でもある。「都市社会が混乱をきわめ、あたかもソドムの市のようになっている時代」において、表面下のものを暴いていく作家たちの仕事に著者の視線が集中する。

著者のそうした考察がクライマックスに到達するのは、批評家マシーセンについて論じた終章「グローバル・カナン」である。マシーセンは、邦訳のある優れたヘンリー・ジェイムズ論によってもわが国に知られているが、著者はマシーセンが一九四一年に刊行した『アメリカン・ルネッサンス』を「画期的なアメリカ文学批評」として評価する。マシーセンはホモセクシュアルであり、一九五〇年に自殺した。著者はそこにも「アメリカン・ソドム」の存在を感知するが、それとともに、マシーセンをモデルにして一九九五年に書かれた、新人作家マーク・マーリスの

『アメリカン・スタディーズ』に注目する。かつては「背徳」とされていたことが、いつの間にか公認とされていくところに、「アメリカン・ソドム」の深まりを認めようとする。

しかし著者にとって「アメリカン・ソドム」は単なる否定の対象ではない。「かつてなら性的腐敗のきわみと思われたアメリカン・ソドムとは、じつのところグローバリズム時代におけるマルチセクシュアリティの解放の果てに個人的欲望の楽園を夢見るユートピアニズムのひとつであるかもしれない」のである。

読者を一種の異界に引き込み、つぎつぎに新しい材料と、著者の卓見とを示してくれる本書は、まさに「画期的なアメリカ文学批評」である。

『音楽家プルースト』ジャン＝ジャック・ナティエ著　斉木真一訳

音楽を記号論の立場で考えようとし、また、デリダをはじめとするポスト構造主義の思考をも十分に消化してきたナティエは、本書において『失われた時を求めて』を音楽とのかかわりの中で考察しようとする。プルーストのこの作品には、音楽家のヴァントゥイユ、画家のエルスチールといった「芸術家」が登場する。また、フェルメールという名前をプルーストのこの作品を媒介にして知った人もいるであろう。とにかく、『失われた時を求めて』は、絵画・音楽と深いつながりのある作品である。

ナティエは、『失われた時を求めて』の第四編にあたる「ソドムとゴモラ」以降は、「絵画への言及が減少していく」と見る。それにかわって、音楽に言及することが多くなっていく。『失われた時を求めて』では、ワーグナーがもっともしばしば言及される音楽家である。このことはすでにプルースト研究者によってデータとしては示されていたことである。ナティエの見解によると、プルーストは『失われた時を求めて』の「基本的主題のモデル」をワーグナーの中に見いだしていたのである。「パルジファル」は、『失われた時を求めて』と同じように、「探求について語った作品」であり、ワーグナーとプルーストは、作品の主題そのものが類似しているのである。

また、ナティエは、プルーストとドイツの哲学者ショーペンハウアーとの関係についてもユニークな考察をしている。ショーペンハウアーは、われわれにとってはほとんど忘れられたか、知られることのない哲学者であり、本書で言及されているその大著『意志と表象としての世界』を読んだひとは、まずいないであろう。しかしプルーストはこの哲学者の仕事を高く評価していたのであり、そしてナティエも、『意志と表象としての世界』が、「小説における音楽の機能にかかわる物語の骨子をプルーストに提供している」と説く。「ショーペンハウアーのおかげで音楽の富は、個別の記号学的な力であるだけではなく、形而上学的な真実となった」とナティエは主張する。哲学と音楽と文学の意外な結びつきが発見されているのである。「プルースト的体系の見事な一貫性」は、プルーストがショーペンハウアーの哲学に依拠することによって可能になったというのがナティエの見解である。

最近、鈴木道彦による『失われた時を求めて』の新しい訳が完成した。それによって、プルーストに接近することがさらに可能になったと言うべきであろう。この『音楽家プルースト』の刊行は時宜を得たものであり、『失われた時を求めて』へのユニークな案内になるだろう。

『フラ・アンジェリコ 神秘神学と絵画表現』 ジョルジュ・ディディ=ユベルマン著 寺田光徳／平岡洋子訳

本書の著者ディディ=ユベルマンは、現代フランスの代表的な美術批評家で、すでにそのジャコメッティ論などの邦訳によってわが国にもよく知られている。数年前に刊行した『聖ゲオルギウスとドラゴン』は、古くからのイコンをテーマとして、またルネッサンス以降、繰り返して美術作品の題材とされてきた「聖ゲオルギウスとドラゴン」の意味を論じた異色作であり、また最近はベンヤミンの仕事の再検討も行っている。

さて、今回訳出された『フラ・アンジェリコ』は、フィレンツェのサン・マルコ修道院の回廊にある「影の聖母」を中心とするフラ・アンジェリコの作品についてのきわめて独創的な論考である。ディディ＝ユベルマンは本書の冒頭で、次のように書いている。「この本は、ひとつの驚きから生まれた。それはある日、フィレンツェのサン・マルコ修道院の回廊で、一四〇〇年代に描かれた二、三の不思議なものを発見したときの驚きであった」。それは今まで美術史家たちがまったく見過ごしてきたもの、つまり「さまざまな色をした太い帯状の斑点」である。「影の聖母」の下部の半分に描かれているこの斑点状のものは、「模倣のための絵画ではなく、純粋な絵画」として現前してくる。

そこに描かれているものは、実在する対象を「模倣」したものではない。それは「表現できないもの」である。表現できないものを表現するときに「崇高」が見えてくるというのが、最近邦訳された『崇高なるプッサン』（みすず書房）の著者ルイ・マランの考えであったが、ディディ＝ユベルマンもフラ・アンジェリコの作品の中に、形としては表現できない神的なものを認める。フラ・アンジェリコには一五点の「受胎告知」があるといわれているが、その一つについて著者は次のように書いている。「私たちはこの図像には極端に押し進められた光の充満のみを認めたい気になり、物語全体がまるで神の恩寵の閃きをひけらかすためにだけ語られているかのように見える」。

著者は、表現できないものを描くフラ・アンジェリコのもろもろの作品の解読のために、中世・ルネッサンスの神学の思想を子細に検討し、それを作品と照らし合わせて行くという方法を採った。著者の「驚き」から始まる本書は、「驚き」をもってでなければ読み終わることがないであろう。

『ボルヘスの「神曲」講義』J・L・ボルヘス著　竹村文彦訳

『神曲』は異様な物語である。ボルヘスは、『神曲』の世界について、次のように書いている。「『神曲』の悲痛な王国は悲惨なところではない。悲惨な出来事が起こるところなのだ」。ボルヘスにとって、『神曲』は「不気味な」世界である。ボルヘスが注目するのは、『神曲』のなかでも特に不気味なところであるように思われるのであり、たとえばそれは、オデュッセウスがディオメーデスとともに「欺瞞の徒を罰するために設けてある圏谷の荒涼とした底地」で、「先の二つに分かれた同じ炎の中で際限なく焼かれている」情景である。（そこに添えられてあるウィリアム・ブレイクの版画も効果的である。）ボルヘスはこのように『神曲』のなかの強烈な場面を取り出して、自分の解釈を示していく。

『神曲』はボルヘスにとって、「文学が達成した最高の書物」であるが、そのなかでも「最も哀切な詩句」はベアトリーチェのことを歌った「天国篇第31歌」にあるとする。その詩句を論じた

「ベアトリーチェの最後の微笑」は、訳者のことばを借りるならば、「本書の絶頂を形づくる」部分である。この部分に限らず、ボルヘスは『神曲』を論じるに当たって、従来のダンテ論をつぶさに検討して、その批判を行い、自分の解釈を提示している。ボルヘスの作品自体が、世界文学を凝縮したように感じている読者も多いであろうが、この『神曲』論もまた、クローチェ、モミリアーノなどをはじめとするいままでの数多くのダンテ論を踏まえて書かれたものである。

したがって本書は、ボルヘスの作品を愛してきた読者にとっては、限りないボルヘス的な魅力を備えた著作である。

『ボルヘスの北アメリカ文学講義』 J・L・ボルヘス著　柴田元幸訳

『ボルヘスの北アメリカ文学講義』は、いままでまがりなりにもアメリカ文学を読んできたと思っている読者には、自分の読みの浅さを知らされる機会を与えるであろうし、アメリカ文学を敬遠している人たちには、それがたいへんな損失であることを思い知らせるであろう。本書を一読すれば、ボルヘスがどれほどアメリカ文学を愛してきたか、アメリカ文学についての批評をどれほどきちんと読んできたかが理解されよう。

たとえばボルヘスは、メルヴィルの『白鯨』には、カーライルとシェークスピアの文体の影響があると書いている。そういう見解は、カーライル、シェークスピア、メルヴィルを深く読んだひとでなければ、けっして示すことのできないものである。『白鯨』に関して、ボルヘスが一九一二年版の『ブリタニカ百科事典』では「単なる冒険小説として片付けている」と書くのは、『ブリタニカ』に当たっているからである。つまりボルヘスは、自分の豊富な読書体験と、過去のさまざまな文学批評や資料を綿密に調べ、それらを重層的に積み重ねて考察する。これはすでに邦訳が刊行された『ボルヘスの「神曲」講義』、『ボルヘスのイギリス文学講義』と同じ方法によるものである。

ボルヘスによると、アメリカは「詩人によって祝福されるべき新しい事件」だという、ホイットマンに代表される見方と、「ヨーロッパの延長」とするポーに代表される意見とがあって、「アメリカ文学の歴史は、この二つの考え方のたえまない葛藤」を反映しているという。これは、ボルヘス自身の葛藤でもあるといえよう。

このように、本書はきわめてコンパクトなかたちでありながら、アメリカ文学を徹底的に読んできたボルヘスの体験の記録であり、ありきたりのアメリカ文学案内ではない。ボルヘス独自の読み方がいたるところに見いだされ、ボルヘスのファンにとっては、真に魅惑的な書物である。

『リンカーンの世紀』巽 孝之著

本書の冒頭の部分で著書は次のように書いている。「本書が目論んだのは、断じてリンカーンに関する評伝を最新の知見をもとに更新することなどではなく、彼をあくまでもシェイクスピアに傾倒しつつもフロンティアならではのユーモアにあふれるひとりの文学者として、かつアメリカン・モーゼとアメリカン・マクベス双方の役割を兼ね備えたパフォーマンス感覚豊かな演技者として、再定義することである」。そして、リンカーンの暗殺を、アメリカという国家を「巨大な見せ物劇場」へと変容させた決定的瞬間として位置づける。大統領暗殺はもちろん政治的な事件ではあるが、著者はそこに「演劇的なもの」を見いだしていく。

リンカーン自身が、シェイクスピアをことのほか愛する人であったという。著者は精神が不安定で、むやみに衣装を買いあさったり、死者の魂と交わる降霊会に参加したりしていたリンカーン夫人の異常な行動をたどる。リンカーンに育児を任せ、怒鳴ってばかりいたという夫人を著者はマクベス夫人と重ね合わせて論じていく。

また本書ではリンカーンをめぐる「物語」も論じられる。リンカーンを暗殺した男についても射殺されたその男が実は生きていたといった伝説や、リンカーンをテーマとする文学作品が考察の対象とされる。『白鯨』についての分析、二〇〇一年にリメイクされた『猿の惑星』を南北戦争との関連で論じている「あとがき」も特に注目に値する。

そして、二〇〇一年九月一一日の事件についての著者の意見を見逃してはならない。十九世紀ならば「大統領個人の脳髄を狙ったであろう凶器」が、政治・経済・軍事を司る構造（デュメジルの三機能論が想起される）へと向けられたのだと著者は考える。ブッシュは「これは戦争だ」といったが、著者はそれを「これこそ暗殺だ」と言い換える。ここにリンカーンをモーゼとして、かつまたマクベスとして捉え直そうとする著者の演劇的想像力のクライマックスがあるといえよう。

『礫のロシア――スターリンと芸術家たち』亀山郁夫著

スターリン時代に多くの知識人・芸術家が悲劇的な運命をたどったことはよく知られている。本書は彼らがスターリンという独裁者とどのようにかかわり、作品を作っていったかを、徹底的な調査と考察で説いた力作である。

詩人のマンデリシタームは、日頃からスターリンを「エジプトで奴隷たちを働かせる組長」だと罵倒していたが（マンデリシタームはユダヤ人である）、一九三三年にスターリンを「クレムリンの山男」であるとし、「野太いその指は芋虫のごとく脂ぎっている」と詩に書いた。マンデリシタームはこの一篇の詩によって逮捕され、流刑になる。その四年後、マンデリシタームはスターリンを褒め称える詩を書く。「スターリンの目によって山は動かされ、平原はまぶしげに目を細めて双方を見やった」のである。しかし、マンデリシタームは許されることなく、一九三八年にウラジオストック近郊のラーゲリ（収容所）で病死する。

ソ連時代の芸術家・知識人は、スターリンとつねに対決しなくてはならなかった。著者が本書で使うキーワードは「二枚舌」である。芸術家たちがスターリンという権力者の圧力に対して「二枚舌」を使いながら、どのようにして自分の芸術作品を作っていくか。その二枚舌をスターリンはどのように読みとるのか。スターリンという二〇世紀の独裁者の肖像も自ずから見えてくる。

たとえば、スターリンの忌避に触れて殺されたらしいゴーリキーについても、著者は一九三五年にモスクワ近郊で起きた「豪華旅客機マクシム・ゴーリキー号空中衝突事件」から描き始める。スターリンは、ゴーリキーの名のついた旅客機を墜落させることによって、ゴーリキー自身の殺害を象徴的・演劇的に予告したという見解である。

本書はアカデミックな著作でありながら、高度なルポルタージュ的手法によっても書かれていて、読む者は手に汗を握り、文字通り「読み始めたら止まらない」という状態になるであろう。

『総動員体制と映画』 加藤厚子著

今日のイデオロギー的国家装置として大きな役割を演じているものがテレビであることはいうまでもない。しかし、日中戦争・太平洋戦争の時代にはまだ映画以外には、映像の力によって民衆の感性を動かすメディアはなかった。リーフェンシュタールの『意志の勝利』、エイゼンシュテインの『アレクサンドル・ネフスキー』など、三〇年代に作られたプロパガンダ映画は、いまでもしばしば言及される。映画は当時の大衆の「娯楽」であり、その娯楽が実は大衆の意識を決定するものであることに権力を持つ者は早くから気付いていた。

加藤厚子の『総動員体制と映画』は、一九三〇年代から戦争末期までの日本映画がどのように国家によって統制されていたかを論じたものである。地味な研究書であり、文章も論文調ではあるが、ふしぎなことにたいへん面白く読める。少なくとも評者は、単に知らなかったさまざまな事実を教えられただけではなく、ぐいぐいと引きつけられるようにして読んだ。それは、映画というメディアを戦争に「利用」しようとする日本政府の意図が、映画法をはじめとする制度の問題として考えられ、実行されていきながら、実際にはその意図が挫折してゆく過程が自ずから浮かび上がって見えてくるからである。

本書のキーワードは「映画国策」である。映画を国家のためにどのように活用するかということが当時の日本の重要な課題であった。著者のいうように、「現代の私たちがテレビを通して映像情報に親しんでいるのと同様、昭和十年代の人々は、映画を通して映像情報を得ていた」という当時のメディア状況をよく把握しておく必要がある。そのように「国民の間に浸透していた映画の力を管理し、利用した統制」が、「映画国策」にほかならない。

映画は原則的には「企業」である映画製作の会社が作るものである。「国策」はそのような企業の仕事に国家権力が介入していくことである。本書を読むと、日本の映画産業がそのような「国策」に従わざるを得なかった状況がはっきりと現れてくる。映画は戦争のための「武器」として考えられていたのである。つまり、本書の根底にある問題は芸術と国家権力の関係の問題にほかならない。その問題を考えるための貴重な材料が本書には満載されている。

本書の特色は、視野を日本国内だけではなく、満映が活動していた「満州」をはじめとする中国、そして東南アジアの日本軍占領地域にまで広げているところにもある。『総動員体制と映画』は豊富な資料を鋭く分析した労作である。

『ティツィアーノの諸問題』　エルヴィン・パノフスキー著　織田春樹訳

ユダヤ系ドイツ人であったパノフスキーは、ナチスが政権を樹立した一九三三年にアメリカに移り、一九三九年に『イコノロジー研究』を発表した。その第五章「フィレンツェと北イタリアにおける新プラトン主義運動」は、ティツィアーノの作品を支えている新プラトン主義の重要性を、イコノロジーの方法を使って説いたものであった。

このたび訳出された『ティツィアーノの諸問題』は、パノフスキーの死の翌年（一九六九年）に刊行されたイコノロジー的ティツィアーノ論の集大成である。ティツィアーノはゲーテやバルザックが愛した画家であり、長谷川宏の『ヘーゲルを読む』によると、ヘーゲルの『美学講義』に登場するきわめて少数の画家のひとりであるという。

イコノロジーは、美術作品の図像の意味を外側に求めて、それを図像と結びつけるものである。それは過去の文学や神話、聖書から始まって伝説や信仰、さらにはほかの画家の作品も考察の対象とする。したがって、ばあいによってはもとの図像から非常に離れたところまでパノフスキーの思考が拡がっていくことがある。たとえばティツィアーノの「ヴァスト侯爵、アルフォンソ・ダ・ヴァロスの演説」を解読するパノフスキーは、「演説」をテーマにしたルーベンスやティエポロの作品に言及する。それは読む者をも同時に飛躍させる、パノフスキーの思考の運動である。この運動について、パノフスキー自身がティツィアーノの「サロメ」についての考察をふり返って、次のように書いている。「有為転変の多い奇妙なサロメ伝説を跡づけるうちに、わたしたちは新約聖書の圏内を離れ、聖人伝の世界に入ってきた」。サロメは洗礼者ヨハネの首を要求したが、後世の伝説ではその首の口から吹き出された突風で空に飛ばされたことになっている。ところがこの「昇天」のおかげで聖人にされてしまう。こういうサロメの運命は、もはやティツィアーノの作品とは関係がなく、一種の脱線である。しかし、本書の魅力のひとつは、そうした脱線によって読者が意外な場所に連れられていくことである。

本書に付された、長文でしかも力のこもった「テキスト解題」のなかで、永澤峻が書いている次のような見解に、評者は全面的に同意する。「読者は、『サロメ』を巡る新しい解釈が、古代ゲルマン神話から中世の悪魔学や聖者伝といった地下水脈を経て、民謡などからグリムの手によって採集されたのち、ハイネの『アッタ・トロル』に歌われ、世紀末の諸文芸へと引き継がれるまでの経緯を読み進むと、思わず目をみはる思いがするのではなかろうか」。

イコノロジーはパノフスキーの手にかかると四方八方へと拡がっていき、読者は「目をみはる思い」がすることになる。評者にとって最も「目をみはる思い」がしたのは、第六章「ティツィアーノとオウィディウス」であった。スターリンによってシベリアに追われる途中で死んだマンデリシュタームにも影響したオウィディウスが、「テイツィアーノのインスピレーションの源泉」

であった。しかしパノフスキーは、ティツィアーノが「オウィディウスのテクストを尊重しながらも精神の自由は保持」していたと付け加えるのを忘れてはいない。

377　文学・芸術

書評のはじまりへ

書評がすでに存在しているテクストを対象とする考察であるとすれば、広い意味での書評は、そのまま批評作品であり、学術研究になるであろう。これはヘーゲルの書評者としてのアレクサンドル・コジェーヴ（1901~1968）のことを考えると理解される。ヘーゲルがフランスでどのように受け入れられていたかを考えるとき、アレクサンドル・コジェーヴの仕事を無視してはならないといわれている。コジェーヴはロシア革命のあと、富裕な家庭の子であったためモスクワ大学への入学を拒否され、ドイツで哲学を勉強し、さらにフランスで活躍したロシア人である。このコジェーヴはギリシア哲学についても深い知識を蓄積していたが、ヘーゲルについても『ヘーゲル読解入門』（上妻精他訳、国文社、1999、ただし全訳ではない）などの著作がある。これは、一九三三年から三九年にかけてコジェーヴがパリで行なったヘーゲル『精神現象学』についての有名な講義の記録であるが、われわれはそれを『精神現象学』を対象とした長大な書評としても読むことができる。二〇世紀後半のフランス思想に計り知れないほどの大きな影響を与えたといわれているコジェーヴの講義は、『精神現象学』を文字通り「一行一行」（ligne par ligne）徹底的に読み込むことによってなされた。この『精神現象学』解読は、「ヘーゲル読解入門」というタイトルから推測されるような安易な著作ではない。「入門」(introduction)は、ヘーゲルにとってもコジェーヴにとっても非常に重要な作業であった。これはヘーゲルの思想を読み解く作業の記録であると同時に、コジェーヴの思想の表現でもある。書評の基本はまさにこのように「一行一行」を読むということにある。これは「ハムレット」をドーヴァー・ウィルソンが「一行一行」(line by line)読んだという、『ハムレットで何が起こったか』における記述を想起させる。(ちなみにこのウィルソンのハムレット論は、ラカンもカール・シュミットも参考にしている著作である。)

書評がオリジナルなテクストの単なる紹介・要約であるならば(時にはそれも必要であるが)、書評する者の影は薄くなるか消えてしまう。しかし、書評する者の考えだけを示すのであれば(実はそれは不可能であるが)、それもまた「書評」ではない。コジェーヴのこのヘーゲル読解は、ヘーゲルの思想の単なる祖述ではなく、またコジェーヴ自身の思想の独断的な陳述でもない。ときにはヘーゲルがコジェーヴに乗り移ったような感じさえ与えることもある。いわばヘーゲルとコジェーヴとが相互に浸透していることが感知できる著作である。ラカンは一九六〇年代のセミネールで「相互主体性」という概念を用いているが、書評はこのような相互主体性を場としてなされるものではないだろうか。もちろん「相互主体性」は、軽々に扱える概念ではない。そこでは「主体」がどうなるのかという問題が残っているからであり、それについてはのちに考察する。

書評の問題を考えるとき、私の念頭にあるのは、ヘーゲルとコジェーヴの関係とともに、フロイトのテクストとその書評者としてのジャック・ラカンの関係である。書評が、すでに存在しているテクストを「あとから」（フロイトの概念を使えば nachträglich「事後的に」）考察することであるとするならば、フロイトのテクストについてのラカンの解読は広義の書評である。つまり、ラカンの思想はフロイトのテクストを書評することを基盤としている。そこを出発点として、のちにも述べるように、ラカンはたとえばプラトンの「饗宴」を「精神分析のセッション」として読むことになるし、「ハムレット」をオイディプス・コンプレックスの舞台としてではなく、「母ガートルードの欲望の劇」として読みなおすことになる。フロイトのテクストの書評というこの前提が成り立つとすれば、ラカンのフロイト読解がどういう原理によるのかを問うことによって書評そのものの原理が明確になるであろう。

フロイトへの回帰

つまり、ここで考えなければならないのは、書評の対象となるテクストと書評する「主体」との関係である。フロイトとラカンの関係は、この問題についても示唆を与える。ラカンの思想はしばしば「フロイトへの回帰」(retour à Freud, return to Freud, Rückkehr zu Freud) というキーワードで示される。フィリップ・ジュリアンのラカン論は『フロイトへの回帰』(Retour à Freud, 向井雅明による邦訳のほかに英訳もある）というタイトルであり、二〇〇八年に分厚いベンヤミン論を書いたサミュエル・ウェーバーのフロイト論も同じタイトル (Return to Freud) である。

「回帰」は書評の原理である。しかしこの「回帰」(return, retour, Rückkehr) とは何か？（ラカンは「セミネールXI」ではWiderkehrというドイツ語も使っている。）誰が、どこへ回帰するのか？　回帰するのは「主体」であるが、その主体はどのようにして存在しているのか？　ここではまず「回帰」から考えることにする。ラカンは一九六五年から一九六六年にかけて行われた「セミネールXIII」（「精神分析の対象」を一応のテーマとしているが、ラカンの他のセミネールのテーマと同じように、示されているテーマに忠実な内容のセミネールが行われるわけではない）において、この問題を考えている。（このセミネールは、ラカンの他の多くのセミネールとともに未刊であるので、引用に際してはAssociation freudienne Internationaleがインターネット上に「私家版」édition privéeとして公開しているテクストを使うが、ページ数を示すことができないので、セミネールの番号と行われた年月日を、たとえば「13 - 1965.6.23」のように記す。すでにSeuil社から刊行されたセミネールについては、V.34のようにその巻数とページ数を示す。邦訳は参考にしたものもあるが、引用はしていない。）ラカンは、「フロイトへの回帰」には「あらゆる種類のあいまいさ、誤解」があるとする。そしてこの問題については、「はじまりへの回帰」(retour aux sources) という概念が特に重要であると指摘する。つまり、回帰とは「はじまりへの回帰」であると考えられる。「はじまりへの回帰」とは、はじまりの反復である。最初にあったものを何らかのかたちで反復することが回帰である。そこには

「はじまり」(source,origine)と「回帰」(retour)という二つの関係項がある。「フロイトへの回帰」というとき、その「はじまり」はフロイトにほかならないが、フロイトのどこへ回帰するのか、フロイトのどのテクストを「はじまり」と見なすのかという問題がある。さらに「回帰」する主体の側にも不明瞭なものがある。もちろんこのばあい回帰する主体はラカンであるが、この主体の問題はきわめて複雑であり、難解であり、あとで考えることにする。ラカンは回帰が「フロイトを考え直す」(repenser Freud)ことであり、それが自分の「方法」(methode)であるという。そしてこの「方法」ということばが「あとから再びたどった道」(voie reprise par après)という語源を持つものであり、「あとから」(metha)という時間的なずれが重要であると考える。書評とは「あとから」対象としてのテクストを「考え直す」作業である。これはラカンがやはりフロイトから引き継いで展開した「事後性」(Nachträglichkeit)の概念と深く関係する。

事後性は、フロイトにおいては狭い意味で用いられているように見えるが、実はきわめて広範囲に使うことのできる概念である。すでに存在したもの、かつて経験したことについて、あとから解釈をすることであり、人間の精神行動の基本になるもののひとつである。そして、のちにも述べるように、この事後性の概念はラカンの記号論と深い関係がある。事後性の働きは、夢の解釈がその典型的な例になる。夢はイマージュであり、それを覚醒してから、つまり「あとから」言語化することによってその人の夢として存在し、他者に伝えられることになる。したがって、「はじまりへの回帰」は、単に元に戻ることではない。すでに述べたように、回帰は反復の一種ではあるが、けっして同一なものの反復ではない。ラカンは「ファンタスムの論理」をテーマとする「セミネールXIV」の冒頭で、「回帰とは反復のことです」と述べるとともに、「反復するということは、同じものの再発見ではありません」と付け加えている(14-1966.11.16)。書評は、一種の反復であるが、それは対象となる著作を単に反復することではありえない。

シニフィアンの優位

すでに少し述べておいたように、事後性の作用の根底にあるのは、「シニフィアンの優位」というラカンの基本的概念である。これは「シニフィアンがシニフィエを創る」という、ラカンが執拗に反復するテーゼによって示される考え方である。わかりやすくいえば「かたち・形式が意味・内容を作り出す」ということである。これは日常生活ではしばしば見られることではあるが、言語学・記号論・哲学の立場からも肯定されつつある考えである。

大島正二の『漢字と中国人』(岩波新書、2003)は、中国人にとって漢字がどれほど大きな役割を演じてきたかを述べるとともに、漢字という膨大な集合体を中国人がさまざまな種類の辞書においてどのように分類してきたかという問題をも考察したきわめて奥の深い著作である。そこには「分類」という人間生活にとってもきわめて重要な問題について有効な示唆を与える見解が示されている。しかしその冒頭に提示されている次のような見解には、現代思想に多少とも関心の持つ者からは疑問が提示されよう。大島正二は次のように書いている。「言語（ことば）とは、その発生の順から言えば、概念（意味）がまずあって、つぎにそれが音声と結びついてはじめて音声言語として姿を現わし、最終的にはその結合体が文字によって書き表されるようになったことはまちがいない。」(p.1) この大島正二の見解を言語学のタームを使って書き直すと、「最初にシニフィエがあり、それを音声言語が表現し、さらにそれを文字が書き表す」ということになる。漢字文化に造詣の深い大島正二は、この考えが「まちがいない」ものであると断定する。思想が先にあり、それを言語が表現するのだという、このような意見は「常識的」な言語観であるかもしれない。しかし、ラカンの記号論・言語論はこれとはまったく反対である。概念・意味・シニフィエが先行するのではなく、シニフィアン・かたちが先にある。先行するシニフィアンがシニフィエを創り出す。シニフィアンが先行していて、それがあとからシニフィエを創り出すのであり、その逆ではない。これはメルロ＝ポンティにおいても存在する考え方である。シニフィアンとシニフィエとを繋ぐものが、ラカンによって「クッションの結び目」(point de capiton) と呼ばれるもである。（ラカンは「マットレスの結び目」ともいっている。）また「セミネールXIV」(14-1966.11.23) では、それと同じ意味を持つことばとして「接ぎ木する」(enter) という動詞も使われている。ついでながら、この「クッションの結び目」「接ぎ木作用」が欠如した状況をアラン・バデューは「無調の世界」(le monde atonale) と呼んでいるらしい。(cf.Slavoj Zizek,In defence of lost causes,Verso,2008,p.30) この「接ぎ木作用」(enter) もまた事後性の原理である。たとえば私が見た夢は一つのシニフィアンであるが、その夢がどういう夢であるのかは、あとから（事後的に）言語によって固定することによってのみ認識されるのである。ロラン・バルトの「投錨」(ancrage) の概念ともつながるものがあるかもしれないが、バルトは事後性という概念を明確に使ってはいない。

言語化の問題

事後性は、言い換えれば過去の経験を言語化・言説化することである。一九六一年から一九六二年にかけて行なわれた「セミネールX」において、ラカンは去勢の問題を論じているが、そこでは「去勢とは去勢の解釈の契機にほかならない」（X.58）という見解が示されている。解釈とは、言語によって別のものに置き換える作業である。また欲望に関しても「解釈において現れる欲望」(X.68) という見方が示されている。ラカンにおいてのこの考え方は、コジェーヴのヘーゲル解釈から大きな影響を受けているように思われる。コジェーヴはヘーゲルの弁証法とは、現実の歴史に存在している弁証法の言説化であると主張したからである。

ラカンによると、ヘーゲルは『精神現象学』のどこかで、「言語は労働であり、言語によって主体はその内側を外側へと移行させる」と書いている (X.81)。言語による外側への移行にはきわめて重要な論点が存在してでいる。内側は一応は主体であると考えられる。外側はリマジネール、ル・サンボリック、あるいは世界・他者であり、ときにはル・レエルもしくは大文字の他者である。「内側から外側へ」ということは、主体がそれ自体を喪失して外側へと吸収されること、外側に取り込まれることである。つまり、ここには「疎外」の問題が存在する。これはラカンにおける「主体」の問題の核心である。ラカンは「セミネールXIII」において、デカルトのテーゼをが逆転させ、「私は考える、したがって私は存在しなくなる」(Je pense ,donc je cesse d'être.)と述べた(13-1967.2.1)。その意味は明白である。つまり、「私は考える」ということは、私が言語で作られたル・サンボリックの領域に取り込まれることである。それはわれわれが「他者性の囚人」となることである。すでにラカンは「セミネールII」において「主体をサンボリックに規定しようと偏執する」(II.210)という考えを示していた。「経験の言語化」は単に言語ではないイメージなどを言語で表現するというだけのことではない。それは主体を外側へと移行させ、それによって主体は言語世界であるル・サンボリックに捉えられて、自らを消滅させてしまうことになる。主体の消滅は換言すれば「主体の疎外」である。主体はすでにル・サンボリックへの疎外の前にリマジネールの領域への「疎外」を行っている。さらに場合によってはこの疎外はこの二つにとどまらず、ル・レエルの領域でも存在する。

それでは誰が書評するのか？「それは書評する本人である」というのは簡単であるが、実際にはこの問題はそれほど単純ではない。「主体」は哲学の大きな問題であり、軽々しく論じてしまうわけにはいかない。スピノザの『エチカ』には「主体」ということばは二回しか使われていないという。スピノザも慎重なのだ。デカルトは「私は考える、したがって私は存在する」といった。ところが、すでに引用したように、ラカンは「私は考える、したがって私は存在しなくなる」と述べた。（これは「セミネールXIV」では少しかたちを変えて、「私は考える、したがってイドである」(cogito ergo ES)になる。）デカルトと異なり、ラカンにおいては、「私が考える」ということは、私が私でなくなるということである。私は何も考えなければ私のままであるが、考えることによってもはや私ではなくなってしまう。私は考えることによって、私であることをやめなくてはならない。これは「考える」という行動が主体の放棄であるからである。この「考える」という行為と同じものが「書く」あるいは「語る」という行為である。

隠されてあるもの

すでに述べたようにラカンは一歳年下のコジェーヴから多くを学んでいる。一般には、コジェーヴによって、一九三三年から一九三九年まで行われたヘーゲル『精神現象学』講義から大きな影響を受けたとされているが、コジェーヴの影響はそれに限定されるものではない。（この講義にはバタイユ、クロソウスキー、岡本太郎などが出席していたと伝えられ、またベンヤミン、アドルノものぞいたことがあるらしい。ラカンが一九六六年のセミネールでバルチュスの作品に言及しているのも、この画家の兄弟であるクロソウスキーとの交流があったからかもしれない。おそらくラカンはこの年に刊行されたフーコーの『言葉と物』の第一章がベラスケスの「侍女たち」を論じていることに刺激されて、彼自身もこの作品についての考察をする。このセミネールが行われていたころ、パリではバルチュス展が開かれていた。バルチュスがその作品に「侍女たち」のイマージュを引用していることはよく知られているが、ラカンはそのバルチュスの作品について「これはベラスケスです」とさえ語っている。）ラカンのセミネールを読むと、コジェーヴの影がいたるところに見え隠れする。

ラカンのギリシア哲学の知識も、かなりコジェーヴから刺激を受けているように見える。特にプラトンについては、その印象がある。コジェーヴの「異教的古代哲学史」(Alexandre Kojève, Essai d'une histoire raisonnée de la philosophie paiennne,Gallimard,1972) において、プラトンについての記述は二〇〇ページに及ぶ。

一九六六年六月八日のセミネールで、ラカンは自らが大きな影響を受けたヘーゲルの主人と奴隷に弁証法に言及し、それを批判しつつ、またそれとの関連において、「主人たちはホモセクシュアルであって、それはフロイトが言っていることです」と述べる。ここではオィディプス・コンプレックスは後退する。それに代わって「ホモセクシュアルな関係」が前面に提示される。「社会の始まりはホモセクシュアルな結びつきです」と主張するラカンは、それがフロイトの考えであるとするが、ここでラカンが次のように語っていることは、きわめて重要である。「このことはフロイトの言説のなかで隠されている部分です。」つまりラカンは、フロイトの言説という「起源」のなかで「隠されている部分」(la partie masquée)を明るみに出す作業をしている。これこそが書評の核心である。著者が考えてはいるが隠していること、書いていないことを、書評する側が発見しなければならない。明確に示されているものを紹介するだけでは、真の書評は成立しないだろう。隠されたものを見いだすというこのプロセスをラカンはコジェーヴからも学んだと思われる。

ついでながらコジェーヴによるこのプラトン論はコジェーヴが解読した限りでのヘーゲルの思想に基づいている。コジェーヴは次のように書いている。「私がいまから試みようとするのは、プラトンのいったことを〈ヘーゲル的に〉言い直すことである。」(p.8)。「プラトンが言ったこと」(dires de Platon)を「〈ヘーゲル的に言い直す」(re-dite <hegelienne>)というときに使われている「言い直す」(re-dire)という動詞が重要である。それはラカンが「フロイトを考え直す」というときの「考え直す」(repenser)という動詞に含まれるreという接頭語を共有しているからである。この「re」は「反復のre」にほかならない。そして、「反復する」という作用はラカンの思考のなかできわめて重要であることを想起しなければならない。

ラカンはプラトンの対話編を考察の対象にすることがある。プラトンが残した「対話」が精神分析のプロセスと重なると考えられるからである。「セミネールⅧ」では、「饗宴」が対象とされている。それは「饗宴」がラカンにとって「異常なテクスト」だからである（VIII.30、刊行されているラカンのセミネールからの引用は、このように巻数とページ数を示す）。それはラカンにとってこの対話編は「精神分析のセッションの報告」（VIII.38）だからである。「饗宴」で述べられている対話を「精神分析のセッションの報告」として読むことはラカン以前にはなされていなかったことである。そこに「事後性」の作用が働いていることは確かである。ラカンによるこの作用の行使によって「饗宴」は初めて「異常なテクスト」へとて変換された。「饗宴」はそれ自体として「異常なテクスト」」であるのではなく、ラカンの眼によって転換されたのである。書評においてはこのように「普通のテクスト」を「異常なテクスト」に変えてしまう力が求められる。

プラトンのテクストを「異常なテクスト」として見ることができたのは、ラカンの力である。しかしラカンにその力を与えた一人がコジェーヴであることも確かである。「セミネールVIII」で、ラカンは次のように語った。「私はコジェーヴといっしょにいました。もちろん私は、彼とプラトンについて話していたのです。彼はプラトンについて二〇〇ページも書いているのです。」（VIII.79）これはすでに言及したコジェーヴの『異教的古代哲学史』の第二巻（プラトン、アリストテレスを論じている）のことである。ラカンはコジェーヴがプラトンについて語った次のことばを伝えている。「プラトンは自分の考えていることを隠している。」(Platon nous cache ce qu'il pense. VIII.79) これは重要な発言である。プラトンの対話編に彼の考えが述べられていないとすれば、それを発見・発掘しなければならない。隠されてある思想を発掘するのが精神分析の仕事である。

理想の書評はそれを目指している。

あとがき

本書は、過去数十年にわたって私が書いてきた書評を集めたものである。いままで書いてきたすべての書評をまとめたい気持ちはあったが、実際には私は整理・保存ということが苦手で、自分が書いたものをきちんと処理できない。書いてきた書評は散逸したものが多く、また残っていてもどこにあるのかがわからず、探すのがたいへんだった。しかし苦労して集めたものだけでも、それらのすべてを本にすることは不可能であり、取捨選択の作業をしなければならず、それもまたたいへんだった。それでも、いままで私が書いた書評のおよそ半分がここに集められているはずである。

どこかで、「書評はどういう目的でするのか」というアンケートに、「本を読むため」と答えたことがある。しかし、本は読む対象であると同時に所有の対象でもある。書評をするということは、その本を確実に入手するということである。書評の依頼を引き受けるときには、その本が自分のものになるのだという密かな楽しみもあった。

本書を刊行するにあたって、コピーと校正刷りで、自分の書いたものを改めて読むことになった。そうすると、いま自分が考えたたり、問題としていることが、すでに自分の書評のなかで論じられていたことにしばしば気付いた。たとえばベイトソンの『精神の生態学』の書評では、かれが自分のしてきたことの意味がずっとあとになってわかったと書いていることに触れているが、それはまさに私が「解説」で論じている「事後性」の概念の実践である。ラカンの「主体」の問題も、ウンベルト・エーコの著作の書評ですでにある程度までは理解していたことがわかった。

私が書評してきた書物は、きわめて多くのジャンルのものである。それで、本書では一応ジャンル別にしておくことにした。しかし、どのジャンルに入るのかわからないものが多く、本書でのジャンル分けは大まかなものである。また、ここに集めた書評の多くは、メディアの編集者の依頼に応じて書いたものであり、自分自身の選択によるものは少数である。それにもかかわらず、それらの書物のすべてに何か共通のものがあり、相互につながっているように思われてならない。それはおそらく、そうした著作がいずれも現代の「時代精神」によって書かれたものだからであろう。これらの書評を読むと、それが直ちに「現代を読む」ということになる気がする。

本書に収められた書評は、原則として初出のままである。そのため、人名の表記などで統一されていないところがある。また翻訳書については、訳文の評価をしている部分は削除してある。この二点について読者のご了承をお願いしたい。

終わりに、書評の機会を与えて下さった多くの編集者、本書の企画を立てられた安田理夫さん、出版の機会を作っていただいた論創社の森下紀夫さん、編集の実務を担当された高橋宏幸さん、そしてひごろ私を支えて下さっている方々に、厚くお礼を申し上げる。

二〇〇九年三月一日

宇波彰

初出一覧

思想の領域

ジョージ・スタイナー　『脱領域の知性』「図書新聞」一九七二年九月九日
ミハイル・バフチン　『ミハイル・バフチン著作集』（全八巻）「図書新聞」一九七八年一一月四日
ミハイル・バフチン　『ミハイル・バフチン著作集5　小説の言葉』「週刊読書人」一九七九年三月一二日
ジャン・ボードリヤール　『象徴交換と死』「図書新聞」一九八二年一二月四日
小倉利丸　『支配の経済学』「朝日ジャーナル」一九八五年九月一三日
エドワード・W・サイード　『オリエンタリズム』「週刊ポスト」一九八七年二月一三日
テリー・イーグルトン　『批評の政治学』「週刊ポスト」一九八七年四月二四日
ジェフリー・メールマン　『巨匠たちの聖痕』「週刊ポスト」一九八七年六月一二日
田原桂一　『顔貌』「週刊読書人」一九八八年一〇月三一日
モリス・バーマン　『デカルトからベイトソンへ』「産経新聞」一九八九年一二月七日

カテリーナ・クラーク／マイケル・ホルクイスト『ミハイール・バフチーンの世界』「産経新聞」一九九〇年二月二〇日
グレゴリー・ベイトソン『精神の生態学』「マフィン」一九九一年二月号
ガヤトリ・C・スピヴァック『文化としての他者』「ANY」一九九一年二月一四日号
スチュアート・ユーウェン『浪費の政治学』「図書新聞」一九九一年三月九日
ゲルショム・ショーレム編『ベンヤミン＝ショーレム往復書簡』「マリ・クレール」一九九一年五月号
ジュリア・クリステヴァ『女の時間』「産経新聞」一九九一年八月六日
ゲルショム・ショーレム『ベルリンからエルサレムへ』「週刊ポスト」一九九一年一〇月二五日
丸山圭三郎『ホモ・モルタリス』「週刊読書人」一九九二年六月一五日
ウォルター・J・オング『生への闘争』「図書新聞」一九九二年六月二〇日
ジル・ドゥルーズ『差異と反復』「リテレール」一九九三年三号
ジャック・デリダ『他の岬』「週刊ポスト」一九九三年四月一六日
フレドリック・ジェイムソン『のちに生まれる者へ』「週刊読書人」一九九三年八月九日
マーガレット・コーヘン『非宗教的啓示』「BT」一九九四年一月号
ジル・ドゥルーズ『スピノザ』「週刊ポスト」一九九四年七月二二日
ジョルジュ・バタイユ『純然たる幸福』「産経新聞」一九九四年八月九日
ビーメル／ザーナー編『ハイデッガー＝ヤスパース往復書簡』「週刊ポスト」一九九四年八月一二日
今村仁司『ベンヤミンの〈問い〉』「産経新聞」一九九五年三月二八日

スラヴォイ・ジジェク『斜めから見る』「週刊読書人」一九九五年七月二八日
クロード・ルフォール『エクリール』「週刊ポスト」一九九五年九月二二日
長谷川宏『ヘーゲルを読む』「週刊ポスト」一九九六年一月二六日
フェリックス・ガタリ『闘走機械』「週刊読書人」一九九六年二月二日
ジークフリート・クラカウアー『大衆の装飾』「週刊ポスト」一九九六年六月二一日
アンリ・アトラン『正も否も縦横に』「週刊読書人」一九九七年一月一〇日
ポール・ヴィリリオ『幻滅への戦略』「BK1」二〇〇〇年七月二二日
ベルナール＝アンリ・レヴィ『危険な純粋さ』「週刊ポスト」一九九七年二月二八日
今村仁司『アルチュセール』「週刊ポスト」一九九七年三月二八日
ジャン＝フランソワ・リオタール『リビドー経済』「週刊ポスト」一九九七年七月二五日
T・J・ロンバード『ギブソンの生態学的心理学』「BK1」二〇〇〇年一〇月一八日
エルンスト・カッシーラー『デカルト　コルネーユ　スウェーデン女王クリスチーナ』BK1二〇〇〇年一〇月一九日
ノルベルト・ボッピオ『グラムシ思想の再検討』「BK1」二〇〇〇年一一月一四日
ヒューバート・L・ドレイファス『世界内存在』「BK1」二〇〇〇年一一月一五日
十川幸司『精神分析への抵抗』「BK1」二〇〇〇年一一月二〇日
ユルゲン・ハーバーマス『史的唯物論の再構成』「BK1」二〇〇〇年一二月一九日
エドワード・S・リード『アフォーダンスの心理学』「BK1」二〇〇〇年一二月二六日

徳永恂『ヴェニスのゲットーにて』「週刊ポスト」一九九七年八月八日
ギルバート・アデア『ポストモダニストは二度ベルを鳴らす』「図書新聞」一九九七年一一月八日
福井純『デカルト研究』「フランス思想・哲学研究」一九九七年二号
佐々木毅『プラトンの呪縛』「週刊ポスト」一九九八年四月一〇日
ルイ・アルチュセール『フロイトとラカン』「BK1」二〇〇一年八月二三日
ノルベルト・エリアス『諸個人の社会』「BK1」二〇〇一年二月二六日
有馬道子『パースの思想』「BK1」二〇〇一年五月一四日
フロイト『フロイト　フリースへの手紙』「BK1」二〇〇一年一一月九日
ピーター・ゲイ『快楽戦争』「BK1」二〇〇一年一一月二九日
ルイ・アルチュセール『マキャヴェリの孤独』「BK1」二〇〇一年一二月一一日
エドワード・W・サイード『戦争とプロパガンダ』「BK1」二〇〇二年三月二五日

無意識の世界

ジャック・ラカン『エクリ2』「週刊ポスト」一九七八年六月九日
アンリ・エー『無意識1』「季刊精神医療」一九八七年一月号
M・クリュル『フロイトとその父』「週刊ポスト」一九八八年
ブライアン・キイ『潜在意識の誘惑』「日本経済新聞」一九九二年九月六日

ビンスワンガー／フーコー『夢と実存』「産経新聞」一九九二年九月二三日
フェリックス・ガタリ『精神分析と横断性』「週刊ポスト」一九九四年一一月一八日
木村敏『心の病理を考える』「週刊ポスト」一九九四年一二月一八日
木村敏『偶然性の精神病理』「週刊ポスト」一九九四年四月八日
ロザリンド・E・クラウス『視覚的無意識』「BT」一九九四年九月号
ピーター・ゲイ『フロイト 1』「週刊ポスト」一九九八年一月三〇日
シャーンドル・フェレンツィ『臨床日記』「BK1」二〇〇一年二月一五日

言語・記号の世界

佐藤信夫『記号人間』「日本読書新聞」一九七七年四月二五日
ローマン・ヤコブソン『ローマン・ヤコブソン選集』「日本読書新聞」一九七七年五月一五日
ツヴェタン・トドロフ『象徴の理論』「図書新聞」一九九七年三月二一日
ピエール・ブルデュー『写真論』「週刊読書人」一九九〇年四月一六日
多木浩二『写真の誘惑』「マリ・クレール」一九九一年一月号
W・J・オング『声の文化と文字の文化』「産経新聞夕刊」一九九一年一一月一九日
フランソワーズ・ルヴァイアン『記号の殺戮』「週刊ポスト」一九九六年四月五日
ウンベルト・エコ『記号論入門』「図書新聞」一九九七年六月二八日

ポール・ヴィリリオ『情報エネルギー化社会』「BK1」二〇〇二年五月一〇日
坂部恵『〈ふるまい〉の詩学』「週刊ポスト」一九九七年七月四日
石田英敬『記号の知／メディアの知』「図書新聞」二〇〇四年一月一七日
柏木博『しきりの文化論』「東京新聞」二〇〇四年七月一一日

歴史の時間

マルセル・ドゥティエンヌ『アドニスの園』「社会新報」一九八三年六月二六日
ル・ロワ・ラデュリ『モンタイユー』「週刊ポスト」一九九二年三月一三日
ロバート・ウィーナー『CNNの戦場』「日本経済新聞」一九九二年四月二六日
豊島修『死の国・熊野』「産経新聞・夕刊」一九九二年六月三〇日
ジャック・ルゴフ『中世の夢』「週刊ポスト」一九九二年九月二五日
本田和子『江戸の娘がたり』「マフィン」一九九三年一月号
アーロン・グレーヴィチ『中世文化のカテゴリー』「週刊ポスト」一九九三年一月二二日
カルロ・ギンズブルグ『闇の歴史』「マフィン」一九九三年四月号
J・ミシュレ『世界史入門』「週刊ポスト」一九九三年六月二五日
網野善彦『海から見た日本史観』「産経新聞」一九九四年三月一日
藤本強『東は東西は西』「産経新聞」一九九四年四月一九日

アラン・ド・リベラ『中世知識人の肖像』「産経新聞」一九九四年五月三日
中原佑介『1930年代のメキシコ』「産経新聞」一九九四年五月三一日
西江雅之『東京のラクダ』「産経新聞」一九九四年六月一四日
キャロル・フィンク『マルク・ブロック　歴史の中の生涯』「産経新聞」一九九四年九月二〇日
橋爪紳也『化物屋敷』「産経新聞」一九九四年一〇月二五日
瀬田勝哉『洛中洛外の群像』「産経新聞」一九九四年一一月二二日
山口昌男『挫折の昭和史』「SAPIO」一九九五年六月二八日
上田篤『日本の都市は海からつくられた』「週刊ポスト」一九九六年一〇月二五日
ヴォルフガング・タイヒェルト『象徴としての庭園』「週刊ポスト」一九九六年一二月六日
S・デ・グラツィア『地獄のマキャヴェッリ』「SAPIO」一九九五年一二月六日
アラン・コルバン『レジャーの誕生』「BK1」二〇〇〇年九月一四日
辻惟雄『遊戯する神仏たち』「BK1」二〇〇〇年九月二〇日
神原正明『天国と地獄』「BK1」二〇〇〇年九月二一日
プズー＝マサビュオ『家屋（いえ）と日本文化』「週刊ポスト」一九九七年二月二一日
瀬田勝哉『木の語る中世』「BK1」二〇〇一年一月一〇日
宮田光雄『十字架とハーケンクロイツ』「BK1」二〇〇一年一月三〇日
カルロ・ギンズブルグ『歴史・レトリック・立証』「BK1」二〇〇一年五月二一日
細馬宏通『浅草12階』「BK1」二〇〇一年八月二七日

由水常雄『ローマ文化王国　新羅』「BK1」二〇〇一年一一月二七日
ルネ・ケーニヒ『マキアヴェリ　転換期の危機分析』「BK1」二〇〇二年一月一七日
ル・ロワ・ラデュリ『南仏ロマンの謝肉祭』「BK1」二〇〇二年五月三〇日
四方田犬彦『見ることの塩』「週刊ポスト」二〇〇五年
ジェレミー・リフキン『ヨーロピアン・ドリーム』「東京新聞」三月五日二〇〇六年
ベルナール＝アンリ・レヴィ『サルトルの世紀』「東京新聞」二〇〇五年九月四日
ベルナール＝アンリ・レヴィ『アメリカの眩暈』「公明新聞」二〇〇七年三月一九日
コリン・クラウチ『ポスト・デモクラシー』「公明新聞」二〇〇七年五月二八日
ミシェル・ヴィノック『知識人の時代』「図書新聞」二〇〇七年八月四日

文学・芸術

岡田隆彦『日本の世紀末』「図書新聞」一九七六年五月一日
岡田隆彦『夢見る力』「図書新聞」一九七七年四月九日
大岡昇平『水・土地・空間』「日本読書新聞」一九七九年一一月五日
ノースロップ・フライ『批評の解剖』「図書新聞」一九八〇年八月三〇日
W・イーザー『行為としての読書』「図書新聞」一九八二年五月一日
柏木博『日用品のデザイン思想』「図書新聞」一九八四年三月一七日

V・ジャンケレヴィッチ　『ドビュッシー』「レコード芸術」一九九九年二月号
川本三郎　『感覚の変容』「週刊ポスト」一九八八年四月一五日
ヤン・コット　『シェイクスピア・カーニバル』「マフィン」一九八九年一二月号
飯島洋一　『光のドラマトゥルギー』「建築文化」一九九一年二月号
バーワイズ／エーレンバーグ　『テレビ視聴の構造』「図書新聞」一九九一年六月二九日
飯島洋一　『建築のアポカリプス』「産経新聞・夕刊」一九九二年五月一二日
J・パセゴダ　『ガウディ』「産経新聞・夕刊」一九九二年一一月二六日
ウンベルト・エーコ　『フーコーの振り子』（「産経新聞・夕刊」一九九三年三月一九日
トマス・ピンチョン　『重力の虹』「図書新聞」一九九三年九月一一日
ニール・ボールドウィン　『マン・レイ』「週刊ポスト」一九九三年一一月五日
ルイ＝ジャン・カルヴェ　『ロラン・バルト伝』「産経新聞」一九九三年一二月二日
ウンベルト・エーコ　『物語における読者』「週刊ポスト」一九九三年一二月一七日
ル・クレジオ　『黄金探索者』「産経新聞」一九九四年一月六日
多木浩二　『神話なき世界の芸術家』「産経新聞」一九九四年二月一五日
平岡正明　『平民芸術』「週刊ポスト」一九九四年三月一一日
ハル・フォスター　『強迫の美』「BT」一九九四年四月号
ジャン・ジュネ　『恋する虜』「産経新聞」一九九四年四月五日
ベニータ・アイスラー　『オキーフとスティーグリッツ』「SAPIO」一九九五年三月二三日

ユルギス・バルトルシャイテス 『鏡』「週刊ポスト」一九九五年四月一四日
ルードルフ・ボルヒャルト 『ダンテとヨーロッパ中世』「週刊ポスト」一九九五年七月一四日
スティーヴン・バーバー 『アントナン・アルトー伝』「週刊ポスト」一九九六年四月一九日
ユセフ・イシャグプール 『エリアス・カネッティ』「図書新聞」一九九六年四月二七日
ウンベルト・エーコ 『エーコの文学講義』「週刊ポスト」一九九六年九月二〇日
三島憲一 『文化とレイシズム』「週刊ポスト」一九九六年一〇月四日
巽孝之 『恐竜のアメリカ』「週刊ポスト」一九九七年九月一九日
谷川渥 『文学の皮膚』「フランス哲学・思想研究」三号
ジョアン・フィルケンシュタイン 『ファッションの文化社会学』「図書新聞」四月一〇日
エドガール・モラン 『E・モラン自伝』「図書新聞」五月二九日
巽孝之 『メタファーはなぜ殺される』「BK1」二〇〇〇年七月一〇日
高階秀爾他編 『ル・コルビュジエと日本』「BK1」二〇〇〇年七月一〇日
ロザリンド・E・クラウス 『ピカソ論』「BK1」二〇〇〇年七月一八日
ジョージ・スタイナー 『言葉への情熱』「BK1」二〇〇〇年七月二二日
イタロ・カルヴィーノ 『水に流して』「BK1」二〇〇〇年八月一五日
ジョゼフ・ジュッファ 『ベラ・バラージュ』「BK1」二〇〇〇年八月三一日
東秀紀 『ヒトラーの建築家』「BK1」二〇〇〇年一〇月二三日
伊東豊雄 『透層する建築』「BK1」二〇〇〇年一二月二六日

平井玄『暴力と音』「BK1」二〇〇一年五月二五日
巽孝之『アメリカン・ソドム』「BK1」二〇〇一年六月二〇日
ジャン＝ジャック・ナティエ『音楽家プルースト』「BK1」二〇〇一年六月二九日
ジョルジュ・ディディ＝ユベルマン『フラ・アンジェリコ』「BK1」二〇〇一年七月二六日
J・L・ボルヘス『ボルヘスの神曲講義』「BK1」二〇〇一年一〇月二日
J・L・ボルヘス『ボルヘスのアメリカ文学講義』「BK1」二〇〇一年一二月三日
巽孝之『リンカーンの世紀』「BK1」二〇〇二年三月二六日
亀山郁夫『磔のロシア』「BK1」二〇〇二年七月三日
加藤厚子『総動員体制と映画』「週刊読書人」二〇〇三年一一月一四日
エルヴィン・パノフスキー『ティツィアーノの諸問題』「週刊読書人」二〇〇五年一二月九日

宇波　彰（うなみ・あきら）

1933 年、静岡県浜松市生まれ。哲学者、文芸・芸術評論家。
東京大学大学院で西洋哲学を専攻。明治学院大学・札幌大学・上智大学・拓殖大学・早稲田大学・清泉女子大学などで、記号論・哲学・日本文化論・デザイン美学・比較文化論などを講じた。著作に『同時代の建築』『デザインのエートス』『力としての現代思想』『旅に出て世界を考える』『記号的理性批判』『誘惑するオブジェ』『記号論の思想』など。翻訳にドゥルーズ『プルーストとシーニュ』、モラン『プロデメの変貌』、ボードリヤール『物の体系』、カズヌーヴ『儀礼』などがある。

書評の思想

2009 年 4 月 30 日　初版第 1 刷印刷
2009 年 5 月 15 日　初版第 1 刷発行

著　者　宇波　彰
発行者　森下紀夫
発行所　論 創 社
東京都千代田区神田神保町 2-23　北井ビル
電話 03（3264）5254　振替口座 00160-1-155266
組版　エニカイタスタヂオ　印刷・製本　中央精版印刷
ISBN978-4-8460-0325-8